Schöningh
westermann

EinFach
Deutsch
Unterrichtsmodell

Robert Seethaler

Der Trafikant

Von
Anette Sosna

Herausgegeben von
Johannes Diekhans

Baustein 3: Zentrale Themen und Motive (S. 66 – 90 im Modell)

3.1	Die Bedeutung der Handlungsorte im Roman	Abbildungen Textauszüge S. 11 f., 49 f., 80 f., 99 f., 198 f., S. 19 – 20, 128, 131, 186	Textarbeit, Schreibauftrag, Tafelskizze, Arbeitsblatt 14, Arbeitsblatt 15 (Lösung)
3.2	Veränderte Zeiten: „Die Grotte" im Spiegel der Nazifizierung	Abbildung Textauszüge S. 101 – 105 und S. 202 – 209 Sachtext	Textarbeit, Schreibauftrag, Tafelskizze, Arbeitsblatt 16, Arbeitsblatt 17
3.3	„So viel Aufregung, so viel gedrucktes Geschrei" (S. 199): Die Rolle der Medien im Roman	Textauszüge S. 25, 28 f., 31 f., 143 – 149, 166 und 199 – 201	Textarbeit, Schreibauftrag, Arbeitsblatt 18, Arbeitsblatt 18 (Lösung)
3.4	Formen der Kommunikation im Roman: Von der Postkarte zum Traumplakat	Textauszüge, z. B. S. 34, 46, 66, 81 f., 114	Textarbeit Schreibauftrag Tafelskizze
3.5	Literarische Symbole im Roman „Der Trafikant" und ihre Bedeutung	Abbildungen Textauszüge, z. B. S. 8 und 246 Lexikoneintrag	Textarbeit Arbeitsblatt 19 Arbeitsblatt 20 Arbeitsblatt 20 (Lösung)

Baustein 4: Zeitgeschichtlicher Hintergrund (S. 91 – 117 im Modell)

4.1	Hitler und Österreich: Der Anschluss	Sachtexte	Stationen, Textarbeit, Schreibauftrag, Arbeitsblatt 21, Arbeitsblatt 22
4.2	Die Rolle der Medien im Dritten Reich	Gesetzestexte Sachtext Textauszug S. 149	Textarbeit, Schreibauftrag, Diskussion, Arbeitsblatt 23, Arbeitsblatt 24, Arbeitsblatt 25
4.3	Widerstand im Dritten Reich am Beispiel der Sozialdemokratie	Textauszüge S. 143 – 145, S. 146 – 149 Sachtexte	Textarbeit, Schreibauftrag, Diskussion, Arbeitsblatt 26, Arbeitsblatt 27
4.4	Sigmund Freud	Abbildungen Textauszug S. 115 – 120 Sachtexte	Textarbeit, Schreibauftrag, Tafelskizze, Gruppenpuzzle, Arbeitsblatt 28, Arbeitsblatt 29, Arbeitsblatt 30

Baustein 5: Autor und Rezeption des Romans (S. 118 – 132 im Modell)

5.1	„Wer interessiert sich schon für Gattungen?" – Robert Seethaler als Autor	Interview	Textarbeit Schreibauftrag Tafelskizze Arbeitsblatt 31
5.2	Rezensionen des Romans „Der Trafikant"	Rezension Sachtext	Textarbeit Schreibauftrag Tafelskizze Arbeitsblatt 32 Arbeitsblatt 33
5.3	„Der Trafikant" auf der Theaterbühne	Abbildungen Textauszüge S. 22 – 27, S. 130 – 133	Textarbeit Schreibauftrag szenisches Spiel Arbeitsblatt 34 Arbeitsblatt 35 (Lösung) Arbeitsblatt 36

Baustein 2: Figuren und Figurenkonstellationen (S. 34 – 65 im Modell)

2.1	Die Figurenkonstellation des Romans	gesamter Roman	Textarbeit Zeichenauftrag Standbilder Arbeitsblatt 6
2.2	„Wo bist du, mein Bub?“ (S. 244): Franz und seine Mutter	Songtext Textauszüge, z. B. S. 66, 114, 170 f.	Textarbeit Schreibauftrag Tafelskizze Karten Arbeitsblatt 7 Arbeitsblatt 8 Arbeitsblatt 8 (Lösung)
2.3	Erste Liebe, erste Enttäuschung: Anezka	August Stramm: Spiel (Gedicht) Textauszüge S. 52 – 58, 89 – 96, 110 – 113 und 204 – 208	Textarbeit Schreibauftrag Arbeitsblatt 9
2.4	„Mein Schädel geht noch so, wie er selber will“ (S. 63): Otto Trsnjek	Textauszüge S. 22 – 27, S. 33, S. 61 – 64, S. 67 – 69, S. 145 – 148, S. 154 – 158 Textauszug Rezension	Textarbeit Schreibauftrag Tafelskizze Arbeitsblatt 10
2.5	Zwischen Couch und Parkbank: Franz und Sigmund Freud	Textauszüge S. 43 – 45, S. 73 – 78, S. 135 – 141, S. 222 – 226	Textarbeit Schreibauftrag Arbeitsblatt 11 Arbeitsblatt 11 (Lösung)
2.6	Vom Träumer zum Trafikanten: Die Entwicklung Franz Huchels	Textauszug S. 236 Sachtext	Textarbeit Schreibauftrag Rollenspiel Diskussion Tafelskizze Arbeitsblatt 12 Arbeitsblatt 13

Bildnachweis:

S. 9, 130: © Anna-Maria Löffelberger – S. 25: Robert Seethaler, Der Trafikant Copyright © 2012 KEIN & ABER AG, Zürich – Berlin – S. 81: picture alliance/IMAGNO ; picture-alliance/IMAGNO/Sammlung Hubmann – S. 82: picture alliance/IMAGNO – S. 83: Wikimedia Commons; Emil Ranzenhofer (1864–1930), aus: Tagebuch der Straße/Wiener Plakate, Wien 1981, ISBN 3-215-04576-1 – S. 102–105: ANNO/Österreichische Nationalbibliothek – S. 106: bpk/Heinrich Hoffmann – S. 115: © Roy Delgado/artizans.com; picture-alliance/IMAGNO/Sigmund Freud Privatstiftung – S. 117: picture-alliance/akg-images – S. 135: picture-alliance/dpa – S. 138: akg-images/TT News Agency/SVT; ullstein bild - Max Ehlert – S. 139: picture-alliance/IMAGNO/Austrian Archives; ullstein bild - imageBROKER/Ernst Wrba

westermann GRUPPE

www.schoeningh-schulbuch.de
Schöningh Verlag, Jühenplatz 1 – 3, 33098 Paderborn

Druck A[1] / Jahr 2017
Alle Drucke der Serie A sind im Unterricht parallel verwendbar.

Umschlaggestaltung: Jennifer Kirchhof
Druck und Bindung: westermann druck GmbH, Braunschweig

ISBN 978-3-14-**022690**-5

Vorwort

Der vorliegende Band ist Teil einer Reihe, die Lehrerinnen und Lehrern erprobte und an den Bedürfnissen der Schulpraxis orientierte Unterrichtsmodelle zu ausgewählten Ganzschriften und weiteren relevanten Themen des Faches Deutsch bietet.
Im Mittelpunkt der Modelle stehen Bausteine, die jeweils thematische Schwerpunkte mit entsprechenden Untergliederungen beinhalten.
In übersichtlich gestalteter Form erhält der Benutzer/die Benutzerin zunächst einen Überblick zu den im Modell ausführlich behandelten Bausteinen.

Es folgen:

- Hinweise zu den Handlungsträgern
- Zusammenfassung des Inhalts und der Handlungsstruktur
- Vorüberlegungen zum Einsatz des Romans im Unterricht
- Hinweise zur Konzeption des Modells
- Ausführliche Darstellung der einzelnen Bausteine
- Zusatzmaterialien

Ein besonderes Merkmal der Unterrichtsmodelle ist die Praxisorientierung. Enthalten sind kopierfähige Arbeitsblätter, Vorschläge für Klassen- und Kursarbeiten, Tafelbilder, konkrete Arbeitsaufträge, Projektvorschläge. Handlungsorientierte Methoden sind in gleicher Weise berücksichtigt wie eher traditionelle Verfahren der Texterschließung und -bearbeitung.
Das Bausteinprinzip ermöglicht es dabei den Benutzern, Unterrichtsreihen in unterschiedlicher Weise und mit unterschiedlichen thematischen Akzentuierungen zu konzipieren. Auf diese Weise erleichtern die Modelle die Unterrichtsvorbereitung und tragen zu einer Entlastung der Benutzer bei.

Das vorliegende Modell bezieht sich auf folgende Textausgabe:
Robert Seethaler: Der Trafikant. Roman. Zürich/Berlin: Verlag Kein & Aber, 14. Auflage 2012.
ISBN: 978-3-0369-5909-2

Arbeitsfrage

Einzelarbeit

Partnerarbeit

Gruppenarbeit

Unterrichtsgespräch

Schreibauftrag

szenisches Spiel, Rollenspiel

Mal- und Zeichenauftrag

Bastelauftrag

Projekt, offene Aufgabe

Inhaltsverzeichnis

1. **Figuren** 10

2. **Inhalt** 12

3. **Vorüberlegungen zum Einsatz des Romans „Der Trafikant“ im Unterricht** 13

4. **Konzeption des Unterrichtsmodells** 15

5. **Die thematischen Bausteine des Unterrichtsmodells** 16

Baustein 1: Einstiege und erste Zugänge zum Text 16
1.1 Titel, Umschlaggestaltung und Romananfang: Leseerwartungen formulieren 16
1.2 Zitatepuzzle: Den Handlungszusammenhang strukturieren 19
1.3 „Man hat ja mittlerweile eine Verantwortung, oder nicht?“ (S. 114) – Thematische Annäherungen an den Roman 21
1.4 „I did it my way“ – Was ein alter Sänger und ein junger Trafikant sich zu sagen hätten 23
Arbeitsblatt 1: „Der Trafikant“ – Umschlag der Erstausgabe von 2012 25
Arbeitsblatt 2: Den Anfang des Romans untersuchen 26
Arbeitsblatt 3: Gliederung der Romanhandlung 27
Arbeitsblatt 3: Gliederung der Romanhandlung (Lösung) 28
Arbeitsblatt 4: Was ist „Verantwortung“? 29
Arbeitsblatt 5: „I did it my way“ – Was ein alter Sänger und ein junger Trafikant sich zu sagen hätten 30
Arbeitsblatt 5: „I did it my way“ – Was ein alter Sänger und ein junger Trafikant sich zu sagen hätten (Lösung) 32

Baustein 2: Figuren und Figurenkonstellationen 34
2.1 Die Figurenkonstellation des Romans 34
2.2 „Wo bist du, mein Bub?“ (S. 244) – Franz und seine Mutter 36
2.3 Erste Liebe, erste Enttäuschung: Anezka 40
2.4 „Mein Schädel geht noch so, wie er selber will“ (S. 63): Otto Trsnjek 43
2.5 Zwischen Couch und Parkbank: Franz und Sigmund Freud 46
2.6 Vom Träumer zum Trafikanten: Die Entwicklung Franz Huchels 48
Arbeitsblatt 6: Ein Standbild bauen 54
Arbeitsblatt 7: Metallica: Mama said (Songtext) 55
Arbeitsblatt 8: „Der Trafikant“: Franz und seine Mutter 57
Arbeitsblatt 8: „Der Trafikant“: Franz und seine Mutter (Lösung) 58
Arbeitsblatt 9: August Stramm: Spiel (1914) 60
Arbeitsblatt 10: Eine Rollenbiografie schreiben 61
Arbeitsblatt 11: Zwischen Couch und Parkbank: Sigmund Freud und Franz Huchel im Roman „Der Trafikant“ 62
Arbeitsblatt 11: Zwischen Couch und Parkbank: Sigmund Freud und Franz Huchel im Roman „Der Trafikant“ (Lösung) 63

Arbeitsblatt 12: Adoleszenz 64
Arbeitsblatt 13: Zivilcourage 65

Baustein 3: Zentrale Themen und Motive 66
3.1 Die Bedeutung der Handlungsorte im Roman 66
3.2 Veränderte Zeiten: „Die Grotte" im Spiegel der Nazifizierung 69
3.3 „So viel Aufregung, so viel gedrucktes Geschrei" (S. 199): Die Rolle der Medien im Roman 72
3.4 Formen der Kommunikation im Roman: Von der Postkarte zum Traumplakat 74
3.5 Literarische Symbole im Roman „Der Trafikant" und ihre Bedeutung 78
Arbeitsblatt 14: Attersee und Wien in den 1930er-Jahren (Abbildungen) 81
Arbeitsblatt 15: Ein Reiseführer für Wien (Lösung) 82
Arbeitsblatt 16: Apollo Variété – Plakat, 1903 (Abbildung) 83
Arbeitsblatt 17: Katakombe: Überwachung angebracht (Zeitungsartikel) 84
Arbeitsblatt 18: Die Rolle der Medien im Roman: „Der Trafikant" 86
Arbeitsblatt 18: Die Rolle der Medien im Roman „Der Trafikant" (Lösung) 87
Arbeitsblatt 19: Symbol 88
Arbeitsblatt 20: Literarische Symbole im Roman „Der Trafikant" 89
Arbeitsblatt 20: Literarische Symbole im Roman „Der Trafikant" (Lösung) 90

Baustein 4: Zeitgeschichtlicher Hintergrund 91
4.1 Hitler und Österreich: Der Anschluss 91
4.2 Die Rolle der Medien im Dritten Reich 94
4.3 Widerstand im Dritten Reich am Beispiel der Sozialdemokratie 96
4.4 Sigmund Freud 98
Arbeitsblatt 21: Der Anschluss Österreichs in Zeitungsquellen 102
Arbeitsblatt 22: Marion Kraske: „Anschluss" Österreichs – Wiedervereinigung auf Alpenart (Zeitungsartikel) 106
Arbeitsblatt 23: Zitate zur Pressefreiheit und zur Ausübung journalistischer Tätigkeit 108
Arbeitsblatt 24: Pressefreiheit im Dritten Reich und heute 109
Arbeitsblatt 25: Jegor Tokarevich: Presse im Dritten Reich 110
Arbeitsblatt 26: Christian Rothenberg: Als die SPD versuchte, Adolf Hitler zu stoppen – Die letzte Stunde der Demokraten 112
Arbeitsblatt 27: Voraussetzungen und Spezifika des österreichischen Widerstandes 114
Arbeitsblatt 28: Freud und die Psychoanalyse (Abbildungen) 115
Arbeitsblatt 29: Sigmund Freud – Biografie 116
Arbeitsblatt 30: Sigmund Freud – Emigration 117

Baustein 5: Autor und Rezeption des Romans 118
5.1 „Wer interessiert sich schon für Gattungen?" – Robert Seethaler als Autor 118
5.2 Rezensionen des Romans „Der Trafikant" 120
5.3 „Der Trafikant" auf der Theaterbühne 122
Arbeitsblatt 31: „Freud kennt sich mit der Liebe auch nicht aus" (Interview) 125
Arbeitsblatt 32: Andreas Platthaus: Der Trafikant – Freuds Freund (Rezension) 128
Arbeitsblatt 33: Was ist Kritik und wozu wird kritisiert? 129
Arbeitsblatt 34: Szenenfotos aus der Inszenierung „Der Trafikant" am Landestheater Salzburg 130
Arbeitsblatt 35: Szene aus „Der Trafikant" – Erste Begegnung 131
Arbeitsblatt 36: Szene aus „Der Trafikant" – Franz und Freud 132

6. Zusatzmaterial 133
Z 1: Die Technik des Erzählens 133
Z 2: Manfred Papst: Sigmund Freud im Tabakladen 135
Z 3: Bernd Gieseking: Freud, Franzl, meine Frau und Christoph 137
Z 4: Kurt Schuschnigg und der Anschluss 138
Z 5: Die Trafik – damals und heute 139
Z 6: ... und noch eine mutige Trafikantin 140
Z 7: Vorschläge für Klausuren, Referate und Projekte zum Roman „Der Trafikant“ 141
Z 8: Bewertungsbogen zum Klausurvorschlag 1 142

Der Trafikant

Bilder aus einer Inszenierung des Salzburger Landestheaters (2016)

„Man hat ja mittlerweile eine Verantwortung, oder nicht?“ (Franz, S. 114)

Figuren

Franz Huchel

Der Protagonist des Romans, Franz Huchel, ist 17 Jahre alt, als ihn seine Mutter als Gehilfen für den Trafikanten Otto Trsnjek nach Wien schickt. Anlass ist der plötzliche Tod des Liebhabers und finanziellen Gönners der Mutter, Alois Preininger, durch den sich die Mutter gezwungen sieht, ihre Lebensumstände neu zu ordnen. Der Ortswechsel von Nußdorf am Attersee nach Wien beendet Franz' sorgloses und unbedarftes Landleben. Der naive und lebensunerfahrene Franz erlebt in Wien nicht nur seine erste – und unglückliche – Liebe, sondern wird auch zum Zeugen der politischen Veränderungen in den Jahren 1937 und 1938. Indem Franz durch seine Erlebnisse Schritt für Schritt zum jungen Erwachsenen heranreift, gewinnt er auch an Selbstvertrauen und zeigt schlussendlich Zivilcourage gegenüber den Repressalien der Nationalsozialisten.

Seine Mutter

Franz' Mutter wird beschrieben als eine noch immer ansehnliche Frau zwischen 40 und 50 Jahren, die mit ihrem Sohn dank der finanziellen Zuwendungen Alois Preiningers in einem kleinen Fischerhaus leben und ein Auskommen finden kann. Sie geht Gelegenheitsarbeiten nach, um nach dem Weggang ihres Sohnes nach Wien Geld zu verdienen. Zu Franz hat sie ein inniges mütterliches Verhältnis, das jedoch einer realistischen Sicht auf ihren Sohn und das Leben an sich nicht im Weg steht. Sie vermisst Franz, schreibt ihm regelmäßig und schickt ihm Weihnachtspäckchen. Ihre emotionale Verbindung zu ihrem Sohn ist so eng, dass sie am Ende der Handlung die Gefahr spürt, in der er sich befindet.

Otto Trsnjek

Nachdem er kriegsversehrt aus dem Ersten Weltkrieg zurückgekehrt ist, hat Otto Trsnjek die Trafik im neunten Wiener Gemeindebezirk als Entschädigung erhalten. Das linke Bein hat er zur Hälfte im Krieg verloren und kann sich deshalb nur noch mit Krücken vorwärtsbewegen. Er nimmt Franz bei sich in der Trafik auf, um dessen Mutter einen Gefallen zu erweisen. Trsnjek ist Trafikant aus Leidenschaft, der seine Waren als seine Familie begreift und seine Tätigkeit gewissenhaft ausübt. Als kritischer und unabhängiger Geist verkauft er seine Waren auch an Juden, was im nationalsozialistischen Wien zur Verhaftung durch die Gestapo führt.

Anezka

Anezka ist eine aus Dobrovice stammende Böhmin, die drei Jahre älter ist als der Protagonist, sich ohne Arbeitsgenehmigung in Wien aufhält und ihren Lebensunterhalt unter anderem als Varietétänzerin verdient. Dass Franz sich in sie verliebt, nimmt sie nicht ernst. Sie lässt sich mit ihm nur auf eine weitere unverbindliche Liebschaft ein. Für sie bleibt Franz „Burschi", ein naiver Junge vom Land. Anezka ist auf ihren eigenen Vorteil bedacht und geht nach dem Anschluss Österreichs an das nationalsozialistische Deutschland eine Liaison mit einem SS-Soldaten ein. Erst Jahre später kehrt sie zur verlassenen Trafik zurück – offenbar auf der Suche nach Franz.

Sigmund Freud Franz Huchel trifft den in Wien lebenden und inzwischen 81 Jahre alten Begründer der Psychoanalyse Sigmund Freud in den letzten Jahren seines Lebens kurz vor der Emigration nach London an. Freud ist einer der regelmäßigen Kunden von Otto Trsnjeks Trafik, in der er Zigarren und die Zeitungen kauft. Im Roman wird Sigmund Freud als Figur positiv und fast schon großväterlich gezeichnet. Er nimmt sich mehrmals Zeit für den jungen Franz, lässt sich auf Gespräche mit ihm ein und gibt ihm Rat. Durch Fragen und Denkanstöße trägt er zur Entwicklung des Protagonisten bei.

Inhalt

Protagonist des Romans ist der 17-jährige Franz Huchel, der bei seiner alleinerziehenden Mutter im österreichischen Nußdorf am Attersee aufwächst. Franz' Vater, ein Waldarbeiter aus Bad Goisern, ist nur wenige Tage vor der Geburt seines Sohnes bei einem Arbeitsunfall tödlich verunglückt. Als auch der Gönner der Mutter, der wohlhabende Alois Preininger, stirbt und die beiden deshalb auf die monatliche Zuwendung von ihm verzichten müssen, schickt die Mutter den Sohn zu ihrem Bekannten Otto Trsnjek nach Wien, wo Franz dem beinamputierten Kriegsversehrten in dessen Trafik[1] zur Hand gehen soll.

Die österreichische Hauptstadt ist zu diesem Zeitpunkt im Jahr 1937 bereits vom Nationalsozialismus gezeichnet. Die Auswirkungen dieser Entwicklung erreichen auch den kritischen und in seiner Meinungsbildung unabhängigen Otto Trsnjek, der sich zunehmend den Repressalien seiner Nachbarn ausgesetzt sieht. Durch intensive Zeitungslektüre und Kontakte mit Kunden der Trafik, u. a. mit dem in der Berggasse 19 wohnhaften Sigmund Freud, wird auch Franz sich der gesellschaftlichen Veränderungen bewusst, zumal diese ganz konkret Einfluss auf seine immer wieder scheiternden Beziehungsversuche mit der 20-jährigen böhmischen Varietétänzerin Anezka nehmen, die Franz bei einem Ausflug in den Prater kennengelernt hat.

Otto Trsnjek wird schließlich von einem Nachbarn bei der Gestapo angezeigt und stirbt während der Gefangenschaft im Gestapo-Hauptquartier. Trotz intensiver Bemühungen ist es Franz nicht gelungen, Otto ausfindig zu machen oder nochmals zu sehen. Franz übernimmt die Geschäftsführung der Trafik, leidet aber unter dem Verlust Trsnjeks und Anezkas, die sich inzwischen einem SS-Soldaten zugewandt hat. Seine zunehmend widerständigen Reaktionen auf die Entwicklungen in seinem Umfeld gipfeln schlussendlich darin, dass er Otto Trsnjeks Hose wie ein mahnendes Banner an einem Fahnenmast vor dem Gestapo-Hauptquartier hisst – und dafür ebenfalls verhaftet wird. Zwar bleibt das Ende des Romans offen, doch legt die Tatsache, dass die Trafik – nach einem Zeitsprung von sieben Jahren – im Jahr 1945 noch immer verlassen ist, nahe, dass Franz das gleiche Schicksal wie Otto Trsnjek ereilt hat.

---

[1] Trafik (österr., Betonung auf der letzten Silbe): Verkaufsstelle für Tabakwaren, Zeitungen, Magazine, Schreibwaren u. a.

Vorüberlegungen zum Einsatz des Romans „Der Trafikant" im Unterricht

In den vergangenen Jahrzehnten hat die Phase des Erwachsenwerdens unter den Bedingungen der Postmoderne ein erhöhtes Maß an fachdidaktischer und fachwissenschaftlicher Aufmerksamkeit erfahren. Insbesondere die seit Beginn der 1990er-Jahre aufkommende Popliteratur rückte Entwicklungen in den Vordergrund, die das bis dato dominierende Format des Adoleszenzromans sprengten: „Das, was den modernen Adoleszenzroman ausmacht, findet man hier nicht mehr. Es gibt keine Suche nach der eigenen Identität, nach einer Lebensperspektive, nach einem Ziel. Beruf, Politik, Freundschaften sind unwichtig und finden kaum Erwähnung."[1] Was sich inhaltlich unter Schlagworten wie ‚Verlängerung von Adoleszenz in der Postmoderne' oder ‚Fragmentarisierung und Pluralisierung von Lebensentwürfen und Lebenserfahrungen' subsumieren lässt, findet seine strukturelle Entsprechung dabei in den verschwimmenden Grenzen zwischen Erwachsenen- und Jugendliteratur, die vor allem auf die zunehmende erzählerische Komplexität der Kinder- und Jugendliteratur zurückzuführen sind.[2] Mit „Der Trafikant" (2012) präsentiert der österreichische Schriftsteller Robert Seethaler in mehrfacher Hinsicht einen Gegenentwurf zu diesen Entwicklungen. „Der Trafikant" befasst sich nicht mit Adoleszenzprozessen der Gegenwart, sondern schildert als historischer „All-Age-Roman"[3] die Erfahrungen des 17-jährigen Protagonisten Franz Huchel im Wien der Jahre 1937 und 1938. Er bedient sich dabei nicht nur einer linearen Handlungsfolge, sondern auch auktorialer und personaler Erzählstrategien, die im Vergleich zu postmodernen Adoleszenzromanen einen tendenziell homogenen Erzählfluss zur Folge haben.

Durch seine sprachliche Eingängigkeit und die ursprünglich-naive Perspektive des ‚einfachen' Waldarbeitersohns aus Nußdorf am Attersee eignet sich der Roman insbesondere für den Deutschunterricht der Klassenstufen 9 und 10. Die Erfahrungen aus der Praxis zeigen, dass „Der Trafikant" in mehrfacher Hinsicht bestens für die Arbeit im Deutschunterricht geeignet ist: Er erlaubt nicht nur die Einübung und Vertiefung analytischer und interpretatorischer Kompetenzen der Schülerinnen und Schüler, sondern bietet auch anregende Möglichkeiten für die historische Kontextualisierung des literarischen Textes. Nicht zuletzt ist „Der Trafikant" ein Roman, den die Schülerinnen und Schüler gerne lesen, weil er den Prozess des Erwachsenwerdens und die damit verbundenen Entwicklungsaufgaben auf anschauliche und durchaus auch anrührende Weise thematisiert. Damit knüpft der Roman an die Anforderungen der Bildungsstandards und an motivationale Interessen auf Schüler- wie auch auf Lehrerseite an.

Die einzelnen Module des Unterrichtsmodells bieten eine schülerorientierte und aktivierende methodische Mischung aus analytischen, szenischen und produktionsorientierten Verfahren, die zum einen der Erschließung von Figuren, Themen und Motiven dienen, zum anderen aber auch historische Hintergründe oder Aspekte der Produktion und Rezeption des

---

1 Günter Lange, 2012, Erwachsen werden. Jugendliterarische Adoleszenzromane im Deutschunterricht, Baltmannsweiler: Schneider Verlag Hohengehren, S. 19

2 Bettina Kümmerling-Meibauer, 2012, Kinder- und Jugendliteratur. Eine Einführung, Darmstadt: Wissenschaftliche Buchgesellschaft, S. 74

3 So die Einordnung nach Auskunft des Verlags (10.07.2013). Dazu auch Carsten Gansel, 1999, Moderne Kinder- und Jugendliteratur. Ein Praxishandbuch für den Unterricht, Berlin: Cornelsen Verlag Scriptor, S. 113: „Der moderne Adoleszenzroman ist bei aller Jugendspezifik keine dezidierte Zielgruppenliteratur mehr, sondern zeichnet sich durch einen offenen Leserbezug aus." Insofern finden sich im Hinblick auf den Roman „Der Trafikant" allenfalls einige wenige Anknüpfungspunkte für eine Einordnung in den Bereich der Holocaust-Jugendliteratur. Vgl. dazu Rüdiger Steinlein, 2012, Judenverfolgung und Holocaust in neuerer und neuester KJL, in: Der Deutschunterricht 4/2012, S. 24–34

Textes ausleuchten. Vorausgesetzt wird dabei, dass die Schülerinnen und Schüler den Roman zu Beginn der Einheit vollständig gelesen haben. Eine Einstiegsmöglichkeit vor Beginn der Textlektüre bietet Kapitel 1.1. Alle Textbezüge richten sich nach der Ausgabe

Robert Seethaler: Der Trafikant. Roman. 14. Auflage Juli 2015. Verlag Kein & Aber: Zürich, Berlin 2012. ISBN: 978-3-0369-5909-2.

Hingewiesen sei in diesem Zusammenhang auch auf die Hörbuchversion des Romans:

Robert Seethaler: Der Trafikant. 5 Audio-CDs. Gelesen vom Autor. Ungekürzte Ausgabe, Lesung. 382 Min. Roof Music 2014.

Einzelne Textpassagen dieses Modells sind entnommen aus:

Sosna, Anette: Adoleszenz und Zeitgeschichte in Robert Seethalers Roman „Der Trafikant“. In: Literatur im Unterricht, 15. Jahrgang, Heft 1/2014, S. 53–69.

Vorschläge für **Klassenarbeiten, Referate** und **Projekte** finden sich im **Zusatzmaterial 7**, S. 141.

Konzeption des Unterrichtsmodells

In **Baustein 1** werden verschiedene Möglichkeiten der Annäherung an den Roman „Der Trafikant" vorgestellt. Diese variieren jeweils in Umfang und Textnähe und stellen somit eine Bandbreite an ersten Perspektiven auf den Roman zur Verfügung. Einstiege, die bereits Komponenten der Textarbeit beinhalten, finden sich in den Kapiteln 1.1 – 1.3, in denen Annäherungen an den Text über Umschlaggestaltung, Romananfang, Handlungsstrukturierung oder den Begriff der Verantwortung erfolgen. In Kapitel 1.4 wird ein Zugang zum Text über die Auseinandersetzung mit dem Song „I did it my way" skizziert.

In **Baustein 2** wird zunächst die Figurenkonstellation des Romans erarbeitet. Anschließend erfolgt eine genauere Betrachtung und Untersuchung der Beziehung des Protagonisten zu zentralen Figuren in seinem nahen Umfeld. Von Bedeutung sind hierbei die beiden Frauenfiguren des Romans, Franz' Mutter und Anezka, wie auch die männlichen Figuren Otto Trsnjek und Sigmund Freud. Die Analyse dieser zentralen Zweierkonstellationen ermöglicht ein tieferes Verständnis der Entwicklung des Protagonisten Franz Huchel, die abschließend in Kapitel 2.5 zusammengefasst wird. Die Erschließung der Beziehung zwischen Franz und Otto Trsnjek sowie Franz und Sigmund Freud kann auch mit den szenischen Anregungen in Kapitel 5.3 verknüpft werden. Historische Anknüpfungspunkte zu Sigmund Freud finden sich in Kapitel 4.4.

In **Baustein 3** stehen zentrale thematische Aspekte des Romans im Vordergrund, die durch die Untersuchung einzelner Figuren oder Figurenkonstellationen noch nicht systematisiert erarbeitet wurden. Dazu gehören die Handlungsorte des Romans – Nußdorf am Attersee und Wien –, das Varieté „Grotte" als ein Wiener Handlungsort, der in besonderer Weise zum Spiegel der Nazifizierung wird, die Veränderungen der medialen Berichterstattung im Zuge der gesellschaftlich-politischen Entwicklungen und Formen der Kommunikation im Roman. Die Untersuchung dieser Aspekte ermöglicht es, die individuelle Entwicklung des Protagonisten im Zusammenspiel mit den gesellschaftlichen Rahmenbedingungen näher zu beleuchten. Die thematischen Aspekte dieses Bausteins können während der Unterrichtseinheit mit den Erarbeitungsschwerpunkten des folgenden Bausteins verknüpft werden. So bietet sich z. B. eine Verknüpfung der Kapitel 3.2 und 4.1 sowie 3.3 und 4.2 an.

Baustein 4 stellt Materialien und Methoden bereit, die es den Schülerinnen und Schülern ermöglichen, sich zeitgeschichtliche Hintergründe zum Roman „Der Trafikant" zu erarbeiten. Da sich die Handlung des Romans zeitgleich zum Anschluss Österreichs an das Dritte Reich abspielt, liegt mit Kapitel 4.1 ein Schwerpunkt des Bausteins auf den historischen Zusammenhängen dieser politischen Entwicklung. Weitere Hintergrundinformationen in den Kapiteln 4.2 und 4.3 befassen sich mit der Rolle der Medien im Dritten Reich sowie Formen des Widerstands gegen die Nationalsozialisten am Beispiel der Sozialdemokratie. Gegenstand des Kapitels 4.4 sind Informationen zur Biografie und zum Psychoanalyse-Konzept Sigmund Freuds.

Baustein 5 dieses Unterrichtsmodells befasst sich mit dem Autor Robert Seethaler, ausgewählten Rezensionen zum Roman „Der Trafikant" sowie Möglichkeiten des szenischen Umgangs mit dem Romantext. Textgrundlagen von Kapitel 5.1 sind zwei Interviews, in denen sich der Autor zu seiner Arbeit äußert. In Kapitel 5.2 widmen sich die Schülerinnen und Schüler Rezensionen zum Roman, auch um Spezifika der Textsorte „Literaturrezension" zu erarbeiten und für die eigene Textproduktion zu nutzen. Schließlich werden in Kapitel 5.3 Ideen des Landestheaters Salzburg für eine szenische Herangehensweise an den Romantext vorgestellt.

Die thematischen Bausteine des Unterrichtsmodells

Baustein 1

Einstiege und erste Zugänge zum Text

Im folgenden Baustein werden verschiedene Möglichkeiten der Annäherung an den Roman „Der Trafikant“ dargestellt. Kapitel 1.1 und 1.2 beinhalten bereits erste Arbeitsschritte; die beiden folgenden Kapitel können auch als kürzere inhaltliche Impulse zur Hinführung eingesetzt werden. Die Einstiege berücksichtigen unterschiedliche Voraussetzungen aufseiten der Schülerinnen und Schüler: Kapitel 1.1 geht davon aus, dass der Roman noch nicht bekannt ist und erst nach dieser Stunde gelesen wird; die folgenden Kapitel setzen die Kenntnis des Romaninhalts voraus.

1.1 Titel, Umschlaggestaltung und Romananfang: Leseerwartungen formulieren

Robert Seethalers Roman „Der Trafikant“ ist Gegenwartsliteratur mit historischem Sujet. Die Handlung des Romans ist den Schülerinnen und Schülern einerseits nah, weil es um die Problematik des Erwachsenwerdens in ihren unterschiedlichen Facetten geht; andererseits besteht durch die zeitlich in den Jahren 1937 und 1938 angesiedelte Handlung eine chronologisch-historische, schließlich durch die Lokalisierung der Handlung in Österreich auch eine kulturelle Distanz.

Eine erste Annäherung an den Roman ergibt sich im hier vorgeschlagenen Zugang durch die Betrachtung von Titel und Umschlaggestaltung der Erstausgabe aus dem Jahr 2012 (**Arbeitsblatt 1**, S. 25). Die Schülerinnen und Schüler werden dabei zunächst aufgefordert, die Abbildung – ausgehend von einer gemeinsamen Beschreibung des Bildinhalts – auf sich wirken zu lassen und erste Gedanken, Ideen oder Vermutungen dazu zu äußern:

- *Beschreiben Sie die Abbildung.*
- *Welche Vermutungen oder Gedanken zum Roman rufen Titel und Umschlaggestaltung bei Ihnen hervor? Worauf gründen sich diese?*

Die Beiträge der Schülerinnen und Schüler können von der sprachlichen Nähe des Begriffs „Trafikant“ zum englischen Wort „traffic“ (Verkehr, Handel) ausgehen. Auch der auf der Abbildung dargestellte Bahnhof befördert die Assoziationen von Aspekten wie Reisen, Transport, Migration oder Handel. Die Anmerkungen der Schüler können in einem Ideenstern auf Folie oder an der Tafel gesammelt werden. Sie können wie folgt lauten:

Schülerinnen und Schüler, die bezüglich des Begriffs „Trafikant“ spezielles Wissen durch ihre nationale Herkunft (z. B. Österreich, Albanien, Tschechien, Slowenien) oder Reisen haben, verbinden mit „Trafik“ unmittelbar eine Verkaufsstelle für Tabakwaren, Zeitungen/Zeitschriften, Schreibwaren und ähnliche Artikel, mit „Trafikant“ folglich den Betreiber einer solchen Verkaufsstelle. Sollten diese Kenntnisse in der Lerngruppe nicht vorhanden sein, so kann diese Information zu einem geeigneten Zeitpunkt in die Lerngruppe gegeben werden.
Anhand der Ideensammlung können die Schülerinnen und Schüler erste Leseerwartungen an den Roman formulieren, so zum Beispiel, dass die Handlung etwas mit Reisen oder Zeitungen zu tun haben könnte und nicht in der unmittelbaren Gegenwart angesiedelt ist. Die Lektüre des Romananfangs (s. **Arbeitsblatt 2**, S. 26) kann nun als weiterer Schritt in die Romanhandlung erfolgen. Die Schülerinnen und Schüler sind dabei zunächst aufgefordert, die Textpassage spontan durchzulesen und in der linken Spalte des Arbeitsblattes erste Gedanken, Gefühle, Fragen etc. zum Text an der jeweiligen Stelle zu notieren.

■ *Lesen Sie den Text und notieren Sie erste Gedanken, Gefühle oder Fragen in der linken Spalte.*

Die Anmerkungen können wie folgt lauten:
- Wo befindet sich das Salzkammergut?
- Franz' Leben tröpfelt vor sich hin → wird es wie bei einem Gewitter stürmischer?
- Wie alt ist Franz? Ist er noch ein Kind?
- Was ist mit dem Vater? Nur die Mutter wird erwähnt.
- Die Stimmung ist düster und gefährlich.
- Das Haus macht einen trostlosen Eindruck.
- Ist Franz Huchel „Der Trafikant“?

Die Ergebnisse des spontanen Lesens werden anschließend gemeinsam im Plenum besprochen und als erster Lesedurchgang reflektiert.
In einem weiteren Arbeitsgang erfolgen Analyse und Interpretation der Textstelle. Unter Textanalyse wird in diesem Zusammenhang das Herausarbeiten formaler und inhaltlicher Aspekte eines Textes oder eines Zusammenhangs verstanden, unter Interpretation die Zuweisung von Bedeutung an die herausgearbeiteten Aspekte. Durch eine wiederholende Zusammenstellung von Analyseaspekten wird das Vorwissen der Schülerinnen und Schüler reaktiviert. Die Impulsfrage hierfür kann lauten:

■ *Worauf achten Sie, wenn Sie einen Romanauszug analysieren und interpretieren?*

Die von den Schülerinnen und Schülern genannten Aspekte können in Stichpunkten an der Tafel festgehalten werden und als erste Hilfestellung für die Weiterarbeit dienen:

Aspekte der Prosatextanalyse

- Inhalt (z. B. Ort und Zeit der Handlung, Geschehen)
- Figuren (z. B. Handeln und Verhalten, Merkmale)
- Handlung (z. B. Verlauf, Konflikte, Ereignisse)
- Sprache (z. B. Schlüsselwörter, Wortwahl, Satzbau)
- Erzähltechnik (z. B. Erzähler, Figurenrede)

Daran anknüpfend erfolgt die Analyse und Interpretation der Textstelle, ggf. unterstützt durch **Zusatzmaterial 1**, S. 133f., das eine Hilfestellung zur Untersuchung der Erzähltechnik bieten kann:

■ *Analysieren und interpretieren Sie den Textauszug S. 7–8. Tragen Sie Ihre Ergebnisse in die rechte Spalte ein.*

Die Einträge in dieser Spalte können wie folgt lauten:

- zu Beginn des Romans werden Zeit und Ort der Handlung genannt (Nußdorf am Attersee im Spätsommer des Jahres 1937)
- überwiegend auktoriales Erzählverhalten erkennbar (z. B. durch Vorausdeutung)
- der Protagonist Franz Huchel lebt in einfachen Verhältnissen
- erste Eindrücke zu Franz: in der Situation des Gewitters ist er allein, ängstlich und legt ein kindliches Verhalten an den Tag (Flucht ins Haus unter die Decke)
- das Gewitter steht symbolisch für den Umschwung in Franz' Leben
- eine Naturgewalt und der Schutz des Hauses werden kontrastiert
- mittels eines Vergleichs wird am Ende der Textpassage ein Zusammenhang zwischen dem Geranienblütenblatt und einem „Hoffnungsschimmer" hergestellt

Das anschließende Unterrichtsgespräch kann als Einstieg in die Lektüre der Ganzschrift dazu dienen, Lesehaltungen zu unterscheiden, differenziert einzusetzen und gezielt zu nutzen:

■ *Was unterscheidet den ersten Lesedurchgang vom zweiten? Welchen Zusammenhang sehen Sie zwischen beiden?*

Deutlich wird den Schülerinnen und Schülern dabei, dass bereits beim ersten spontanen Lesen wichtige Aspekte auffallen können, die von Bedeutung für Analyse und Interpretation sind. Dabei gilt es insbesondere auch, Verstehensschwierigkeiten und ersten unwillkürlichen Bedeutungszuweisungen Aufmerksamkeit zu widmen und zu prüfen, inwieweit diese relevant für Analyse und Interpretation sind. Die doppelte Lektüre schärft den Blick für den bewussten Einsatz von Lesestrategien und Analyseinstrumentarien, wie zum Beispiel die Untersuchung der Gestaltung der Szene hinsichtlich des Wettergeschehens oder des Verhaltens des Protagonisten.
Abschließend werden die Ergebnisse der einzelnen Phasen gebündelt und nochmals unter dem Aspekt der Leseerwartungen zusammengeführt. Eine Impulsfrage hierzu kann lauten:

■ *Inwiefern steuert die Gestaltung des Romananfangs die Erwartungen der Leserinnen und Leser?*

Ein Aufschrieb an der Tafel, auf Folie oder mithilfe einer Dokumentenkamera zur Sicherung der Ergebnisse kann wie folgt gestaltet werden:

„Der Trafikant“: Steuerung von Leseerwartungen

- Titel, Umschlaggestaltung, Klappentext, Romananfang etc. können Leseerwartungen beeinflussen.
- Sie tragen dazu bei, dass der Leser Fragen, Vermutungen oder Neugierde entwickelt und zum Weiterlesen angeregt wird.
- Leseerwartungen können bei der weiteren Lektüre bestätigt oder widerlegt werden; sie begleiten den Leseprozess.
- Bei dem Roman „Der Trafikant“ entstehen durch Titel, Umschlaggestaltung und Romananfang Fragen zu Reisen (Bahnhof), Handel (Trafik), Zeitungslektüre und der „ebenso jähe[n] wie folgenschwere[n] Wendung“ (S. 7) in Franz Huchels Leben.

1.2 Zitatepuzzle: Den Handlungszusammenhang strukturieren

Der Roman „Der Trafikant“ weist keine Kapiteleinteilungen oder für die Schülerinnen und Schüler ähnlich hilfreiche Strukturierungen des Textganzen auf. Um Orientierung im Hinblick auf den Handlungszusammenhang zu gewinnen, ist es deshalb sinnvoll, eine erste Annäherung an den Text mit einem Strukturierungsprozess zu verbinden, der das Navigieren im Handlungszusammenhang erleichtert.
Die Schülerinnen und Schüler erhalten deshalb im Vorfeld die Hausaufgabe, während der Lektüre des Romans Zitate (mit Seitenzahlen) zu notieren, die ihnen besonders wichtig im Hinblick auf das Verständnis der Handlung zu sein scheinen. Der Arbeitsauftrag dazu lautet wie folgt:

■ *Lesen Sie den Roman. Notieren Sie beim Lesen ca. drei Zitate aus dem Text, die Sie als besonders wichtig erachten und die Ihrer Meinung nach eine Schlüsselfunktion für das Verständnis der Handlung haben.*

Zu Beginn der Unterrichtsstunde können zunächst erste Leseeindrücke im Plenum besprochen werden, um Eindrücke zum Roman zu benennen und mögliche Verständnisfragen zu Handlungszusammenhängen, Wörtern, Geografie o. Ä. zu klären. Anschließend werden die Schülerinnen und Schüler aufgefordert, die mitgebrachten Zitate in Partnerarbeit zu vergleichen und sich auf zwei Zitate zu einigen, die ausgewählt und einzeln auf zwei DIN-A3-Blätter geschrieben werden. Die Seitenangabe wird dabei zunächst ausgelassen, um eine rein inhaltliche Orientierung bei der späteren Anordnung gewährleisten zu können. Sollte es sich um eine sehr große Lerngruppe handeln, so können sich auch zwei Schüler auf jeweils ein Zitat einigen. Die Zitatplakate werden an einem geeigneten Ort ausgelegt oder mit Magneten an der Tafel befestigt und zunächst von den Schülerinnen und Schülern gesichtet. Die Bandbreite möglicher geeigneter Zitate ist groß; einige von Schülerinnen und Schülern gewählte Beispiele mögen an dieser Stelle zur Veranschaulichung dienen:

- „‚Das hier ist etwas anderes‘, sagte er leise zu sich selbst, ‚etwas völlig und ganz anderes!‘“ (S. 17, Franz)
- „Die Zeitungslektüre nämlich sei überhaupt das einzig Wichtige, das einzig Bedeutsame und Relevante am Trafikantendasein; keine Zeitungen zu lesen hieße ja auch, kein Trafikant zu sein, wenn nicht gar: kein Mensch zu sein.“ (S. 25, Otto)

- „Einer hat Blut an den Händen, und die anderen stehen da und sagen nix. So ist es immer!" (S. 63, Otto)
- „Die Liebe ist ein Flächenbrand, den niemand löschen will und löschen kann" (S. 132, Freud)
- „*Deine Mutter* hatte sie geschrieben, und nicht *Deine Mama*. [...] Kinder haben Mamas, Männer haben Mütter." (S. 172, Franz)
- „[...] den Hitler können Sie sich sonstwo hinstecken, ansonsten wünsche ich Ihnen einen guten Morgen!" (S. 211, Franz)
- „Aber eigentlich ist es ja gar nicht unsere Bestimmung, die Wege zu kennen. Es ist gerade unsere Bestimmung, sie nicht zu kennen. Wir kommen nicht auf die Welt, um Antworten zu finden, sondern um Fragen zu stellen." (S. 223f., Freud)
- ...

Bei der Sichtung der Plakate können ebenfalls zunächst Verständnis- oder Leseschwierigkeiten geklärt werden, bevor eine erste Zuordnung zu Sprechern oder Situationen vorgenommen wird. In der nachfolgenden Reflexionsphase werden Begründungen für die Auswahl des jeweiligen Zitats eingeholt und diese mit Eindrücken aus dem Plenum abgeglichen. Mögliche Impulsfragen können in diesem Zusammenhang wie folgt lauten:

- *Warum könnten Ihrer Meinung nach die jeweiligen Zitate ausgewählt worden sein? Erläutern Sie an Beispielen.*
- *Worin zeigt sich Ihrer Meinung nach die besondere Bedeutung der Zitate? Erläutern Sie an Beispielen.*

In einem weiteren Schritt ordnen die Schülerinnen und Schüler die Plakate in chronologischer Reihenfolge nach dem **Handlungszusammenhang**. Da auf den Plakaten die Seitenzahlen noch fehlen, wird diese Anordnung auf der Basis des inhaltlichen Wissens vorgenommen, das auf diesem Wege aktiviert und strukturiert wird. Der Arbeitsauftrag dazu lautet wie folgt:

- *Ordnen Sie die Plakate nach dem Handlungszusammenhang in der chronologisch richtigen Reihenfolge.*

Im Unterrichtsgespräch wird die Anordnung der Plakate gemeinsam geprüft und schließlich die richtige Reihenfolge durch das Notieren der Seitenzahlen auf die Plakate gekennzeichnet. Es ergibt sich folglich anhand der Zitate und deren Anordnung eine erste skizzenhafte Überschau über den Handlungszusammenhang, die in Form des Unterrichtsgesprächs in eine grobe Gliederung der Handlung münden kann. Diese beschränkt sich zunächst auf vier Unterteilungen:

1. S. 7 – 22:	Nußdorf am Attersee und Reise nach Wien (1937)
2. S. 22 – 160:	Franz als Trafikantenlehrling (1937)
3. S. 160 – 247:	Franz als geschäftsführender Trafikant (1938)
4. S. 247 – 250:	Zeitsprung und Vorschau auf das Jahr 1945

Um die Strukturierung zu vertiefen, erfolgt in einer anschließenden arbeitsteiligen Gruppenarbeit eine weitere Unterteilung der Textabschnitte 2 und 3. Zwar ist eine absolute Trennschärfe hier nicht immer möglich, doch die Feineinteilung unterstützt die Sicherheit aufseiten der Schülerinnen und Schüler hinsichtlich der Orientierung im Text. Eine organisatorische Möglichkeit ist, die Lerngruppe in vier Großgruppen mit Partnerarbeit zu unterteilen, um den Umfang der jeweils zu bearbeitenden Textpassage zu reduzieren. Der Arbeitsauftrag lautet dann wie folgt:

- *Teilen Sie Ihre Textpassage in inhaltlich zusammenhängende Abschnitte ein. Ordnen Sie den Abschnitten Seitenzahlen und stichwortartige Überschriften zu (Gruppe 1: S. 22–94, Gruppe 2: S. 87–160, Gruppe 3: S. 160–202, Gruppe 4: S. 202–247).*

Ein Vorschlag für die Einteilung der Handlung in Abschnitte ist dem **Arbeitsblatt 3** als Lösungsblatt angehängt (S. 28). Zur Reduzierung des zeitlichen Aufwands dieses strukturierenden Einstiegs in den Text oder zur Anpassung der Anforderung an die jeweilige Lerngruppe kann das Arbeitsblatt auch ohne die jeweiligen Überschriften der Abschnitte ausgegeben werden, verbunden mit dem arbeitsteiligen Auftrag, den inhaltlichen Schwerpunkt der Abschnitte zu prüfen und eine passende Überschrift einzusetzen (**Arbeitsblatt 3**, S. 27). Der Arbeitsauftrag lautet dann wie folgt:

- *Arbeiten Sie die inhaltlichen Schwerpunkte der Textabschnitte heraus und formulieren Sie passende Überschriften, um eine Inhaltsübersicht des Romans zu erstellen.*

Als Ergebnis dieses Einstiegs sollte den Schülerinnen und Schülern ein – je nach Leistungsstand der Lerngruppe – selbstständig oder mit variabel eingesetzten inhaltlichen Hilfestellungen erarbeitetes Inhaltsverzeichnis vorliegen, das eine Orientierung im Romantext ermöglicht.

1.3 „Man hat ja mittlerweile eine Verantwortung, oder nicht?“ (S. 114) – Thematische Annäherungen an den Roman

„Der Trafikant“ ist ein Adoleszenzroman, dessen Handlung das emotionale, soziale und sexuelle Heranreifen des Protagonisten Franz Huchel ins Zentrum stellt. Ein Aspekt dieses Prozesses ist Franz' zunehmende Fähigkeit, sein Handeln zu reflektieren und selbstständig zu agieren. Zu Beginn gezeichnet als einfacher Junge vom Lande, der durch seine Naivität zunächst vom Großstadtleben überfordert ist, wandelt sich Franz durch die Erlebnisse in Wien und gewinnt an kritischer Unabhängigkeit. Dies zeigt sich unter anderem daran, dass er insbesondere im letzten Teil des Romans immer wieder Grenzen überschreitet und seinen eigenen Wertmaßstäben folgt – bis hin zur Verhaftung durch die Nationalsozialisten.
Der Roman spricht damit eine Thematik an, die für die Schülerinnen und Schüler insofern aktuell ist, als sich diese im Rahmen ihres eigenen Adoleszenzprozesses mit der Herausforderung konfrontiert sehen, sich mit gesellschaftlichen Wertmaßstäben und Normsystemen auseinanderzusetzen. Freiheit und Verantwortung, deren Implikationen, Reichweite und Grenzen, sind Teilaspekte der Sozialisierung von Jugendlichen auch und gerade in der heutigen Zeit.
Der offen konzipierte Einstieg greift denn auch zunächst das Vorwissen und die Assoziationen der Schülerinnen und Schüler auf, indem der Begriff „Verantwortung“ an der Tafel oder auf Folie präsentiert wird. Der Impuls kann stumm in die Lerngruppe gegeben oder mit folgendem Frageimpuls versehen werden:

- *Was verbinden Sie mit dem Begriff „Verantwortung“?*

Es folgt eine Zusammenstellung der Schülerbeiträge in Form eines Ideensterns. Anschließend werden die genannten Aspekte im Unterrichtsgespräch diskutiert und ggf. gruppiert oder systematisiert, sofern sich dies inhaltlich anbietet. In einem zweiten Schritt werden die Beiträge der Schülerinnen und Schüler mithilfe verschiedener Textimpulse kontextualisiert (**Arbeitsblatt 4**, S. 29). Die dreistufige Aufgabenstellung dazu lautet wie folgt:

- *Arbeiten Sie die Texte durch und stellen Sie zentrale Stichworte zum Thema „Verantwortung“ in einer Mindmap dar.*

Die Mindmap kann wie folgt gestaltet werden:

Verantwortung

Phänomen Verantwortung
- Primärverantwortung (Aufgaben, Zuständigkeit)
- Sekundärverantwortung (Rechenschaft)
- Tertiärverantwortung (Haftung)
- Einfluss von Instanzen und Kriterien

Freiheit
- freier Wille als Grundlage menschlichen Denkens und Handelns
- begründet Rechenschaftspflicht
- Zurechnungsfähigkeit als Voraussetzung

Pflicht/Verpflichtung
- Notwendiges und Richtiges tun
- Schaden vermeiden
- Handlungsfolgen tragen

Diese Komponenten des Verantwortungsbegriffs werden anschließend in einen Zusammenhang mit den eingangs von den Schülerinnen und Schülern genannten Aspekten gestellt und reflektiert:

- *Stellen Sie im Gespräch mit Ihrem Sitznachbarn die hier genannten Aspekte von Verantwortung in einen Zusammenhang mit den zuvor von Ihnen genannten. Wo ergeben sich Unterschiede und Gemeinsamkeiten? Worin gehen die Texte über Ihre Gedanken zum Thema „Verantwortung“ hinaus?*

Im Anschluss an die Erarbeitung des Verantwortungsbegriffs erfolgt die Übertragung auf den Roman „Der Trafikant“:

- *Welchen Zusammenhang sehen Sie zwischen dem Verantwortungsbegriff und dem Roman „Der Trafikant“?*

Die Ergebnisse zu dieser Aufgabenstellung, die die Schülerinnen und Schüler z. B. in Partnerarbeit sammeln können, werden in einem nächsten Schritt gemeinsam im Plenum zusammengetragen und diskutiert. Mögliche Ergebnisse können wie folgt in einem Tafelbild dargestellt werden:

Facetten der Verantwortung in „Der Trafikant"

Franz

... fühlt eine innere Pflicht und Verpflichtung, so zu handeln, wie er es tut.
... erkennt im Laufe der Handlung das „Notwendige und Richtige".
... übernimmt Aufgabenverantwortung, indem er die Trafik weiterführt.
... wird von einer nationalsozialistischen Instanz, die eine ideologische Zwangsherrschaft ausübt, zur Verantwortung gezogen.
... ist zurechnungsfähig und verantwortlich für sein Handeln.
... handelt freiwillig und bewusst „aus eigenem Antrieb und in einem Überschauen der Situation und der Handlungsfolgen".
... bestimmt „sein Denken, Verhalten und Handeln" selbst.
... steht für die Konsequenzen seines Handelns ein.

Alternativ können die hier genannten Aspekte auch in Form von Fragen formuliert werden, die die Arbeit mit dem Roman in den darauffolgenden Wochen begleiten und an geeigneten Stellen Reflexionen zum Thema „Verantwortung" wieder aufrufen und vertiefen. Auf diese Weise können sowohl die Entwicklung des Protagonisten wie auch eigene Leseerfahrungsprozesse der Schülerinnen und Schüler anhand des Verantwortungsbegriffs veranschaulicht werden.
Der hier dargestellte Einstieg über den Verantwortungsbegriff kann auch als Auftakt zu einer generellen Sammlung von Themen des Romans eingesetzt werden. In diesem Fall wird der Erstellung und Besprechung des Tafelbilds ein Frageimpuls nachgeschaltet, der zur Erarbeitung einer thematischen Überschau führt:

- *Die Ergebnisse zeigen, dass das Thema „Verantwortung" im Roman eine wichtige Rolle spielt. Welche Themen sind darüber hinaus im Roman von Bedeutung?*

Die Zusammenstellung in Form eines Ideensterns kann wie folgt aussehen:

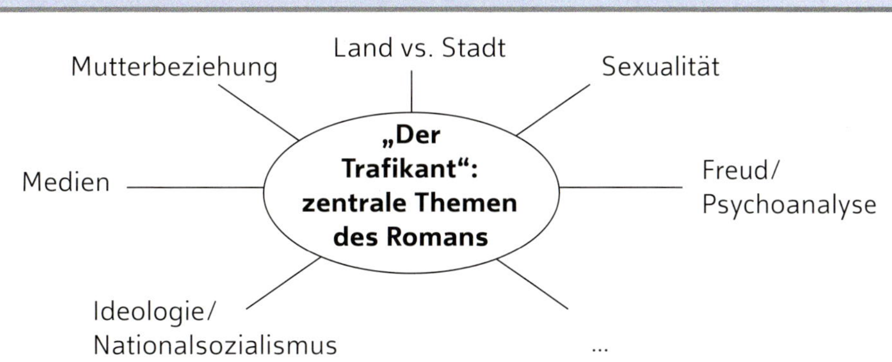

1.4 „I did it my way" – Was ein alter Sänger und ein junger Trafikant sich zu sagen hätten

Einen kreativen und unkonventionellen Einstieg in die Auseinandersetzung mit dem Roman bietet der Song „And now the end in near" in der Version von Frank Sinatra aus dem Jahr 1968. Inhaltlich bilanziert der Song rückblickend einen erfüllten und erfahrungsgesättigten

Lebensweg mit Höhen und Tiefen. „I did it my way" bildet den Refrain des Liedtextes und stellt damit Selbstständigkeit, Individualität und Aussöhnung mit der eigenen Lebensgestaltung in den Mittelpunkt. Reizvoll ist in diesem Zusammenhang eine Kontextualisierung von Lied und Sänger mit Franz Huchel: Die positive und selbstbewusste Grundhaltung, die sich der 53-jährige Frank Sinatra hier zu eigen macht, weist zum einen Gemeinsamkeiten mit dem Protagonisten auf, da auch Franz sich im Verlauf der Romanhandlung zu einem couragierten und unabhängigen jungen Erwachsenen entwickelt; zum anderen aber wird gerade im Kontrast mit dem Liedtext deutlich, dass Franz seine Erfahrungen nur innerhalb eines sehr kurzen Zeitraums sammeln kann und als sehr junger Mensch durch die nationalsozialistische Ideologie umkommt. Spürbar wird damit durch die Auseinandersetzung mit dem Song, dass Franz die Möglichkeit eines erfüllten Lebens verwehrt bleibt.
Der Song kann entweder vor der Ausgabe des Arbeitsblattes (**Arbeitsblatt 5**, S. 30 f.) oder parallel zur Lektüre des Textes eingespielt werden. Anschließend bearbeiten die Schülerinnen und Schüler den Text mit folgender Aufgabenstellung:

- *Lesen und übersetzen Sie den Liedtext gemeinsam mit Ihrem Sitznachbarn. Klären Sie unbekannte Wörter mithilfe eines Lexikons.*
- *Überlegen Sie zu zweit, was Franz Huchel am Ende der Romanhandlung auf einzelne Aussagen des Textes antworten würde. Formulieren Sie seine Antworten frei oder auch mithilfe von Zitaten aus dem Roman und schreiben Sie sie in der direkten Rede neben die entsprechende Liedzeile.*

Alternativ zum zweiten Teil der Aufgabenstellung können die Antworten Franz Huchels auch zusammenhängend in Form eines inneren Monologs als Einzelarbeit formuliert und auf das Arbeitsblatt geschrieben werden. Die Aufgabenstellung lautet dann in diesem Fall:

- *Überlegen Sie, wie Franz Huchel auf einzelne Aussagen des Textes antworten würde. Formulieren Sie seine Antworten frei oder auch mithilfe von Zitaten aus dem Roman und schreiben Sie einen inneren Monolog in die rechte Spalte der Tabelle, in dem sich Franz am Ende der Romanhandlung mit dem Liedtext auseinandersetzt.*

Die Auswertung der Aufgabenstellung erfolgt über eine Präsentation der Ergebnisse der Schülerinnen und Schüler im Plenum oder in Kleingruppen, in denen Beiträge zur Präsentation ausgewählt werden. Die Schülerinnen und Schüler werden in letzterem Fall zunächst aufgefordert, sich die Ergebnisse in der Gruppe gegenseitig vorzustellen, auf Inhalt, Textsortenspezifik und Plausibilität hin zu prüfen und schließlich jeweils ein Ergebnis begründet auszuwählen, das vorgestellt und im Plenum diskutiert wird. Die Sichtung mehrerer Gruppenergebnisse kann schließlich zur Formulierung eines kurzen Fazits auf dem Arbeitsblatt führen, das die unterschiedlichen Grundhaltungen und Grunderfahrungen der beiden Texte zusammenfasst. Mögliche Ergebnisse sind dem **Arbeitsblatt 5** als Lösungsblatt angehängt (S. 32 f.).
Der Einstieg bietet eine Möglichkeit, mithilfe einer produktionsorientierten Aufgabenstellung in ein erstes Gespräch über die Romanhandlung und den Protagonisten Franz Huchel zu kommen. Im Vergleich mit dem Songtext können dabei Grundlinien der Handlung, der Figurenkonzeption oder des zeitgeschichtlichen Hintergrunds thematisiert werden, bevor eine detailliertere Arbeit am Text folgt.

„Der Trafikant" – Umschlag der Erstausgabe von 2012

Robert Seethaler, Der Trafikant. Copyright © 2012 KEIN & ABER AG, Zürich – Berlin

- *Beschreiben Sie die Abbildung.*
- *Welche Vermutungen oder Gedanken zum Roman rufen Titel und Umschlaggestaltung bei Ihnen hervor? Worauf gründen sich diese?*

Best.-Nr. 022690

Den Anfang des Romans untersuchen

Gedanken/Gefühle/Fragen	Robert Seethaler: Der Trafikant, S. 7 – 8	Textanalyse und Interpretation
	An einem Sonntag im Spätsommer des Jahres 1937 zog ein ungewöhnlich heftiges Gewitter über das Salzkammergut, das dem bislang eher ereignislos vor sich hin tröpfelnden Leben Franz Huchels eine ebenso jähe wie folgenschwere Wendung geben sollte. Schon beim ersten fernen Donnergrollen war Franz in das kleine Fischerhaus gelaufen, das er und seine Mutter in dem Örtchen Nußdorf am Attersee bewohnten, und hatte sich tief ins Bett verkrochen, um in der Sicherheit seiner warmen Daunenhöhle dem unheimlichen Tosen zuzuhören. Von allen Seiten rüttelte das Wetter an der Hütte. Die Balken ächzten, draußen knallten die Fensterläden, und auf dem Dach flatterten die vom dichten Moos überwachsenen Holzschindeln im Sturm. Von Böen getrieben, prasselte der Regen gegen die Fensterscheiben, vor denen ein paar geköpfte Geranien in ihren Kübeln ersoffen. An der Wand über der Altkleiderkiste wackelte der eiserne Jesus, als könnte er sich jeden Augenblick von seinen Nägeln losreißen und vom Kreuz springen, und vom nahen Ufer war das Krachen der Fischerboote zu hören, die von den aufgepeitschten Wellen gegen ihre Uferpflöcke geschleudert wurden. Als sich das Gewitter endlich ausgetobt hatte und sich ein erster zaghafter Sonnenstrahl über die rußschwarzen, von Generationen schwerer Fischerstiefel ausgetretenen Dielen bis an sein Bett heranzitterte, rollte sich Franz in einem kleinen Wohligkeitsanfall zusammen, nur um gleich darauf seinen Kopf unter der Decke hervorzustrecken und sich umzuschauen. Die Hütte war stehen geblieben, Jesus hing noch immer am Kreuz und durch das mit Wassertropfen besprenkelte Fenster leuchtete ein einzelnes Geranienblütenblatt wie ein zartroter Hoffnungsschimmer.	

- *Lesen Sie den Text und notieren Sie erste Gedanken, Gefühle oder Fragen in der linken Spalte.*
- *Analysieren und interpretieren Sie den Textauszug S. 7 – 8. Tragen Sie Ihre Ergebnisse in die rechte Spalte ein.*
- *Was unterscheidet den ersten Lesedurchgang vom zweiten? Welchen Zusammenhang sehen Sie zwischen beiden?*

Best.-Nr. 022690

Gliederung der Romanhandlung

S. 7 – 16 ______________________________

S. 16 – 22 ______________________________

S. 22 – 27 ______________________________

S. 27 – 35 ______________________________

S. 35 – 45 ______________________________

S. 45 – 60 ______________________________

S. 60 – 64 ______________________________

S. 64 – 87 ______________________________

S. 87 – 94 ______________________________

S. 94 – 114 ______________________________

S. 115 – 143 ______________________________

S. 143 – 148 ______________________________

S. 149 – 160 ______________________________

S. 160 – 172 ______________________________

S. 172 – 180 ______________________________

S. 180 – 202 ______________________________

S. 202 – 209 ______________________________

S. 209 – 237 ______________________________

S. 237 – 247 ______________________________

S. 247 – 250 ______________________________

■ *Arbeiten Sie die inhaltlichen Schwerpunkte der Textabschnitte heraus und formulieren Sie passende Überschriften, um eine Inhaltsübersicht des Romans zu erstellen.*

Best.-Nr. 022690

Gliederung der Romanhandlung (Lösung)

S. 7 – 16	Franz' Heimatort Nußdorf am Attersee
S. 16 – 22	Zugfahrt und Ankunft in Wien
S. 22 – 27	Ankunft in der Trafik und Einführung
S. 27 – 35	Erste Zeit in der Trafik
S. 35 – 45	Erste Begegnung mit Freud
S. 45 – 60	Im Prater/Begegnung mit Anezka
S. 60 – 64	Anschlag auf die Trafik
S. 64 – 87	Verwirrung und Suche nach Anezka
S. 87 – 94	Begegnung mit Anezka und gemeinsame Nacht
S. 94 – 114	Anezka in der „Grotte"
S. 115 – 143	Zweite Begegnung mit Freud
S. 143 – 148	Der Rote Egon
S. 149 – 160	Träume/erneuter Anschlag auf die Trafik/Verhaftung Ottos
S. 160 – 172	Franz als Trafikant
S. 172 – 180	Traumplakate
S. 180 – 202	Ottos Tod und veränderte Zeiten
S. 202 – 209	Die veränderte „Grotte"/Anezka und der SSler
S. 209 – 237	Freuds Abreise ins Londoner Exil
S. 237 – 247	Die Hose vorm Hauptquartier/Franz wird verhaftet
S. 247 – 250	Die verlassene Trafik im Jahr 1945

Best.-Nr. 022690

Was ist „Verantwortung"?

Ver•ạnt•wor•tung
Substantiv [die]

1. die Pflicht, dafür zu sorgen, dass (in bestimmten Situationen) das Notwendige und Richtige getan wird und kein Schaden entsteht. [...]

2. die Verpflichtung, für seine Handlungen einzustehen und ihre Folgen zu tragen. [...]

Quelle: https://www.google.de/?gws_rd=ssl#q=Verantwortung, zuletzt eingesehen am 10.08.2016

Verantwortung

ist ein mehrstufiges Phänomen. Es gibt

(1) die *(Primär-)Verantwortung*, „die jemand trägt", dabei

(I.1) als spezifische Aufgabenverantwortung die Zuständigkeit für bestimmte Rollen, Funktionen und Ämter und als

(I.2) generelle Handlungsverantwortung die Zuständigkeit für die Folgen und Nebenfolgen des eigenen Tun und Lassens.

(2) Die *Sekundärverantwortung*, „zu der man gezogen wird", die Rechenschaftsverantwortung, führt ein Moment der Anschuldigung, zumindest Verdächtigung mit sich, Zuständigkeiten seien vernachlässigt.

(3) Bewahrheitet sich die Anschuldigung, so wird man erneut zur Verantwortung „gezogen": Die *Tertiärverantwortung* besteht in der Haftung für Verfehlungen oder Vernachlässigungen, in Schadensersatz und Wiedergutmachung, evtl. auch Strafe.

[...] Aufgabenverantwortung und Handlungsverantwortung bestehen in einer vierstelligen Beziehung: der Zuständigkeit

(a) von Personen

(b) für übernommene Aufgaben bzw. für das eigene Tun und Lassen, auch für Charaktereigenschaften

(c) vor einer Instanz, die Rechenschaft fordert: z.B. vor einem Gericht, vor den Mitmenschen, auch vor dem Gewissen oder vor Gott

(d) nach Maßgabe gewisser Kriterien. [...]

Aufgrund seiner Fähigkeit zur Verantwortung wird der Mensch zum Rechtssubjekt bzw. moralischen (auch religiösen) Subjekt, das für sein Handeln und dessen Folgen einzustehen hat und im Bereich des Rechts Strafen oder Belohnungen, des Sozialen Lob oder Tadel, moralisch gesehen aber Achtung oder Verachtung verdient. – Die rechtliche Verantwortung betrifft Verpflichtungen aus Aufgaben und Ämtern, die man übernommen hat, oder das Einhalten der allgemeinen Gebote und Verbote des Rechts. Ihre subjektive Bedingung der Möglichkeit ist, dass man über Zurechnungsfähigkeit verfügt, insofern man aus eigenem Antrieb und in einem Überschauen der Situation und der Handlungsfolgen, also freiwillig und bewusst handeln kann, was durch die frühkindlichen Erziehungsprozesse stark beeinflusst wird. [...]

Aus: Lexikon der Ethik. Hg. v. Otfried Höffe et al., 6., neu bearbeitete Auflage 2002. Verlag C. H. Beck: München 1977.

Verantwortung

Bezeichnet die Zuschreibung des Denkens, Verhaltens und Handelns eines Menschen an dessen freie Willensentscheidung, für die er genau deshalb rechenschaftspflichtig ist und für die er mit allen Konsequenzen einstehen muss. Verantwortung gründet demnach in der Freiheit des Menschen. Denn nur wenn der Mensch die Möglichkeit hat, sein Denken, Verhalten und Handeln selbst zu bestimmen, kann er dafür auch zur Rechenschaft gezogen werden. Weil der Existenzialismus von Kierkegaard über Heidegger bis zu Sartre den Menschen als frei interpretiert, spielt die menschliche Verantwortung in der Existenzphilosophie eine große Rolle. Sartre erklärt, dass der Mensch das ist, wozu er sich macht, was bedeutet, dass der Mensch kein vorgegebenes Wesen hat, das er realisieren oder verfehlen kann, sondern dass der Mensch sich selbst in und durch sein Handeln entwirft als der, der er ist. [...]

Dr. Wulff D. Rehfus, http://www.philosophie-woerterbuch.de/... (Aufruf: 1.3.2017)

- *Arbeiten Sie die Texte durch und stellen Sie zentrale Stichworte zum Thema „Verantwortung" in einer Mindmap dar.*
- *Stellen Sie im Gespräch mit Ihrem Sitznachbarn die hier genannten Aspekte des Verantwortungsbegriffs in einen Zusammenhang mit den zuvor von Ihnen genannten. Wo ergeben sich Unterschiede und Gemeinsamkeiten? Worin gehen die Texte über Ihre Gedanken zum Thema „Verantwortung" hinaus?*
- *Welchen Zusammenhang sehen Sie zwischen dem Verantwortungsbegriff und dem Roman „Der Trafikant"?*

Best.-Nr. 022690

„I did it my way" – Was ein alter Sänger und ein junger Trafikant sich zu sagen hätten

Liedtext (1968)	„Der Trafikant" – Was Franz Huchel Frank Sinatra antworten würde
„And now the end is near" (Frank Sinatra) And now, the end is near; And so I face the final curtain. My friend, I'll say it clear, I'll state my case, of which I'm certain. I've lived a life that's full. I've traveled each and every highway; And more, much more than this, I did it my way. Regrets, I've had a few; But then again, too few to mention. I did what I had to do And saw it through without exemption. I planned each charted course; Each careful step along the byway, And more, much more than this, I did it my way. Yes, there were times, I'm sure you knew When I bit off more than I could chew. But through it all, when there was doubt, I ate it up and spit it out. I faced it all and I stood tall; And did it my way. I've loved, I've laughed and cried. I've had my fill; my share of losing. And now, as tears subside, I find it all so amusing. To think I did all that; And may I say – not in a shy way, „Oh no, oh no not me, I did it my way." For what is a man, what has he got? If not himself, then he has naught. To say the things he truly feels; And not the words of one who kneels. The record shows I took the blows – And did it my way! Yes, it was my way. Text: Paul Anka. © Editions Musicales Eddie Barclay/Jeune Musique Edition Marbot GmbH, Hamburg	

Fazit:	Fazit:

- *Lesen und übersetzen Sie den Liedtext gemeinsam mit Ihrem Sitznachbarn. Klären Sie unbekannte Wörter mithilfe eines Lexikons.*
- *Überlegen Sie zu zweit, was Franz Huchel auf einzelne Aussagen des Textes antworten würde. Formulieren Sie seine Antworten frei oder auch mithilfe von Zitaten aus dem Roman und schreiben Sie sie in der direkten Rede neben die entsprechende Liedzeile.*

Best.-Nr. 022690

„I did it my way“ – Was ein alter Sänger und ein junger Trafikant sich zu sagen hätten (Lösung)

Liedtext (1968)	„Der Trafikant“ – Was Franz Huchel Frank Sinatra antworten würde
„And now the end is near“ (Frank Sinatra)	
And now, the end is near; And so I face the final curtain. My friend, I'll say it clear, I'll state my case, of which I'm certain.	„Für mich kommt das Ende, wenn ein dunkler Wagen vor der Trafik hält und drei Männer aussteigen, um mich abzuholen.“
I've lived a life that's full. I've traveled each and every highway; And more, much more than this, I did it my way.	„Schön, wenn du so viel Zeit gehabt hast. Ich bin 17 und jetzt ist es vorbei. Viel habe ich nicht sehen können von der Welt. Aber ein wenig Freiheit habe ich doch gehabt: am Attersee und am Schluss in Wien, als ich es denen gezeigt habe.“
Regrets, I've had a few; But then again, too few to mention. I did what I had to do And saw it through without exemption.	„Viel bedauere ich wohl auch nicht. Vielleicht, dass mir die Anezka das Herz gebrochen hat.“
I planned each charted course; Each careful step along the byway, And more, much more than this, I did it my way.	„Dass ich alles geplant hätte, kann man wirklich nicht sagen. Viel zu schnell ist alles in dem einen Jahr gegangen und jetzt komme ich mir vor wie ein Boot, das vor sich hin treibt.“
Yes, there were times, I'm sure you knew When I bit off more than I could chew. But through it all, when there was doubt, I ate it up and spit it out. I faced it all and I stood tall; And did it my way.	„Übernommen habe ich mich mit manchem schon etwas. Es war ein Auf und Ab, ein Hin und Her wie auf der Schiffsschaukel. Manchmal war mir ganz schlecht davon. Aber letztlich habe ich immer das getan, wofür ich geradestehen kann. Lustig war das nicht gerade immer und auch jetzt, wenn ich zurückdenke, frage ich mich immer noch, wie viele Abschiede ein Mensch eigentlich aushalten kann. Aber die Hose habe ich aufgehängt. Ich habe ein Zeichen gesetzt, ein kleines Licht in der Dunkelheit. Auf meine Weise.“
I've loved, I've laughed and cried. I've had my fill; my share of losing. And now, as tears subside, I find it all so amusing.	
To think I did all that; And may I say – not in a shy way, „Oh no, oh no not me, I did it my way.“	
For what is a man, what has he got? If not himself, then he has naught. To say the things he truly feels; And not the words of one who kneels. The record shows I took the blows – And did it my way!	„Ich habe gesagt, was ich dachte, und habe mich nicht kleinkriegen lassen. Den Hitlergruß kann sich der Briefträger immer noch sonstwo hinstecken.“
Yes, it was my way. Text: Paul Anka. © Editions Musicales Eddie Barclay/Jeune Musique Edition Marbot GmbH, Hamburg	„Ich war der Trafikant.“

Fazit: Der Liedtext thematisiert Abschied und Rückblick auf ein erfahrungsgesättigtes Leben, das der Sänger auf individuelle und selbstbewusste Art und Weise gemeistert hat. Der Sänger sieht sich als aufrecht und unabhängig.	**Fazit:** Franz Huchel blickt gereift, aber auch beschädigt auf ein kurzes Leben zurück, in dem sich Entwicklung und Erfahrungen hauptsächlich innerhalb eines Jahres abgespielt haben. Eine weitere Entwicklung bleibt ihm durch die nationalsozialistische Ideologie verwehrt.

Best.-Nr. 022690

Baustein 2

Figuren und Figurenkonstellationen

In Baustein 2 wird zunächst die Figurenkonstellation des Romans erarbeitet. Anschließend erfolgt eine genauere Betrachtung und Untersuchung der Beziehung des Protagonisten zu zentralen Figuren in seinem nahen Umfeld. Von Bedeutung sind hierbei die beiden Frauenfiguren des Romans, Franz' Mutter und Anezka, wie auch die männlichen Figuren Otto Trsnjek und Sigmund Freud. Die Analyse dieser zentralen Zweierkonstellationen ermöglicht ein tieferes Verständnis der Entwicklung des Protagonisten Franz Huchel, die abschließend in Kapitel 2.5 zusammengefasst wird. Die Erschließung der Beziehung zwischen Franz und Otto Trsnjek sowie Franz und Sigmund Freud kann auch mit den szenischen Anregungen in Kapitel 5.3 verknüpft werden. Historische Anknüpfungspunkte zu Sigmund Freud finden sich in Kapitel 4.4.

2.1 Die Figurenkonstellation des Romans

Eine erste Übersicht zur Figurenkonstellation im Roman kann im Anschluss an die Einstiege, die in Baustein 1 des Modells näher erläutert sind, erarbeitet werden. Die Schülerinnen und Schüler erhalten den Auftrag, die Figurenkonstellation in Form eines Schaubilds darzustellen und mit ersten Stichworten zur näheren Beschreibung der Beziehungen zu versehen. Welche Art von Schaubild gewählt und wie dieses strukturiert wird, bleibt den Schülerinnen und Schülern überlassen und ist damit Teil der Aufgabenstellung. Hilfreich kann es jedoch sein, im Vorfeld der Aufgabenstellung gemeinsam mit den Schülerinnen und Schülern zu überlegen, welche Symbole für die Beschreibung und Einordnung einer Beziehungskonstellation geeignet sein könnten (z. B. Herz für Liebesbeziehung, Blitz für konfliktreiche Beziehung). Der Arbeitsauftrag lautet:

- *Erarbeiten Sie in Ihrer Gruppe ein Schaubild, mit dem Sie die Figurenkonstellation des Romans darstellen. Wählen Sie eine übersichtliche Anordnung, die die wichtigsten Figuren berücksichtigt und erste Stichworte zur Beschreibung der jeweiligen Beziehung beinhaltet. Begründen Sie Ihre Auswahl der Figuren und die Gestaltung des Schaubilds.*

Die Auswertung des Arbeitsauftrags, die sukzessive oder durch eine vergleichende Ansicht mehrerer Schaubilder erfolgen kann, sollte zunächst die Auswahl der Figuren prüfen, bevor die Beschreibung der Zweierkonstellationen und anschließend die gewählte Form der Visualisierung besprochen werden. Als Tafelbild oder Folienaufschrieb kann das Schaubild wie folgt gestaltet werden:

Die Figurenkonstellation des Romans

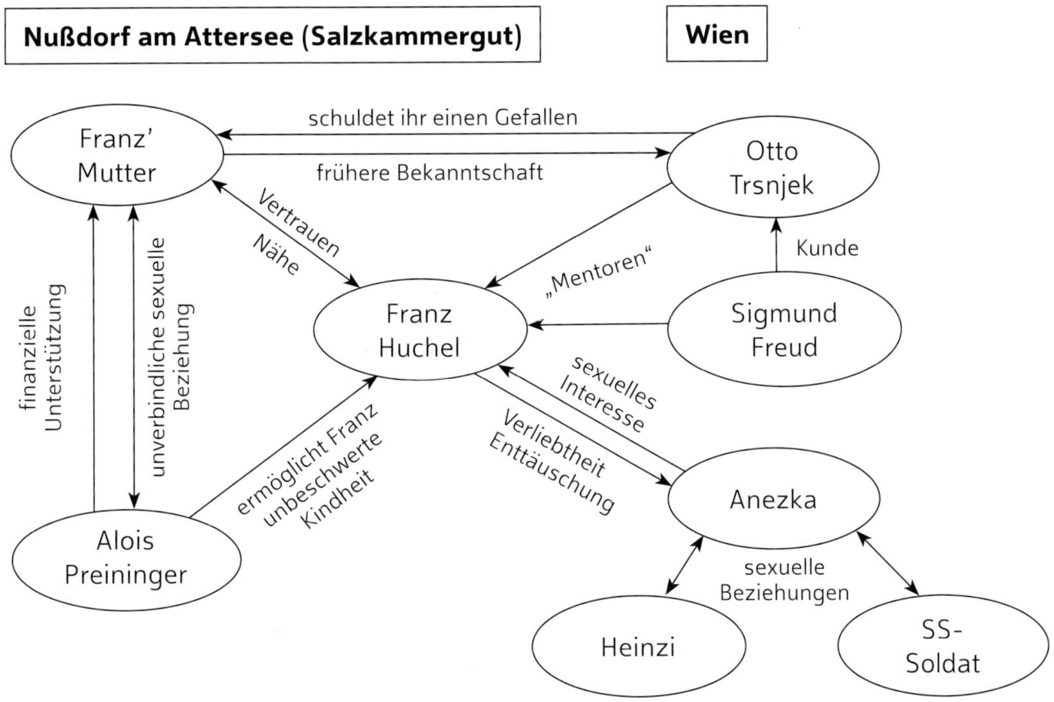

Alternativ dazu kann die Figurenkonstellation mithilfe eines Standbilds erarbeitet werden. Eine Methodenhilfe dazu findet sich auf **Arbeitsblatt 6**, S. 54. Der Arbeitsauftrag lautet:

- *Gestalten Sie in Ihrer Gruppe ein Standbild, das die Figurenkonstellation des Romans und die Beziehungen der einzelnen Figuren zueinander darstellt (Franz, Mutter, Otto Trsnjek, Sigmund Freud, Anezka, Heinzi, SS-Soldat, Alois Preininger).*

Die Auswertung der Standbilder erfolgt exemplarisch und kann beispielsweise von Notizen, Skizzen o. Ä. begleitet werden. Leitfragen für die Auswertung können sein:

- Wie wirkt das Standbild auf Sie? Begründen Sie.
- Was fällt Ihnen als Erstes an diesem Standbild ins Auge? Warum?
- Trifft das Standbild Ihrer Ansicht nach den Charakter der Beziehungen?
- Worin weichen die Standbilder voneinander ab?
- Welche Übereinstimmungen gibt es?
- Welche Hinweise für diese Darstellung finden sich im Text?
- Was würden Sie an diesem Standbild verändern?
- …

Folgende inhaltliche Aspekte sollten sich mindestens in der Gestaltung der Standbilder wiederfinden: eine grobe räumliche Unterscheidung zwischen Nußdorf am Attersee und Wien; eine Zuordnung der Mutterfigur zu Nußdorf und eine enge positive Beziehung zwischen Franz und seiner Mutter; die Zuordnung der Figuren Otto Trsnjek, Sigmund Freud und Anezka zu Wien; Otto Trsnjek und Sigmund Freud als Vorbilder und Mentoren von Franz; Franz' enttäuschte Liebe zu Anezka; Anezkas sexuelles Interesse an Franz.

2.2 „Wo bist du, mein Bub?“ (S. 244) – Franz und seine Mutter

Die Beziehung des 17-jährigen Protagonisten Franz Huchel zu seiner Mutter ist geprägt von großer Nähe. Die auffallend enge Mutterbindung ist von Beginn des Romans an ein zentraler thematischer wie auch erzähltechnischer Aspekt, denn indem sich Franz kontinuierlich seiner Mutter gegenüber öffnet und ihr seine Erlebnisse berichtet, wird sie zur erzähltechnischen Folie, auf der sich Franz' Entwicklung ablesen lässt.
Die Mutter, deren Vorname im Roman ungenannt bleibt, wird beschrieben als eine „schmale Frau in den Vierzigern, immer noch ganz ansehnlich, wenngleich auch schon etwas ausgemergelt wie die meisten Einheimischen, denen die Arbeit in den umliegenden Salzminen, den Viehställen oder den Küchen der Sommerfrischlerwirtshäuser zugesetzt hatte“ (S. 8). Ihre Liaison mit dem 60-jährigen Geschäftsmann Alois Preininger sichert ihr und Franz ein finanzielles Auskommen (vgl. S. 11). Franz' Vater, ein Waldarbeiter aus Bad Goisern, ist nur wenige Tage vor der Geburt seines Sohnes bei einem Arbeitsunfall tödlich verunglückt. Andere Beziehungen der Mutter zu Männern vor und nach der Beziehung mit Franz' Vater werden lediglich angedeutet, unter anderem wohl eine lange zurückliegende mit Otto Trsnjek, ein „alte[r] Freund“ (S. 15), der der Mutter noch „einen Gefallen“ schuldet (S. 15). Franz' Mutter ist resolut – seine Abreise nach Wien setzt sie mit einer Ohrfeige durch (vgl. S. 16) –, gleichzeitig aber fürsorglich, realistisch und ausgestattet mit praktischer Lebensweisheit. Bereits zu Beginn des Romans ahnt sie die bevorstehenden politischen Turbulenzen: „[...] die Zeiten werden nicht besser. Es liegt was in der Luft.“ (S. 15) Auch Franz' persönliche Turbulenzen begleitet sie mit Gelassenheit, so zum Beispiel seine Verwirrung nach der ersten Begegnung mit Anezka. So schreibt sie auf einer Postkarte vom Attersee: „[...] hast du dich vielleicht verliebt? Das wäre nämlich eine Erklärung für Deine Zustände. Sich verlieben heißt ja bekanntlich: sich nicht mehr auskennen.“ (S. 66)
Indem die Mutter Franz bis zur Abreise nach Wien von allen Anforderungen des Lebens fernhält, sorgt sie für seinen Verbleib in einem Zustand kindlich-verträumter Naivität (vgl. z. B. S. 12). Dies begründet sie zwar mit seiner eher schwachen Konstitution – leitmotivisch erscheinen hier Franz' Hände, die die Mutter als „[z]art und weich und weiß, wie von einem Mädchen“ (S. 15) beschreibt –, belässt ihn damit jedoch auch in einer engen, unhinterfragten Mutterbindung, die sich zum Beispiel darin zeigt, dass Franz bei jeder Irritation zur Mutter flüchtet oder Schutzräume aufsucht (vgl. z. B. S. 7, 54). Bezeichnend ist Franz' Assoziation zur Wahrnehmung der Mutter als „schief verschnitzte[s] Marienbild“ (S. 8): Die Mutter erscheint hier gleichsam als ‚schiefe Heilige‘, was gleichzeitig auf ihre große Mutterliebe und ihre unkonventionellen Seiten verweist. Die außergewöhnliche Nähe zwischen Franz und seiner Mutter zeigt sich schlussendlich auch darin, dass sie am Ende der Romanhandlung die Gefahr spürt, in der ihr Sohn schwebt: „Die Mutter hörte ihr Herz pochen. Ein kleiner Schauder lief ihr den Rücken hinunter, und obwohl es warm war, zitterte sie. ‚Mein Bub‘, sagte sie und schloss die Augen. ‚Wo bist du, mein Bub?‘“ (S. 244)

Die Erarbeitung der Mutterfigur im Unterricht konzentriert sich zunächst auf eine Beschreibung ihrer inhaltlichen und erzähltechnischen Funktion, bevor zu einem späteren Zeitpunkt in der Einheit ihre schriftliche Kommunikation mit Franz noch einmal thematisiert wird. Durch einen Einstieg werden die Schülerinnen und Schüler zunächst für die Thematik der Mutter-Sohn-Bindung sensibilisiert. Eine mögliche aktualisierende und motivierende Hinführung kann beispielsweise anhand des Songs „Mama said“ von Metallica aus dem Jahr 1996 (**Arbeitsblatt 7**, S. 55 f.) erfolgen. Beim Einspielen des Songs kann der Text mithilfe des Arbeitsblatts mitverfolgt werden, sodass im Anschluss Verständnisfragen geklärt und das Thema des Songs benannt werden können. Anschließend bearbeiten die Schülerinnen und Schüler die Aufgabenstellung auf dem Arbeitsblatt in Partnerarbeit:

■ *Notieren Sie in Stichworten, wie die Beziehung zwischen Mutter und Sohn in dem Song beschrieben wird.*

Der Song thematisiert die Reflexionen eines erwachsenen Mannes zur Mutterbeziehung nach dem Tod der Mutter (Z. 40). Erinnert werden dabei sowohl Grundhaltungen, die die Mutter im Rahmen der Erziehung vermittelt hat (Z. 1 – 6), wie auch das frühe Verlassen des Elternhauses aufgrund jugendlicher Rebellion (Z. 14 f.), möglicherweise nach einem konfliktreichen Miteinander (Z. 16). Die Rückkehr des Sohnes erfolgt nun nicht wie ersehnt in die offenen Arme der Mutter (Z. 39), sondern lediglich zu ihrem Grabstein (Z. 40). Der Sohn thematisiert dabei die unauflösliche Nähe zur Mutter und wünscht sich, von ihr losgelassen zu werden (Z. 10). Ihre Hinterlassenschaft sieht er in einer Leere (Z. 28), die sie ihm mitgegeben hat und die ihn bis zum eigenen Tod begleiten wird.
Der Song bietet zahlreiche Anknüpfungspunkte für ein Gespräch zum Thema Mutter-Sohn-Beziehung wie auch für eine vergleichende Überleitung zum Roman „Der Trafikant". Auch Franz wird sich dessen bewusst, dass er seinen eigenen Weg gehen muss, kann sich dabei allerdings im Unterschied zum Sänger-Ich des Rückhalts seiner Mutter sicher sein. Sie bleibt auch nach seiner Abreise Ansprechpartner und Vertrauensperson. Um in der Sprache des Songs zu bleiben, sind ihre Arme für Franz stets geöffnet. Auch ist Franz im Unterschied zum Sänger-Ich kein Rebell.
Eine Alternative zu diesem Einstieg bietet eine Hinführung über eine Abfrage und Diskussion von Lebensweisheiten oder Ratschlägen, die die Schülerinnen und Schüler im Rahmen ihrer eigenen Erziehung erfahren. Die Impulsfrage zu Beginn der Erarbeitung lautet dann wie folgt:

■ *Welche Ratschläge haben Ihnen Ihre Eltern im Rahmen Ihrer Erziehung mitgegeben?*

Die Beiträge der Schülerinnen und Schüler werden in Sätzen oder Stichworten an der Tafel gesammelt und können z. B. wie folgt (oder aber auch ganz anders) lauten:

Mögliche Ratschläge und Lebensweisheiten von Eltern

- Es wird schon alles seinen Sinn haben.
- Zeige keine Schwäche vor anderen.
- Was du heute kannst besorgen, das verschiebe nicht auf morgen.
- Man muss das Beste aus allem machen.
- Der Jüngste stellt sich hinten an.
- …

Nach der Sammlung der Beiträge kann eine Überleitung zum Roman und zur Mutter-Sohn-Thematik erfolgen, an die sich die Formulierung von Analysefragen anschließt. Eine Sammlung von Äußerungen der Mutter im Roman, die einen ähnlichen Charakter aufweisen (Ratschläge, Lebensweisheiten, Lebensregeln), kann dann am Schluss der Stunde platziert werden, um die eingangs genannten Beiträge der Schülerinnen und Schüler mit denen der Mutter zu vergleichen.

Alternativ dazu kann die Sammlung der mütterlichen Äußerungen auch direkt im Anschluss an den Einstieg als Überleitung zur Formulierung der Analysefragen oder auch als Verdichtung der Analysefragen selbst dienen. Die Schülerinnen und Schüler werden dazu mit folgendem Arbeitsauftrag angeregt:

■ *Stellen Sie Äußerungen von Franz' Mutter zusammen, die einen ähnlichen Charakter wie die von Ihnen genannten Ratschläge und Lebensweisheiten haben (vgl. z. B. S. 66, 114, 170f.). Welche Rückschlüsse lassen diese Äußerungen auf die Mutter und auf die Beziehung zwischen Mutter und Sohn zu?*

Infrage kommen beispielsweise die folgenden Textzitate:

- „Das ganze Leben ist ein fortwährendes Auseinandergehen. Als Mutter weiß man das genau. Aber so ist es halt, und man gewöhnt sich daran." (S. 66)
- „Die Gründe von heute sind morgen schon die Gründe von gestern und spätestens übermorgen sind sie vergessen." (S. 114)
- „Ja, man hat eine Verantwortung! Vor allem für das eigene Gewissen." (S. 114)
- „Manchmal muss man das eine gehen lassen, damit das andere kommen kann." (S. 170)
- „Niemand taugt für die Liebe, und trotzdem oder gerade deswegen erwischt sie fast jeden von uns irgendwann einmal!" (S. 171)
- „Es gibt so viele Sorten Traurigkeit, wie es Lebensstunden gibt. Und wahrscheinlich noch ein paar mehr. Da ist es egal, ob du weißt, woher diese oder jene Traurigkeit kommt." (S. 171)

Nachdem die Ergebnisse im Plenum zusammengetragen und besprochen wurden, kann eine stichwortartige Ergebnissicherung dieses Arbeitsschritts z. B. in Form eines kurzen Tafelanschriebs erfolgen:

Franz' Mutter: Ihre Lebensweisheit(en) und Lebenssituation

- die Widrigkeiten des Lebens sind ihr bekannt
- sie ist reich an Erfahrungen
- sie hat sich an Schwierigkeiten gewöhnt
- Grundlegendes (z. B. Traurigkeit, Liebe) hinterfragt sie nicht
- sie hat Werte und bleibt ihnen treu (Gewissen)
- sie versucht, ihre Erkenntnisse an Franz weiterzugeben
- sie steht Franz zur Seite
- die Beziehung zwischen Mutter und Sohn ist vertrauensvoll

Nach dieser ersten Sensibilisierung für die Thematik erfolgt eine schülerzentrierte und metakognitiv angelegte Herangehensweise an die Erschließung der Mutterfigur im Text. Die Schülerinnen und Schüler werden zunächst in Partnerarbeit, anschließend in Gruppenarbeit dazu aufgefordert, zu überlegen, welche Analysefragen geeignet sind, um die Beziehung zwischen Franz und seiner Mutter zu charakterisieren. Der Arbeitsauftrag dazu lautet wie folgt:

■ *Überlegen Sie zu zweit, welche Aspekte in der Beziehung zwischen Franz und seiner Mutter untersucht werden müssen, um die Beziehung näher beschreiben zu können.*

■ *Tragen Sie zu viert Ihre Ergebnisse zusammen und formulieren Sie in Ihrer Gruppe jeweils drei Fragen für die Analyse der Beziehung zwischen Franz und seiner Mutter. Schreiben Sie je eine Frage auf eine Metaplankarte.*

Die Karten werden anschließend an der Tafel aufgehängt, gesichtet und systematisiert. Ein möglicher Fragenkatalog kann lauten:

- Wie wird Franz' Mutter im Roman beschrieben? Welche Eigenschaften hat sie?
- Welchen Einfluss hat die Mutter auf Franz' Kindheit und Jugend?
- Wie gestaltet sich der Kontakt zwischen Mutter und Sohn nach Franz' Abreise?
- In welchen Situationen denkt Franz an seine Mutter?
- Wie reagiert die Mutter auf Franz' Erlebnisse?
- Welche Bedeutung hat die Mutterfigur im Roman?
- ...

Die schülerzentrierte Herangehensweise kann im Anschluss daran fortgesetzt werden, indem die Schülerinnen und Schüler in einer weiteren Arbeitsphase selbst geeignete Textstellen auswählen, die die Basis für die Bearbeitung der Analysefragen bilden können.

Alternativ dazu können der Lerngruppe Textstellen, wie auf **Arbeitsblatt 8**, S. 57, aufgeführt, zur Verfügung gestellt werden. Das Arbeitsblatt bietet Raum für die Beantwortung der Fragen in Stichworten sowie für eine Ergänzung des Titels des Arbeitsblatts, der die Beziehung zwischen Franz und seiner Mutter abschließend zusammenfasst. Der Arbeitsauftrag zur arbeitsteiligen Bearbeitung der Fragen lautet wie folgt:

- *Beantworten Sie die Fragen in Stichworten. Ziehen Sie dabei auch die angegebenen Textstellen hinzu und wählen Sie wichtige Zitate aus, um Ihre Antworten zu untermauern.*

Die Auswertung der Analysefragen im Unterrichtsgespräch dient der Sicherung zentraler Stichworte und der gemeinsamen Formulierung eines Fazits wie auch eines Untertitels. Mögliche Lösungen sind dem **Arbeitsblatt 8** angehängt (S. 58 f.).

Im Rahmen einer produktionsorientierten Erschließung der Mutterfigur kann das Arbeitsblatt auch als Vorbereitung für die Konzeption eines Monologs, in dem Franz beispielsweise Sigmund Freud seine Mutter beschreibt, dienen. Dabei bearbeiten die Schülerinnen und Schüler zunächst in Partnerarbeit arbeitsteilig **Arbeitsblatt 8**, bevor sie unmittelbar darauf aufbauend einen Monolog verfassen. Ein möglicher Arbeitsauftrag, der sich in zwei Arbeitsphasen untergliedert, könnte wie folgt lauten:

- *Beantworten Sie die Fragen auf dem Arbeitsblatt in Stichworten. Ziehen Sie dabei auch die angegebenen Textstellen hinzu und wählen Sie wichtige Zitate aus, um Ihre Antworten zu untermauern.*
- *Stellen Sie sich vor, Franz würde in einem seiner Gespräche mit Freud seine Mutter beschreiben und charakterisieren. Verfassen Sie auf der Basis Ihrer Arbeitsergebnisse einen entsprechenden Text.*

Die Ergebnisse der Schülerinnen und Schüler können nach den Arbeitsphasen z. B. zunächst in Gruppen verglichen, exemplarisch im Plenum vorgestellt und mithilfe der erarbeiteten Textbezüge begründet werden, die im Zuge dessen gemeinsam kritisch geprüft werden. Abschließend werden die Ergebnisse durch Ergänzungen auf dem Arbeitsblatt einander angenähert und durch die Formulierung eines Fazits gesichert.

2.3 Erste Liebe, erste Enttäuschung: Anezka

Erste sexuelle Erfahrungen sammelt Franz mit Anezka, einer aus Dobrovice stammenden Varietétänzerin, die drei Jahre älter ist als der Protagonist (S. 90). Sein Interesse an Frauen wird durch eine Bemerkung von Sigmund Freud geweckt: „Du bist jung. Geh an die frische Luft. Mach einen Ausflug. Amüsier dich. Such dir ein Mädchen." (S. 43) Dass er sich dem weiblichen Geschlecht überhaupt zuwenden könnte, wird im Text als eine unvermittelte Erkenntnis dargestellt, die bislang keinen Raum in Franz' Gedankenwelt eingenommen hat (vgl. S. 44).

Anezka betrachtet Franz, der sich für einen Besuch im Prater in seinen Sonntagsanzug gekleidet, das Haar mit Schmalz zurückgekämmt und mit Rosenblättern parfümiert hat (vgl. S. 47), „wie eine Zoobesucherin ein vom Aussterben bedrohtes Tier" (S. 52). Der Vergleich lässt bereits das bestehende Gefälle zwischen den beiden Figuren erkennen: Für die erfahrene und opportunistische Anezka ist Franz ein Außenseiter, eine Rarität. Für sie bleibt er während der gesamten Romanhandlung „Burschi" (S. 58), wie sie ihn abwertend nennt. Franz ist für sie kein ernst zu nehmendes Gegenüber, sodass sie von Anfang an aus ihren rein physischen Interessen keinen Hehl macht und fordernd auftritt (vgl. S. 55, 57). Da er ihre Andeutungen jedoch nicht entschlüsseln kann, scheitert diese erste Begegnung und Anezka verschwindet ohne weiteren Kommentar (vgl. S. 58). Dies ist der Auftakt zu Franz' Suche nach Anezka und einer Reihe von Begegnungen der beiden Figuren.

Anezka vertritt eine Gegenwelt zu Franz' ländlich-unbedarfter Herkunft, deren Wertmaßstäbe für ihn immer noch leitend sind. Zwar fühlt sich Franz sexuell stark angezogen von der Böhmin und ist auch bereit, diesen Impuls unmittelbar auszuleben, doch ist sein sexuelles Begehren eingebettet in Verliebtheitsgefühle und den Wunsch, Anezka zu heiraten (vgl. S. 96, 206). Sie hingegen vermeidet es konsequent, sich auf seine Versuche, Verbindlichkeit herzustellen, einzulassen, und beschränkt sich darauf, Franz' Geschenke anzunehmen und ihre sexuellen Bedürfnisse mit ihm zu befriedigen. Franz hingegen durchlebt mit Anezka eine erste Verliebtheit und auch den ersten Geschlechtsverkehr seines Lebens. Beides eröffnet ihm neue Welten: Zum einen erlebt er eine vollständige Fixierung seiner Aufmerksamkeit und seines Begehrens auf das weibliche Gegenüber (und damit eine entsprechende Abhängigkeit), zum anderen werden ihm „selig[e]" (S. 92) Momente der Leichtigkeit, des Glücks (vgl. S. 92 f.) und der „sexuelle[n] Erlösung" (S. 94) zuteil. Diese instabile Gefühlslage trifft in Anezka auf ein Gegenüber, das sich als unzuverlässig und opportunistisch erweist. Doch Franz gelingt es nicht, erste Anzeichen für diese Tatsache zu erkennen: Weder der Kellner im Prater, der Anezka als „billig" (S. 85) bezeichnet, noch Anezkas Unterkunft in einer „abrissreife[n] Ruine" (S. 87), noch ihr distanzierter Umgang mit ihm (vgl. z. B. S. 89) können seine Verliebtheit trüben. Erst als Franz Anezka zusammen mit anderen Männern bei ihrem Varietéauftritt in der „Grotte" beobachtet, keimen erste Zweifel:

> „Franz starrte auf Anezkas Brüste. Noch vor Kurzem hatte er mit dem Gesicht zwischen ihnen gelegen, hatte glücklich in diese unendlich zarte Mulde hineingeschnauft und sich auf merkwürdige Art zuhause gefühlt. Jetzt prangte ihr Busen in aller Öffentlichkeit herum. Ein Allgemeingut. Eine Sehenswürdigkeit. Das Schlimmste aber war, dass sie es zu genießen schien." (S. 109)

Indem Franz Anezkas Körper in einem neuen, öffentlichen Kontext erlebt, wird auch die Privatheit und Verbindlichkeit des sexuellen Kontakts mit ihr relativiert. Verstärkt wird dies dadurch, dass Anezka weitere Kontakte mit Männern eingeht, wie zum Beispiel mit ihrem Arbeitskollegen Heinzi oder später im Verlauf der Handlung mit einem SS-Soldaten (vgl. S. 206 ff.). Da sie Franz eine stabile, exklusive Beziehung verweigert, löst sie bei ihm eine zunehmende Desillusionierung aus. Dieser Prozess findet seinen symbolischen Ausdruck im Bild des Nachtfalters, der um eine Glühbirne flattert, während Franz vor dem Varieté auf

Anezka wartet (S. 109 f.). Der Falter, der an der heißen Glühbirne verbrennt, verweist nicht nur auf den scheiternden ersten Beziehungsversuch des Protagonisten, sondern deutet auch voraus auf das abrupte, destruktive Ende seiner „Verwandlung“, seiner Adoleszenz. Franz' erste sexuelle Erfahrungen richten sich auf ein Gegenüber, das mit seinen Vorstellungen von Beziehung und Verbindlichkeit nicht vereinbar ist. Da Anezka opportun denkt und handelt, schließt sie sich den Vertretern des neuen Zeitgeists an und fügt sich damit der zunehmenden Präsenz des Nationalsozialismus und seiner Vertreter.

Eine Unterrichtsstunde zur Beschreibung der Beziehungsstruktur zwischen Franz und Anezka kann die Perspektiven beider Figuren beleuchten. Einen möglichen Einstieg dazu bildet August Stramms Gedicht „Spiel“ aus dem Jahr 1914 (**Arbeitsblatt 9**, S. 60), das in diesem Zusammenhang der thematischen Hinführung dient. In dem Gedicht beschreibt ein lyrisches Ich eine intensive körperliche Liebeserfahrung mit einem Gegenüber. Die geschlechtliche Zuordnung beider Liebespartner bleibt offen. Die bruchstückhafte Sprache verweist auf die Ekstase, die das lyrische Ich erlebt, gipfelnd in einer entgrenzten Wahrnehmung und in einem völligen Versinken im Gegenüber („Nur Du!“, Z. 16 f.). Im Rahmen eines Einstiegs nähern sich die Schülerinnen und Schüler zunächst in Partnerarbeit dem Gedicht an, indem sie das Thema des Textes in einem Satz benennen und anschließend Bezüge zum Roman „Der Trafikant“ herstellen. Die Arbeitsaufträge dazu lauten:

- *Arbeiten Sie das Gedicht zu zweit durch und benennen Sie das Thema des Textes in einem vollständigen Satz.*
- *Inwiefern lässt sich das Gedicht Ihrer Meinung nach auf den Roman „Der Trafikant“ beziehen? Notieren Sie Ihre Überlegungen in Stichworten.*

Das Thema des Gedichts kann wie folgt zusammengefasst werden:

Das Gedicht „Spiel“ von August Stramm aus dem Jahr 1914 beschreibt eine intensive Liebesbegegnung zwischen einem lyrischen Ich und einem Gegenüber. Das lyrische Ich erlebt dabei einen rauschhaften Zustand und geht völlig im Gegenüber auf.
Mögliche Bezüge zum Roman „Der Trafikant“ (insbesondere S. 91 – 94) liegen auf der Hand: Franz Huchel erlebt den Geschlechtsverkehr mit Anezka als einen rauschhaften Zustand höchsten Aufgewühltseins, als „sexuelle Erlösung“ (S. 94). Korrespondierende Textzitate zu Franz' Empfinden, auf die bei der Bearbeitung der Aufgabe verwiesen werden kann, sind zum Beispiel: „heftiger Wonneschauer“ (S. 92), „alle Last seines bisherigen Lebens [schien] von ihm abzufallen“ (ebd.), „hatte er für einen seligen Moment das Gefühl, die Dinge der Welt in ihrer unermesslichen Schönheit begreifen zu können“ (ebd.) oder auch: „Das Feuer, das jetzt zwischen seinen Schenkeln entzündet war, brannte lichterloh und würde nie mehr zu löschen sein, so viel war ihm klar.“ (S. 94)

Das Skizzieren des umfassenden Gefühls der Verliebtheit, die sich für den Protagonisten sowohl auf körperlicher wie auch auf emotionaler Ebene abspielt, bildet den Auftakt zu einem Perspektivenwechsel hin zur Figur Anezka. Die Schülerinnen und Schüler sollen nun im Anschluss aus Anezkas eher nüchterner Perspektive die Beziehung zu Franz produktionsorientiert beschreiben, um weitere Facetten der Beziehungsstruktur zu erarbeiten. Dazu erhalten die Schülerinnen und Schüler den Auftrag, in Einzelarbeit einen inneren Monolog Anezkas zu verfassen, der inhaltlich an die letzten Szenen des Romans anknüpft (S. 249 f.). Nach Jahren kehrt Anezka zu der verlassenen Trafik zurück, offenbar auf der Suche nach Franz, den sie jedoch dort nicht mehr antrifft. Die Aufgabenstellung zur Textstelle lautet wie folgt:

- *Am Ende der Handlung – im Jahr 1945 – kommt Anezka noch einmal zu der verlassenen Trafik (S. 248ff.). Dort erinnert sie sich an ihre Begegnungen mit Franz und daran, wie sie die Beziehung zwischen den beiden damals erlebt hat. Verfassen Sie einen inneren Monolog, in dem sie ihre Erinnerungen beschreibt. Begründen Sie die Gestaltung Ihres Monologs am Text.*

Die Auswertung der Aufgabenstellung erfolgt in vier Phasen: Zunächst werden exemplarisch mehrere Arbeitsergebnisse der Schülerinnen und Schüler im Plenum präsentiert, diskutiert und daran, auf Kriterien wie Textbezug, sprachliche Gestaltung, inhaltliche Aspekte u.Ä. hin geprüft. Im Anschluss daran erhalten die Schülerinnen und Schüler in einer zweiten Phase Gelegenheit, noch fehlende inhaltliche Aspekte aus anderen inneren Monologen ergänzend zu notieren, z.B. indem Arbeitsergebnisse ausgetauscht und gelesen werden.

In einem dritten Schritt werden die Textbezüge aus den inneren Monologen mithilfe einer vertiefenden Textarbeit konkretisiert. Der Arbeitsauftrag dazu, der auch arbeitsteilig nach Textabschnitten ausgeführt werden kann, lautet wie folgt:

- *Sammeln Sie aussagekräftige Textstellen und Zitate, die Anezkas Einstellung zu Franz erkennen lassen. Berücksichtigen Sie dabei insbesondere die Textabschnitte S. 52–58, 89–96, 110–113 und 204–208.*

Ergebnisse des Arbeitsprozesses sollten mindestens folgende Aspekte sein, die bei der Auswertung z.B. auf Folie gesichert werden können:

Textbezüge zum inneren Monolog Anezkas

- Franz wirkt auf Anezka wie ein „vom Aussterben bedrohtes Tier“ (S. 52) → Franz als Außenseiter
- nimmt ihn nicht ernst („Burschi“, S. 58), geht aber auf seine Einladungen ein (S. 52, 89)
- hat sexuelles Interesse an ihm (vgl. S. 55)
- lacht ihn aus und lässt ihn stehen (vgl. S. 58) → zeigt ihm gegenüber Spott und Mitleid
- weiß genau, was sie will, und fordert es ein (vgl. S. 91)
- bestimmt, wie die Begegnungen verlaufen (vgl. S. 96)
- Franz ist einer von mehreren Sexualpartnern; sie möchte keine verbindlichen Beziehungen eingehen („Ich geheer zu keinem. Nicht einmal zu mir selber!“, S. 113)
- lehnt Franz’ Heiratsantrag ab und lässt sich auf einen SS-Soldaten ein (vgl. S. 208) → sie handelt opportunistisch und nimmt in Kauf, dass sie damit andere verletzt
- im Jahr 1945 sucht sie die verlassene Trafik auf → Hinweis auf eine mögliche Einstellungsänderung

Abschließend wird in einem vierten Schritt gemeinsam mit der Lerngruppe ein Fazit zur Ergebnissicherung formuliert, das die Bedeutung der Beziehung zu Anezka für Franz zusammenfasst. Der Impuls dazu kann z.B. lauten:

- *Formulieren Sie in eigenen Worten, welche Erfahrungen Franz durch Anezka macht.*

Franz erlebt durch Anezka

... seine erste große Liebe. ... seinen ersten Geschlechtsverkehr. ... schöne und unbeschwerte Momente. ... emotionalen Aufruhr und Verwirrung. ... tiefe Verzweiflung und höchstes Glück. ... Enttäuschung und Desillusionierung.	extreme Emotionen (höchstes Glück wird zu tiefer Enttäuschung)

Eine Schlüsselstelle für die Erarbeitung der Beziehung zwischen Franz und Anezka findet sich überdies im Gespräch zwischen Franz und Sigmund Freud auf S. 136. Auf die Frage des Professors: „Liebst du sie?" (S. 135), antwortet Franz nach einigem Nachdenken: „Ich weiß es nicht [...] Eigentlich war ich mir sicher. Aber jetzt weiß ich es nicht mehr." (S. 136) Freud bringt den Charakter der Beziehung schließlich auf den Punkt: „Ich schlage vor, dass wir jetzt erst einmal die Begrifflichkeiten klären. Ich vermute, wenn wir von deiner Liebe sprechen, meinen wir in Wahrheit deine Libido." (S. 136)

2.4 „Mein Schädel geht noch so, wie er selber will" (S. 63): Otto Trsnjek

Mit der Trafik trifft Franz auf einen ersten, fest gefügten und stark ritualisierten Mikrokosmos innerhalb der Großstadt Wien. Der Inhaber, Otto Trsnjek, dem die Trafik im Wiener Alsergrund nach dem Ende des Ersten Weltkriegs als Invalidenentschädigung zugesprochen wurde, hat ein stabiles Selbstkonzept: Für ihn sind seine Waren nach eigener Auskunft gleichzeitig Bekannte, Freunde und Familie (vgl. S. 24). Den Verkauf der Waren begründet er mit seinem Rollenverständnis: „Weil ich Trafikant bin. Weil ich Trafikant sein will. Und weil ich immer Trafikant sein werde. Und zwar bis es nicht mehr geht. Bis der Herrgott bei mir die Rollos herunterlässt. So einfach ist das!" (Ebd.)

Trsnjek weist Franz räumlich und zeitlich eine feste Struktur in der Trafik zu und regt ihn dazu an, sich intensiver Zeitungslektüre zu widmen. Damit folgt für Franz auf die räumliche Expansion nach der Reise von Nußdorf nach Wien die Erweiterung seines Wissenshorizonts durch die Lektüre von Tageszeitungen. Diese ermöglicht ihm nicht nur Einblick in das „Weltgeschehen" (S. 28), sondern auch „eine kleine Ahnung von den Möglichkeiten der Welt" (S. 29). Gleichzeitig begegnen Franz mit den Kunden der Trafik Vertreter unterschiedlicher Bevölkerungsgruppen wie zum Beispiel Arbeiter, Schulkinder oder jüdische Akademiker. Trsnjek selbst steht jeweils vorherrschenden politischen Meinungen kritisch gegenüber. Die Politik, so erklärt er Franz, „verhunze nämlich grundsätzlich alles und jedes, und da sei es ziemlich egal, wer da gerade mit seinem breitgesessenen Hintern die Regierung bilde, ob der Kaiser selig, der Zwerg Dollfuß, sein Lehrling Schuschnigg oder drüben der größenwahnsinnige Hitler" (S. 26 f.). Seine Haltung äußert sich auch darin, dass er nicht diskriminierend zwischen jüdischen und nicht jüdischen Kunden unterscheidet. So verkauft er auch dem in der Nachbarschaft wohnhaften Sigmund Freud respektvoll Zigarren und Zeitungen (vgl. S. 35 ff.).

Die gesellschaftlichen Entwicklungen werden für Franz am unmittelbarsten in der Trafik sichtbar. Otto Trsnjeks unangepasste Einstellung führt dazu, dass er zunehmend den Anfeindungen seiner linientreuen Nachbarschaft, insbesondere denen des Fleischermeisters Roßhuber, ausgesetzt ist. Seine Anschläge auf die Trafik, bei denen er beispielsweise mit Hähnchenblut „Schleich dich, Judenfreund!" (S. 61) auf die Schaufensterscheibe schreibt oder Schlachtabfälle in den Verkaufsraum wirft (vgl. S. 151 ff.), beirren Trsnjek jedoch nicht in seinen Grundüberzeugungen:

> „Einer hat Blut an den Händen, und die anderen stehen da und sagen nix. So ist es immer! […] So ist es immer, so war es immer, und so wird es immer sein, denn so steht es wahrscheinlich irgendwo geschrieben, und so ist es eingeimpft in die unendlich blöden Schädel des Menschengeschlechts. Aber in meinem eben noch nicht, meine Herrschaften! Mein Schädel geht noch so, wie er selber will. Ich tanz nicht mit auf eurer Veranstaltung. Ich pflanz mir kein Hakenkreuz ans Revers, ich pansch keine Wurst, ich treib mich nicht im Dunkeln auf dem Trottoir herum, um unschuldige Häuser mit Arschgesichtern vollzuschmieren, ich schweige nicht, und an meinen Händen klebt kein Blut, sondern allerhöchstens Druckerschwärze!“ (S. 63)

Otto Trsnjek, der Franz in Liebesangelegenheiten mangels Erfahrung jeden Rat verweigert (vgl. S. 68 f.), lebt dem 17-Jährigen Grundhaltungen wie Unabhängigkeit und Standhaftigkeit vor – noch ohne dass Franz diese als solche reflektieren oder bewusst übernehmen könnte. Erst als Trsnjek schließlich denunziert und „wegen Besitz und Verbreitung pornografischer Druckerzeugnisse“ (S. 155) verhaftet wird, wird Franz die Tragweite der Entwicklungen in Ansätzen bewusst: „Für den Bruchteil einer Sekunde öffnete sich ein Fenster in die Zukunft, durch das die weiße Angst zu ihm hereinwehte, zu ihm, diesem kleinen, dummen, machtlosen Buben aus dem Salzkammergut.“ (S. 158)
Gerade weil Franz die Bedeutung Otto Trsnjeks für seine Entwicklung erst gegen Ende des Romans bewusst wird, ist es sinnvoll, die Beziehung zwischen beiden aus der Perspektive Trsnjeks zu erarbeiten. Eine Möglichkeit bietet die produktionsorientierte Methode der Rollenbiografie. Dem vorgeschaltet wird zunächst ein Einstieg zur ersten Annäherung an die Figur. Da Sprache und Lesen für Trsnjek besonders wichtig sind, nennen die Schülerinnen und Schüler Wörter, auf die er ihrer Meinung nach nicht verzichten könnte. Dies können Wörter sein, die Otto Trsnjek selbst verwendet, aber auch Wörter, die die Schülerinnen und Schüler ihm zuordnen würden. Der Impuls dazu lautet:

- *Otto Trsnjek ist das Lesen und damit auch die Sprache besonders wichtig. Nennen Sie bis zu zehn Wörter, auf die Otto Trsnjek Ihrer Meinung nach nicht verzichten könnte.*

Mögliche Wörter sind hier zum Beispiel: „Kunden“, „Zigarren“, „Zeitungen“, „Dienstleistung“, „Freiheit“ etc. Die Wörter werden anschließend an der Tafel gesammelt, in einem kurzen Unterrichtsgespräch gemeinsam besprochen und die Passung auf die Figur geprüft.

In einem folgenden Unterrichtsschritt wird zur Methode der Rollenbiografie hingeführt (**Arbeitsblatt 10**, S. 61) und das Ziel sowie die Vorgehensweise bei der produktionsorientierten Aufgabenstellung geklärt. Textstellen, auf die sich die Schülerinnen und Schüler bei der Arbeit stützen können, werden entweder in einem kurzen Vorlauf von ihnen selbst benannt oder können alternativ von der Lehrkraft angegeben werden. Alternativ kann die Figur Otto Trsnjek auch sukzessiv analytisch charakterisiert werden, indem z. B. die Textstelle S. 22 – 27 nach einer Lesephase exemplarisch gemeinsam erarbeitet und ausgewertet wird, um danach weitere Textstellen z. B. arbeitsteilig in Gruppenarbeit erschließen zu lassen.

Geeignete Textpassagen sind: S. 22 – 27, S. 33, S. 60 – 64, S. 67 – 69, S. 145 – 148, S. 154 – 158.

Die Aufgabenstellung für das Verfassen der Rollenbiografie, das die Schülerinnen und Schüler zu zweit durchführen, lautet wie folgt:

- *Verfassen Sie eine Rollenbiografie zu Otto Trsnjek, in der er sich zu seinen biografischen Hintergründen, Eigenschaften, Einstellungen und auch zu seinem Verhältnis zu Franz Huchel äußert. Begründen Sie die Gestaltung Ihrer Rollenbiografie am Text.*

Nach der Arbeitsphase werden die Rollenbiografien exemplarisch im Plenum vorgestellt und besprochen. Die Schülerinnen und Schüler sammeln während der jeweiligen Begründungen der Gestaltung inhaltliche Stichpunkte und Textstellen. Auf die Zusammenstellung von Textbezügen im Verlauf der Auswertung kann auch eine vertiefende Textarbeit folgen, die eine zusammenfassende Ergebnissicherung vorbereitet. Ein arbeitsteilig z. B. in Partner- oder Gruppenarbeit ausgeführter Arbeitsauftrag dazu kann wie folgt lauten:

- *Ergänzen Sie die bereits gesammelten Eindrücke zur Figur Otto Trsnjek durch weitere Aspekte. Berücksichtigen Sie dabei die Textpassagen S. 22–27, S. 33, S. 60–64, S. 67–69, S. 145–148 und S. 154–158.*

In einem abschließenden Schritt werden die Ergebnisse in einem Tafelbild systematisiert dargestellt. Dieses kann wie folgt gestaltet werden:

Die Figur Otto Trsnjek

- älterer Mann mit Krücken (Kriegsinvalide, S. 23)
- identifiziert sich vollständig mit seiner Tätigkeit als Trafikant (S. 24)
- will seine Kunden kennen, beraten und informieren (S. 25)
- behandelt seine Kunden alle gleich (Respekt, Toleranz)
- schließt sich den aktuellen politischen Entwicklungen nicht an (S. 26)
- kritisiert die tendenziöse Berichterstattung der Medien (S. 146 ff.)
- distanziert sich von Menschen, an deren Händen Blut klebt (S. 62 f.)
- besteht auf seinem selbstständigen und kritischen Denken
- animiert Franz, Zeitungen zu lesen, um „Hirn und Horizont" (S. 25) zu erweitern
- gibt Franz in Liebesdingen keinen Rat, weil er damit abgeschlossen hat (S. 69)
- versucht, Franz zu schützen, auch weil er ihn für einfältig hält (S. 157 f.)

→ Otto Trsnjek schätzt Franz als einfachen und naiven Jungen vom Lande ein
gibt ihm die Möglichkeit, seinen Horizont zu erweitern
verweigert Rat in Liebesdingen
lebt ihm Standhaftigkeit, Mut und Unabhängigkeit vor
wird für Franz zum Vorbild

Zusatzmaterial 5, S. 139, bietet Abbildungen von Trafiken, die zur Veranschaulichung im Unterricht eingesetzt werden können. Darüber hinaus erlaubt **Zusatzmaterial 6**, S. 140, einen Seitenblick auf das couragierte Verhalten einer Trafikantin heute, das auch in der Zusammenschau mit Kapitel 2.6 eingesetzt werden kann.

2.5 Zwischen Couch und Parkbank: Franz und Sigmund Freud

Otto Trsnjek und Sigmund Freud sind die beiden zentralen und auch einzigen männlichen Bezugsfiguren für den Protagonisten im Roman. Wie im vorangegangenen Kapitel deutlich wurde, erwirbt Franz durch die Tätigkeit in der Trafik und den Umgang mit Otto Trsnjek einen klar strukturierten Tagesablauf im Rahmen einer geregelten Tätigkeit und durch seine intensive Zeitungslektüre ein erweitertes Wissen über die Welt und aktuelle Entwicklungen. Der im Roman bereits gealterte Neurologe und Psychoanalytiker Sigmund Freud (1856 – 1939) bietet Franz als Gesprächspartner hingegen die Möglichkeit, von seinen Erlebnissen zu berichten – sie gleichsam zu narrativieren – und sich damit innerlich weiterzuentwickeln. Die Figur Sigmund Freud ist damit ein Begleiter von Franz Huchels Adoleszenzprozess (vgl. Kapitel 2.6), der „ein bisschen Licht in die Verdunkelungen“ (S. 130) zu bringen versucht. Über die Figur Sigmund Freud werden jedoch auch Überwachung und Repression vonseiten des totalitären Regimes individualisiert veranschaulicht. Die Begegnungen der beiden Figuren konzentrieren sich hauptsächlich auf vier umfangreichere Textpassagen: S. 35 – 45, S. 69 – 79, S. 115 – 142 und S. 218 – 233.
Franz begegnet dem in Nußdorf als „Deppendoktor“ (S. 38) verrufenen Freud mit naiver Neugier und sucht im Verlauf der Romanhandlung mehrfach das Gespräch mit ihm. Sein unbedarftes Interesse an den Schriften Freuds führt bei der ersten Begegnung zu der weitreichenden Anregung des Psychoanalytikers, statt „die angestaubten Schinken alter Herren zu lesen“ (S. 43) nach Vergnügungen und einem „Mädchen“ (ebd.) zu suchen. Damit benennt Freud explizit die seit Beginn der Pubertät unausgelebten sexuellen Wünsche des Protagonisten:

„Endlich hatte er das ausgesprochen, was ihm schon seit langer Zeit, im Grunde genommen schon seit dem Tag, an dem seine ersten Schamhaare zaghaft zu sprießen begonnen hatten, sowohl das Hirn als auch das Herz umrührte.“ (S. 44)

Franz setzt die Ermutigungen des Psychoanalytikers bereits wenig später in die Tat um und fährt zum Wiener Prater, „um dort sein Glück in Gestalt eines passenden Mädchens zu finden“ (S. 47). Nach dem gescheiterten Zusammentreffen mit Anezka kehrt Franz zu Freud zurück und hofft auf dessen Rat für das weitere Vorgehen (vgl. S. 69 ff.). Auch nach der ernüchternden Begegnung mit Anezka in der „Grotte“ sucht Franz Freud auf und erzählt diesem, was in ihm vorgeht (vgl. S. 125 ff.). Die letzte Begegnung zwischen beiden ist bereits von der Abreise Freuds geprägt (vgl. S. 218 ff.). Freud erweist sich bei den Gesprächen als verständnisvoller, auch kritischer Zuhörer, der Franz mit Denkanstößen bei der Verarbeitung seiner Erfahrungen unterstützt. Die Motivation für die Aufrechterhaltung des Kontakts zwischen den ungleichen Gesprächspartnern geht dabei aus zwei Textstellen hervor:

„Freuds Gesicht hellte sich auf. Eigentlich hatte er sich in Gegenwart sogenannter ‚einfacher Leute‘ immer ein wenig unbeholfen und deplatziert gefühlt. Mit diesem Franz aber verhielt es sich anders. Der Bursche blühte. [...] in diesem jungen Menschen pulsierte das frische, kraftvolle und obendrein noch ziemlich unbedarfte Leben. Außerdem stellte der kolossale Altersunterschied zwischen ihnen automatisch die Distanz her, die er für angenehm erachtete, ja, die ihm den näheren Kontakt mit den allermeisten Mitmenschen im Grunde genommen erst erträglich machte. Franz war blutjung, des Professors Welt hingegen drohte immer mehr zu vergreisen.“ (S. 122 f.)

Komplementär dazu wird Franz’ Motivation wie folgt beschrieben:

„Eigentlich war er sich in der Nähe sogenannter ‚gescheiter Leute' immer ein bisschen linkisch und fehl am Platz vorgekommen. Mit dem Professor aber war das anders. Dieser alte Herr war nicht einfach nur gescheit. [...] Der Professor [...] war dermaßen klug, dass er sich die Bücher, die er lesen wollte, gleich auch selber schreiben konnte. [...] Aber da war noch etwas anderes. [...] Er hatte Mitleid mit dem Professor. Vieles an ihm rührte ihn irgendwie." (S. 126 f.)

Die Gespräche mit Sigmund Freud können dazu dienen, im Rahmen dieser Zweierkonstellation Entwicklungsschritte von Franz Huchel in einer ersten Annäherung systematisiert zu erarbeiten, bevor diese in eine Gesamtentwicklung (Kapitel 2.6) eingeordnet werden. Angeregt werden kann die Lerngruppe zunächst mithilfe eines Einstiegszitats von Sigmund Freud, dessen Verständnis die Schülerinnen und Schüler zunächst erläutern, um dann Bezüge zum Roman herzustellen. Geeignet sind zum Beispiel wahlweise folgende Zitate:

Realität – Wunscherfüllung, aus diesen Gegensätzen sprießt unser psychisches Leben.

Aus: Jeffrey Moussaieff Mason (Hrsg.): Sigmund Freud Briefe an Wilhelm Fließ. Dt. Ausgabe: Frankfurt/Main 1986, S. 377, 19.2.1899

oder:

Niemals sind wir ungeschützter gegen das Leiden, als wenn wir lieben, niemals hilfloser unglücklich, als wenn wir das geliebte Objekt oder seine Liebe verloren haben.

Aus: Sigmund Freud: Das Unbehagen in der Kultur (1930). Frankfurt/Main 2009, S. 49

Anschließend werden die Begegnungen zwischen Freud und Franz arbeitsteilig in Gruppenarbeit näher untersucht. Es bietet sich an, acht Gruppen zu bilden, von denen jeweils zwei eine der vier Textstellen untersuchen, sodass die Auswertung jeweils über eine Gruppe mit Ergänzungen aus der Kontrollgruppe stattfinden kann. Der Arbeitsauftrag dazu lautet wie folgt:

- *Analysieren und interpretieren Sie die Textpassagen S. 43–45, S. 73–78, S. 135–141, S. 222–226 in Ihrer Gruppe. Arbeiten Sie die zentralen Gesprächsinhalte heraus. Verwenden Sie dabei aussagekräftige Textzitate.*
- *Formulieren Sie zusammenfassend, welche Auswirkungen die Gespräche mit Sigmund Freud auf Franz haben.*

Als Hilfestellung zur Bearbeitung der Aufgaben kann **Arbeitsblatt 11**, S. 62, dienen. Es bietet die Möglichkeit, die Ergebnisse in Stichworten übersichtlich darzustellen. Die erwarteten Ergebnisse sind dem **Arbeitsblatt 11** als Lösungsblatt angehängt (S. 63). Alternativ kann die Bearbeitung der Textstellen auch sukzessive erfolgen oder durch die gemeinsame Analyse der ersten Textpassage S. 43–45 im Unterrichtsgespräch vorbereitend eingeleitet werden.

Darüber hinaus kann – beispielsweise aufbauend auf den zuvor erarbeiteten Ergebnissen – ein Auszug aus einer Rezension des Romans zur weiteren Diskussion der Freud-Szenen anregen. Manfred Papst schreibt in seiner Rezension „Sigmund Freud im Tabakladen" in der NZZ am Sonntag vom 27. Januar 2013, S. 4:

> „Natürlich ist es immer gefährlich, historische Personen in einem fiktionalen Kontext vorzuführen, und in der Tat gehören die Gespräche zwischen Franz Huchel und Sigmund Freud nicht zu den stärksten Passagen in Seethalers sonst bemerkenswert kohärentem Roman. Dass Freud in amourösen Dingen so hilflos ist wie der Bursche Franz, ist zwar lustig. In ihrer Saloppheit wirken die Dialoge indes ein wenig aufgesetzt. Dass Freud ausgerechnet gegenüber einem Kioskgehilfen eine launige, selbstironische Summe seiner Lehre ziehen soll, erscheint kaum glaubhaft – zumal Lockerheit in eigener Sache gerade nicht zu den verlässlich überlieferten Zügen seines Charakters zählt. Doch bis auf diese Unterhaltungen gelingt Seethaler fast alles."

Nach einer kurzen gemeinsamen Reflexion des Wechsels von der Analyse- auf die Bewertungsebene kann das Zitat einen Anlass für eine Auseinandersetzung mit diesem Handlungsstrang des Romans bieten. Aufgaben- und Frageimpulse dafür können z. B. sein:

- *Fassen Sie in eigenen Worten kurz zusammen, was der Rezensent an Seethalers Umgang mit der Zweierkonstellation Freud-Franz im Roman kritisiert.*
- *Nehmen Sie Stellung zur Kritik des Rezensenten. Worin stimmen Sie ihm zu? Was sehen Sie anders?*
- *Verfassen Sie ein kurzes Antwortschreiben an den Rezensenten, in dem Sie Ihre eigene Einschätzung abgeben.*

2.6 Vom Träumer zum Trafikanten: Die Entwicklung Franz Huchels

Vom Verlag Kein & Aber als historischer „All-Age-Roman" kategorisiert[1], thematisiert „Der Trafikant" die Adoleszenz des 17-jährigen Protagonisten Franz Huchel im Wien der Jahre 1937 und 1938. Er schildert anschaulich, wie der Adoleszenzprozess des Protagonisten und das expandierende sowie zunehmend rigide ideologische System des Nationalsozialismus kollidieren. Die Auswirkungen nationalsozialistischen Denkens werden dabei für Franz Huchel zur ‚Pro-Vokation' im wörtlichen Sinne: zur ‚Hervorrufung' und Beförderung der für die Phase der Adoleszenz grundlegenden und charakteristischen Prozesse.

In der Entwicklungspsychologie bezeichnen die Begriffe ‚Adoleszenz' und ‚Jugendalter' synonym „den Lebensabschnitt zwischen dem Ende der Kindheit und dem Beginn des Erwachsenenstatus [...], in der Regel die zweite Lebensdekade"[2]. Nach Bohleber ist die Adoleszenz „die Phase der Entwicklung, in der biologische Veränderungen und psychische Erfahrung am direktesten aufeinander bezogen sind und umfassende Integrationsprozesse stattfinden"[3]. Chronologisch-schematisch unterscheiden lässt sich der Zeitraum der Adoleszenz in ein frühes (11 – 14 Jahre), mittleres (15 – 17 Jahre) und spätes Jugendalter (18 – 22 Jahre).[4] In diesem Zeitraum sind die Jugendlichen vor spezifische Entwicklungsaufgaben gestellt, die unterschiedliche Lebensbereiche betreffen. Diese lassen sich grob kategorisieren in Sexua-

---

1 So die Einordnung nach Auskunft des Verlags vom 10.07.2013.

2 Alexander Grob, 2007, Jugendalter/Adolescence, in: Handbuch der Entwicklungspsychologie, hrsg. von Marcus Hasselhorn und Wolfgang Scheider, Göttingen: Hogrefe Verlag, S. 187 – 197, hier S. 187

3 Werner Bohleber, ^{3}2008, Adoleszenz/adolescence, in: Handbuch psychoanalytischer Grundbegriffe, hrsg. von Wolfgang Mertens und Bruno Waldvogel, Stuttgart: Kohlhammer, S. 25 – 31, hier S. 25

4 Grob, Jugendalter [Anm. 2], S. 194 f. Nach Grob beginnt das Jugendalter mit dem Einsetzen der Pubertät, ebd. S. 188. Die zeitliche Einteilung in Subphasen ist umstritten und wird insbesondere mit Blick auf das Ende der Zeitspanne unterschiedlich gehandhabt.

lität/Körperempfinden, Loslösung von der Familie, Aufbau von eigenständigen Sozialkontakten und Auseinandersetzung mit gesellschaftlichen Rahmenbedingungen wie beispielsweise Verhaltensnormen und Wertvorstellungen. Aufgrund der körperlichen, insbesondere hormonellen, und intrapsychischen Umbauprozesse ist die Adoleszenz eine „Phase des inneren und äußeren Tumults“[1], die in ihrer Krisenhaftigkeit mit Selbstzweifeln, Schamgefühlen, Verletzlichkeit und Rückzugstendenzen[2], aber auch mit kognitiv-expansiven und explorativen Dynamiken einhergeht.[3] Nach Erikson ist „die Adoleszenz, trotz aller ihrer Ähnlichkeiten mit neurotischen und psychotischen Symptomen und Phasen, nicht eine Krankheit, sondern eine *normative Krise* [...], d.h. eine normale Phase vermehrter Konflikte, charakterisiert einerseits durch eine scheinbare Labilität der Ichstärke, andererseits aber auch durch ein hohes Wachstumspotenzial“[4]. Für die Identitätsbildung im Rahmen der Adoleszenzphase ist der historische und soziale Kontext von entscheidender Bedeutung: Er ist die Realität, mit der sich das jeweilige Individuum konfrontiert sieht und mit der es sich über Prozesse der Abgrenzung und Identifikation auseinandersetzt. Insbesondere während der Adoleszenz wird Realität in ihrer affirmativen Funktion zur ‚Bewährungsprobe‘ für den Jugendlichen.[5] Gansel benennt als zentrale Merkmale des Adoleszenzromans die inhaltliche Konzentration auf die Jugendphase, die ganzheitliche Darstellung der Figuren als Individuen, das Wechselspiel von Außenwelt und Innenwelt, das unterschiedliche Erleben der Identitätskrise und die Prominenz ausgewählter Problembereiche bzw. Handlungsmuster der Adoleszenz wie Ablösung von den Eltern, Ausbildung von eigenen Wertvorstellungen etc.[6] Inhalt und Themenfelder des Romans „Der Trafikant“ zeigen eine deutliche Schnittmenge der Textmerkmale mit den von Gansel genannten Kriterien.

Nachdem in den vorangegangenen Unterrichtsstunden (vgl. Kapitel 2.1 – 2.5) durch die Untersuchung von Beziehungskonstellationen bereits unterschiedliche Facetten des Protagonisten herausgearbeitet und ausgeleuchtet wurden, dient der abschließende Blick auf die Gesamtentwicklung von Franz Huchel dazu, diese systematisiert zu erfassen und im Zusammenhang mit dem Begriff der Adoleszenz vertieft zu verstehen. Die Schülerinnen und Schüler werden deshalb zunächst für ihre eigenen altersspezifischen Entwicklungen sensibilisiert. Zu Beginn der Unterrichtsstunde finden die Schülerinnen und Schüler an der Tafel die Aufschrift „Ich habe mich verändert“ vor. Im Unterrichtsgespräch nennen die Schülerinnen und Schüler daran anknüpfend eigene Wahrnehmungen, Einstellungen, Wertvorstellungen, Eigenschaften oder Verhaltensweisen, die sich ihrer Meinung nach in den letzten Jahren – also im Verlauf eines Teils ihrer eigenen Adoleszenz – gewandelt haben. Dabei kann es sich um Alltagsaspekte (z.B. „Ich spiele nicht mehr so viele Computerspiele wie früher“, „Ich fahre nicht mehr mit den Eltern in Urlaub“), aber auch um grundlegende Einstellungsänderungen handeln (z.B. „Inzwischen engagiere ich mich für die Umwelt“). Die von den Schülerinnen und Schülern genannten Beiträge werden nach der Sammlung gemeinsam besprochen und als Entwicklungsprozesse im Jugendalter eingeordnet.

Im Anschluss daran wird nach einer kurzen Überleitung zum Roman „Der Trafikant“ die Entwicklung Franz Huchels zusammenfassend im Rahmen einer Gruppenarbeit erarbeitet. Der Arbeitsauftrag dazu lautet wie folgt:

---

1 Bohleber, Adoleszenz [Anm. 3], S. 30
2 Grob, Jugendalter [Anm. 2, S 44], S. 188
3 Francoise D. Alsaker/Jane Kroger, 2007, Identitätsentwicklung, in: Handbuch der Entwicklungspsychologie, hrsg. von Marcus Hasselhorn und Wolfgang Scheider, Göttingen: Hogrefe Verlag, S. 371 – 380, hier S. 373.
4 Erik H. Erikson, [15]1995, Identität und Lebenszyklus, Frankfurt am Main: Suhrkamp, S. 144. Hervorhebung im Original
5 Bohleber, Adoleszenz [Anm. 3, S. 44], S. 27
6 Carsten Gansel, 2002, Der Adoleszenzroman. Zwischen Moderne und Postmoderne, in: Taschenbuch der Kinder- und Jugendliteratur. Band 1, hrsg. von Günter Lange, Baltmannsweiler: Schneider Verlag Hohengehren, S. 370f.

- *Überlegen Sie gemeinsam in der Gruppe, in welche Phasen sich Franz' persönliche Entwicklung einteilen lässt und was diese jeweils kennzeichnet. Fassen Sie die Phasen in aussagekräftigen Stichworten zusammen. Wo steht Franz am Ende des Romans?*

Eine mögliche Hilfestellung für diesen Arbeitsauftrag ist z. B. die Vorgabe der Anzahl der Phasen (z. B. mindestens vier) in der Aufgabenstellung. Denkbar ist auch, die Phasen zunächst gemeinsam im Unterrichtsgespräch zu benennen (vgl. Überschriften in der Ergebnissicherung) und anschließend Stichworte zu den Phasen in Gruppen erarbeiten zu lassen.

Alternativ zur analytischen Vorgehensweise können die Phasen auch mithilfe eines szenischen Verfahrens erarbeitet werden. Der vollständige Arbeitsauftrag dazu lautet dann wie folgt:

- *Überlegen Sie gemeinsam in der Gruppe, welche Situationen oder Phasen der Romanhandlung von besonderer Bedeutung für die Entwicklung von Franz Huchel sind.*
- *Wählen Sie die Ihrer Meinung nach wichtigsten 3 – 4 Stationen aus und verteilen Sie diese auf die Gruppenmitglieder. Formulieren Sie jeweils einen Monolog zu einer Station, in dem Franz aus der Ich-Perspektive seine Situation, seine Gedanken und Gefühle beschreibt. (Jede Gruppe erarbeitet folglich 3 – 4 Monologe, die Franz zu unterschiedlichen Zeitpunkten der Romanhandlung spricht.)*
- *Präsentation: Sprechen Sie die Monologe nacheinander und begründen Sie anschließend Auswahl der Stationen/Phasen und Gestaltung der Monologe am Text.*

Mögliches Beispiel:

Station 2: „Ich bin Franz Huchel bei meiner Ankunft in Wien. Alles wirkt sehr verwirrend auf mich und ..."

Die gemeinsame Auswertung im Plenum sollte mindestens vier Entwicklungsphasen ergeben, die chronologisch geordnet festgehalten werden können. Möglich sind folgende Ergebnisse, die z. B. als Folienaufschrieb wie folgt gesichert werden können:

„Der Trafikant“: Franz’ Entwicklung

1) Franz vor seiner Abreise nach Wien:
- lebt wenig strukturiert und träumt in den Tag hinein
- hat einen sehr engen Kontakt zur Mutter
- verhält sich durch seinen Mangel an Erfahrung nicht altersgemäß
- → er stagniert in einem Zustand kindlicher Unreife

2) Reise nach Wien und erste Zeit dort:
- Verwirrung und langsames Einleben
- Kontakt zur Mutter über Postkarten und Briefe
- Erfahrungen durch Kontakte mit Menschen
- Wissenserweiterung durch Zeitungslektüre
- → Zunahme an Verantwortung, Routine, Wissen, Selbstvertrauen

3) Beziehung zu Anezka/Gespräche mit Freud:
- erste Erfahrungen mit Verliebtheit und Sexualität
- Veränderungen durch den Nationalsozialismus
- Heimweh nach Nußdorf und nach der Mutter
- Nachdenken über Erlebnisse
- → innerer Tumult und Verwirrung

4) Franz als Trafikant:
- Weiterführung der Trafik
- mehr innerliche und äußerliche Übernahme von Verantwortung
- eigene Meinung, Widerstand (Roßhuber, Hose)
- Inkaufnahme von Konsequenzen

→ zunehmende Auseinandersetzung mit der Umwelt
→ Entwicklung eigener Wertvorstellungen
→ Übernahme von Verantwortung
→ selbstständiges und mutiges Verhalten

Zentrale Textzitate, in denen Franz diese Entwicklung selbst in Worte fasst, sind beispielsweise „Bis vor Kurzem war ich ja noch ein Kind. Und jetzt bin ich noch kein Mann. Darin liegt die ganze Misere.“ (S. 162) oder „Jetzt bin ich der Trafikant.“ (S. 222). Denkbar ist im Rückbezug auf den Text auch eine nähere Analyse und Diskussion der Textstelle S. 236, die seinem Entschluss, ein Zeichen zu setzen, unmittelbar vorausgeht:

> „Vor dem Bahnhofseingang stand die Gaslaterne, an der Franz sich damals gleich nach seiner Ankunft in Wien festklammern musste. Wie lange war das her? Ein Jahr? Ein halbes Leben? Ein ganzes? Er musste über sich selbst lachen, über diesen komischen Buben, der hier seinerzeit an der Laterne gehangen hatte, mit dem harzigen Waldgeruch in den Haaren, einem Batzen Dreck an den Schuhen und ein paar verdrehten Hoffnungen hinter der Stirn. Und plötzlich wurde ihm bewusst, dass es diesen Buben nicht mehr gab. Weg war der. Abgetrudelt und untergegangen, irgendwo im Strom der Zeit. Wobei das alles ja schon recht schnell gegangen war, dachte er, vielleicht sogar insgesamt ein bisschen zu schnell. Irgendwie fühlte es sich an, als wäre er vor der Zeit aus sich selbst herausgewachsen. Oder einfach herausgetreten aus dem eigenen Ich, wenn man das so sagen konnte. Das Einzige, was blieb, war die Erinnerung an einen schmalen Schatten unter einer Gaslaterne.“

Die Textstelle kann auch als vertiefender Textarbeitsschritt genutzt werden, um Franz' Selbsteinschätzung an dieser Stelle näher zu beleuchten. Möglich wäre z. B., das Zitat „Bis vor Kurzem war ich ja noch ein Kind. Und jetzt bin ich noch kein Mann. Darin liegt die ganze Misere." (S. 162) als Überleitung zu gestalten und darauf folgend die Textstelle zu untersuchen. Ein Arbeitsauftrag dazu, ggf. unterstützt durch **Zusatzmaterial 1**, S. 133 f., kann wie folgt lauten:

- *Lesen Sie den Textabschnitt „Vor dem Bahnhofseingang [...]" bis „[...] unter einer Gaslaterne" auf S. 236 und arbeiten Sie heraus, wie Franz seine Entwicklung an dieser Stelle einschätzt.*
- *Untersuchen Sie das Erzählverhalten in dem Textabschnitt. Welches Erzählverhalten liegt vor? Welche Wirkung hat es?*

Das personale Erzählverhalten, das in diesem Textabschnitt vorliegt, unterstützt das Eintauchen des Lesers in die Gedanken- und Gefühlswelt des Protagonisten. Er erfährt dadurch unmittelbar von den inneren Vorgängen der Figur und wie diese erlebt werden. Besonders deutlich wird dies z. B. an Textsignalen wie „[...] plötzlich wurde ihm bewusst [...]" (S. 236) oder „Irgendwie fühlte es sich an, als wäre [...]" (ebd.).

In einem abschließenden Arbeitsschritt erarbeiten die Schüler mithilfe eines Sachtextes das Konzept der Adoleszenz (**Arbeitsblatt 12**, S. 64) und bringen dieses in einen Zusammenhang mit dem Roman. Der Arbeitsauftrag dazu, der in Partnerarbeit ausgeführt wird, lautet wie folgt:

- *Arbeiten Sie den Text genau durch und unterstreichen Sie zentrale Begriffe und Informationen.*
- *Formulieren Sie auf dem rechten Rand vier Fragen, auf die der Text eine Antwort gibt. Stellen Sie sich abwechselnd die Fragen und beantworten Sie sie mithilfe des Textes.*
- *Ist „Der Trafikant" Ihrer Meinung nach ein Adoleszenzroman? Begründen Sie Ihre Einschätzung mithilfe des Textauszugs.*

Der Sachtext bietet den Schülerinnen und Schülern die Möglichkeit, Lesestrategien zu üben, indem sie Fragen an den Text formulieren. Diese können z. B. lauten:

- Welchen Lebensabschnitt bezeichnet der Begriff „Adoleszenz"? (in der Regel die zweite Lebensdekade)
- In welche Abschnitte lässt sich die Adoleszenz einteilen? (Alter ca. 11 – 14, 15 – 17 und 18 – 22)
- Welche Entwicklungsaufgaben stellen sich in der Adoleszenz? (Entwicklung der Sexualität, Loslösung von der Familie, Aufbau von Sozialkontakten, Auseinandersetzung mit gesellschaftlichen Rahmenbedingungen)
- Welche Begleiterscheinungen kann die Adoleszenz haben? (z. B. Selbstzweifel, Verletzlichkeit)

Zudem lernen sie den Aufbau eines wissenschaftlichen Textes mit Fußnotenapparat kennen. Letzteres kann zur Vertiefung mit folgendem Arbeitsauftrag versehen werden:

- *Analysieren Sie Form, Aufbau und Sprache des Textes.*
- *Welche Kennzeichen und welche Funktion hat ein wissenschaftlicher Text?*

Inhaltlich erhalten die Schülerinnen und Schüler Informationen zum Begriff der Adoleszenz, die ihnen auch Wissen bezüglich ihrer eigenen Entwicklungen zur Verfügung stellen. Schließlich gelingt es ihnen, mithilfe dieser Informationen auch zu begründen, warum es sich beim Roman „Der Trafikant" um einen Adoleszenzroman handelt. Diese Gründe können als Ergebnissicherung zum zweiten Teil der oben genannten Aufgabenstellung wie folgt formuliert werden:

„Der Trafikant" ist ein Adoleszenzroman, weil

... sich der Protagonist Franz Huchel im mittleren Jugendalter befindet
... er erste Erfahrungen mit Sexualität und Körperempfinden macht
... er sich räumlich von seiner Mutter löst und auch aus der kindlichen Bindung an sie
... er eigenständige Sozialkontakte aufbaut
... er sich mit der nationalsozialistischen Ideologie auseinandersetzt
... er im Laufe der Romanhandlung krisenhafte Gefühle wie Selbstzweifel, Schamgefühle oder Verletzlichkeit zeigt
... er zwar verwirrt ist, aber im Laufe der Romanhandlung innerlich wächst

→ Franz wird durch seine Erlebnisse in Wien vor verschiedene Entwicklungsaufgaben gestellt. Durch das nationalsozialistische System bezahlt er seinen Gewinn an Selbstständigkeit jedoch mit dem Leben.

Alternativ zum oben skizzierten Arbeitsgang zur Frage des literarischen Sujets kann auch (nach der Erarbeitung der Entwicklung des Protagonisten) eine Auseinandersetzung mit seinem Verhalten insbesondere im letzten Teil des Romans erfolgen (z. B. Streit zwischen Franz und Roßhuber, Aufhängen der Hose). Im Mittelpunkt können dabei – z. B. auch anknüpfend an Baustein 1.3 – die Einschätzungen und Bewertungen der Schülerinnen und Schüler zu Franz' Verhalten stehen. Frageimpulse dazu können lauten:

- *Wie schätzen Sie Franz' Verhalten im letzten Teil des Romans ein?*
- *Ist Franz Ihrer Meinung nach ein Held?*

Eine inhaltliche Erarbeitung und Differenzierung des Begriffs „Zivilcourage" kann in diesem Zusammenhang auf der Basis von **Arbeitsblatt 13**, S. 65, erfolgen. Die darin enthaltenen Informationen zum Thema können mithilfe des folgenden Arbeitsauftrags erschlossen werden und als Diskussionsgrundlage für eine bewertende Auseinandersetzung mit dem Verhalten des Protagonisten dienen:

- *Arbeiten Sie den Text genau durch und unterstreichen Sie zentrale Informationen.*
- *Inwiefern trifft der Begriff der Zivilcourage Ihrer Meinung nach auf das Verhalten von Franz zu?*

Ein Standbild bauen

Ein **Standbild** ist eine mit Körpern von Personen einer Lerngruppe gestaltete Darstellung eines Problems, eines Themas oder einer sozialen Situation. Vor allem können Beziehungen von Personen zueinander sowie Haltungen, Einstellungen und Gefühle verbildlicht werden – und das alles ohne Worte.

Ein **„Regisseur“** (oder: „Bildhauer“, „Baumeister“) bildet und modelliert Schritt für Schritt aus den Körpern von Mitschülern und Mitschülerinnen ein Stand-Bild. Damit bringt der Erbauer durch ein „Körperbild“ zum Ausdruck, wie er das angesprochene Problem sieht und interpretiert. Die Spieler, die geformt werden, nehmen wie bewegliche Puppen die Haltungen – einschließlich der Mimik und Gestik – ein, die ihnen gegeben werden. Die Mitschüler nehmen das Entstehen des Standbildes – ohne Worte – sinnlich wahr und können anschließend die Situation diskutieren und verändern bzw. neu gestalten.

So wird vorgegangen:

1. Gemeinsam wird ein Thema festgelegt. Dieses ergibt sich meist aus dem aktuellen Unterrichtsthema und kann eine Fragestellung, eine eigene Erfahrung, eine bestimmte Meinung, ein Lösungsvorschlag etc. sein.
2. Es wird ein Regisseur bestimmt, der die Aufgabe übernimmt, nach seinen Vorstellungen ein Standbild zu erbauen.
3. Dazu wählt er sich nach und nach Mitschülerinnen und Mitschüler aus, die zu seinen Vorstellungen von seinem Bild passen (Aussehen, Größe, Kleidung, Geschlecht).
4. Diese stellt er in die von ihm gewünschte Position. Ohne Worte verdeutlicht er ihnen, welche Körperhaltung, Gestik und Mimik sie annehmen sollen. Auch die Haltung der Personen zueinander wird gestaltet. Gegenstände aus dem Klassenzimmer können als Elemente einer Kulisse mit verwandt werden.
5. Die Mitspieler und die Zuschauer verhalten sich absolut passiv. Es wird nicht gesprochen.
6. Wenn das Standbild fertig geformt ist, erstarren die Mitspieler auf ein Zeichen des Erbauers für etwa eine halbe Minute in der ihnen zugewiesenen Haltung.
7. Die Zuschauer beobachten das Standbild und lassen es auf sich wirken.
8. Anschließend wird das Standbild besprochen. Zuerst beschreiben die Zuschauer das Bild und interpretieren es. Anschließend berichten die Mitspieler über ihre Empfindungen und Einschätzungen.
9. Schließlich wird der Baumeister nach seinen Absichten und Vorstellungen gefragt. Zu den Interpretationen der Mitschüler soll er Stellung nehmen.

Standbilder können in verschiedenen Variationen gebaut werden, z. B.:

- Sie können durch mehrere Regisseure/Baumeister geformt werden, wobei diese sich flüsternd verständigen dürfen.
- Fertige Standbilder können durch andere Regisseure verändert, abgewandelt, weitergebaut werden.
- Eine Gruppe baut gemeinsam ein Standbild zu einem Thema, auf das sie sich heimlich verständigt hat. Die Zuschauer erraten und interpretieren das Standbild.
- Für jede Person wird ein Zuschauer bestimmt, der sich die Haltung der zugeordneten Person sehr gut merken muss. Anschließend bauen die bestimmten Zuschauer das Standbild nach. Zuschauer und Nachbauer vergleichen und interpretieren die Haltungen.
- Nach dem Fertigstellen eines Standbildes tippt der Baumeister einer Person im Standbild auf die Schulter. Diese äußert sich spontan zu ihrer Haltung oder ihrer Befindlichkeit.
- Der Baumeister oder beobachtende Schüler treten als „Alter Ego“ (das andere Ich) hinter die gestalteten Personen, legen die Hand auf deren Schulter und sprechen in der „Ich-Form“ das aus, was diese gerade ihrer Meinung nach denken.

Lothar Scholz: Ein Standbild bauen. Aus: Methodenkiste. © Bundeszentrale für politische Bildung, Adenauerallee 86, 53113 Bonn

Metallica: Mama said (Songtext)

Notieren Sie rechts in Stichworten, wie die Beziehung zwischen Mutter und Sohn in dem Song beschrieben wird.

Mama she has taught me well
Told me when I was young
“son your life’s an open book
Don’t close it ‘fore its done”
“the brightest flame burns quickest”
That’s what I heard her say
A son’s heart sowed to mother
But I must find my way
Let my heart go
Let your son grow
Mama let my heart go
Let this heart be still
Yeah still
Rebel mind your last name
Wild blood in my veins
They bring strings around my neck
The mark that still remains
Left home at an early age
Of what I heard was wrong
I never asked forgiveness
But what is said is done
Let my heart go
Let your son grow
Mama, let my heart go
Let this heart be still
Never I ask of you
But never I gave
But you gave me your emptiness that I’ll take to my grave
Never I ask of you
But never I gave
But you gave me your emptiness that I’ll take to my grave

Best.-Nr. 022690

So let this heart be still
Mama, now I'm coming home
I'm not all you wished of me
A mother's love for her son
Spoken, help me be
I took your love for granted
Not a thing you said to me
I needed your arms to welcome me
But, a cold stone's all I see
Let my heart go
Let your son grow
Mama, let my heart go
Let this heart be still
Let my heart go
Mama, let my heart go
You never let my heart go
So let this heart be still
Never I ask of you
But never I gave
But you gave me your emptiness that I'll take to my grave
Never I ask of you
But never I gave
But you gave me your emptiness that I'll take to my grave
Let this heart be still

„Der Trafikant“: Franz und seine Mutter

Beantworten Sie die Fragen in Stichworten. Ziehen Sie dabei auch die angegebenen Textstellen hinzu und wählen Sie wichtige Zitate aus, um Ihre Antworten zu untermauern.

1. Wie wird Franz' Mutter im Roman beschrieben? Welche Eigenschaften hat sie? (vgl. z. B. S. 8 ff., 15 f.)

2. Welchen Einfluss hat die Mutter auf Franz' Kindheit und Jugend? (vgl. z. B. S. 7, 12, 54)

3. Wie gestaltet sich der Kontakt zwischen Mutter und Sohn nach Franz' Abreise? (vgl. z. B. S. 33 f., 81, 161 ff.)

4. In welchen Situationen denkt Franz an seine Mutter? (vgl. z. B. S. 34, 49, 80 f.)

5. Wie reagiert die Mutter auf Franz' Erlebnisse? (vgl. z. B. S. 114, 168 ff., 244)

→ Fazit: Die Bedeutung der Mutterfigur im Roman „Der Trafikant“

Best.-Nr. 022690

„Der Trafikant“: Franz und seine Mutter (Lösung)

1. Wie wird Franz’ Mutter im Roman beschrieben? Welche Eigenschaften hat sie? (vgl. z. B. S. 8 ff., 15 f.)

- sie ist eine „schmale Frau in den Vierzigern“ (S. 8), ansehnlich und fleißig, aber abgearbeitet
- hat nach dem Tod von Franz’ Vater mehrere Beziehungen (z. B. Arrangement mit Preininger, vgl. S. 10 f.)
- ist fürsorglich, behütet Franz (vgl. z. B. S. 15)
- ist lebenserfahren und lebensklug (vgl. Postkarten und Briefe)
- ...

2. Welchen Einfluss hat die Mutter auf Franz’ Kindheit und Jugend? (vgl. z. B. S. 7, 12, 54)

- Franz muss nicht im Wald arbeiten wie andere Jugendliche (vgl. S. 12)
- bis zu seiner Abreise ist er ängstlich und unreif (vgl. z. B. S. 7, 54)
- durch den fehlenden Vater hat Franz kein männliches Vorbild, sondern wird ausschließlich durch die Mutter erzogen
- ...

3. Wie gestaltet sich der Kontakt zwischen Mutter und Sohn nach Franz’ Abreise? (vgl. z. B. S. 33 f., 81, 161 ff.)

- beide vereinbaren einvernehmlich, sich einmal in der Woche gegenseitig eine Postkarte zu schreiben (vgl. S. 33)
- sie „hätten eigentlich lieber miteinander gesprochen“ (S. 34)
- sie schreiben sich liebevoll und aufrichtig (vgl. z. B. S. 34, 46, 161 ff.)
- Franz versucht, erwachsener zu wirken (Anrede „Mutter“ auf den Postkarten); sie lehnt das zunächst ab (vgl. S. 81) und entspricht dem erst später
- ...

4. In welchen Situationen denkt Franz an seine Mutter? (vgl. z. B. S. 34, 49, 80 f.)

- Franz vermisst wiederholt die Liebe und Fürsorge seiner Mutter (vgl. S. 34, 49, 80 f.)
- er denkt im Märchenland (Prater) an sein Zuhause und hat Heimweh (vgl. S. 49)
- er vermisst seine Mutter zu Weihnachten (vgl. S. 80 f.)
- er schreibt ihr, wenn er ihr etwas Wichtiges mitteilen oder sie etwas fragen möchte

5. Wie reagiert die Mutter auf Franz’ Erlebnisse? (vgl. z. B. S. 114, 168 ff., 244)

- sie ist oftmals besorgt und vermisst ihn (vgl. z. B. S. 169 ff.)
- sie gibt ihm Ratschläge und Lebensweisheiten (z. B. S. 114: „Ja, man hat eine Verantwortung! Vor allem für das eigene Gewissen.“), bleibt oft ruhig und gelassen
- sie ist stolz auf ihn (vgl. S. 114)
- sie spürt die Gefahr, in der Franz am Ende ist (vgl. S. 244)
- ...

Best.-Nr. 022690

→ Fazit: Die Bedeutung der Mutterfigur im Roman „Der Trafikant"

Inhaltlich gesehen hat die Beziehung zur Mutter eine wichtige Bedeutung für Franz. Sie ist ihm ein Zuhause, nach dem er Heimweh hat; durch ihr erzieherisches Verhalten hat die Mutter jedoch auch Entwicklungen von Franz verhindert. Nach seiner Abreise begleitet sie ihn unterstützend und kritisch auf seinem Weg. Im Laufe des Romans handelt Franz auch der Mutter gegenüber reifer. Er versucht zum Beispiel, sie zu schützen und ihr Sorgen zu ersparen (vgl. S. 164).

Erzähltechnisch gesehen hat die Mutter ebenfalls eine wichtige Funktion im Roman, denn im schriftlichen Kontakt mit ihr zeigt sich Franz' Entwicklung, da er ihr von seinen Erlebnissen berichtet und sich ihr mitteilt.

Best.-Nr. 022690

August Stramm: Spiel (1914)

Deine Finger perlen
Und
Kollern Stoßen Necken Schmeicheln
Quälen Sinnen Schläfern Beben
Wogen um mich
Die Kette reißt!
Dein Körper wächst empor!
Durch Lampenschimmer sinken deine Augen
Und schlürfen mich
Und
Schlürfen schlürfen
Dämmern
Brausen!
Die Wände tauchen!
Raum!
Nur
Du!

In: August Stramm: Gedichte, Dramen, Prosa, Briefe. Stuttgart: Reclam 1997

- *Arbeiten Sie das Gedicht zu zweit durch und benennen Sie das Thema des Textes in einem vollständigen Satz.*
- *Inwiefern lässt sich das Gedicht Ihrer Meinung nach auf den Roman „Der Trafikant" beziehen? Notieren Sie Ihre Überlegungen in Stichworten.*

Thema des Gedichts „Spiel" von August Stramm:

____

____

____

Mögliche Bezüge zum Roman „Der Trafikant":

-
-
-
-
- …

Best.-Nr. 022690

Eine Rollenbiografie schreiben[1]

Bei der Rollenbiografie, der Selbstdarstellung einer literarischen Figur aus der Ich-Perspektive, handelt es sich um eine Form des gestaltenden Schreibens, in der eine Figur in einem literarischen Text „von innen heraus" erkundet wird. Die Aufgabe besteht darin, sich so in das Leben, Denken und Fühlen der Person hineinzuversetzen, dass man aus ihrer Perspektive die Handlung wahrnimmt und beurteilt. Bei der Ausgestaltung dieser Schreibform ist es wichtig, dass dieses Einfühlen in die Rolle schriftlich und in der Ich-Form gestaltet wird. Fragen nach dem Alter, dem Lebensumfeld, der Lebensweise und -einstellung sind dabei hilfreich. Die Rollenbiografie, die aus der Zusammenstellung möglicher Antworten entsteht, ergibt einen zusammenhängenden Text, in dem alle Informationen, die der Text über diese Figur bietet, Berücksichtigung finden. Für die Ergebnisse gilt, dass sie aus dem Text abgeleitet sind beziehungsweise am Text überprüfbar sein müssen.

Folgende Fragen können dabei hilfreich sein:

Allgemeines:

- Wie heißen Sie? Wie alt sind Sie?
- Wo wohnen Sie?
- Wie sind Ihre Lebensbedingungen?

Äußeres:

- Wie ist Ihr Äußeres? (Größe, Körperbau, Gesicht, Haare, Kleidung)
- Wie drücken Sie sich aus? (Gang, Gestik, Mimik, Stimme)

Herkunft:

- Aus welchem Milieu kommen Sie?
- Wer sind/waren Ihre Eltern?
- Welche früheren Erlebnisse haben Sie nachhaltig geprägt?

Innere Haltung:

- Was ist für Sie wichtig? (Beruf/Arbeit, Familie, Religion)
- Was freut Sie?
- Was ängstigt Sie?
- Wovon träumen Sie?
- Womit beschäftigen Sie sich vor allem?

Beziehung zu anderen:

- Mit wem leben Sie zusammen?
- Wer sind Ihre Freunde?
- Was bedeutet Ihnen die Gesellschaft?
- Welche politischen Auffassungen haben Sie?

[1] Vergleiche auch: http:/www.bildung-staerkt-menschen.de/service/downloads/Niveaukonkretisierung/Gym/D/@@niveau.2007-08-29.0293118858 und http://www.didaktikdeutsch.de/lehre/ss05/Proseminar/Rollenbiographie.pdf

Zwischen Couch und Parkbank: Sigmund Freud und Franz Huchel im Roman „Der Trafikant“

Freud (S. 43 – 45):	Freud (S. 73 – 78):	Freud (S. 135 – 141):	Freud (S. 222 – 226):
Franz:	Franz:	Franz:	Franz:

- *Analysieren und interpretieren Sie die Textpassagen S. 43 – 45, S. 73 – 78, S. 135 – 141, S. 222 – 226 in Ihrer Gruppe. Arbeiten Sie die zentralen Gesprächsinhalte heraus. Verwenden Sie dabei aussagekräftige Textzitate.*
- *Formulieren Sie zusammenfassend, welche Auswirkungen die Gespräche mit Sigmund Freud auf Franz haben.*

Best.-Nr. 022690

Zwischen Couch und Parkbank: Sigmund Freud und Franz Huchel im Roman „Der Trafikant“ (Lösung)

Freud (S. 43–45):
- „Amüsier dich. Such dir ein Mädchen.“ (S. 43)
- „Man muss das Wasser nicht verstehen, um kopfvoran hineinzuspringen!“ (S. 45)

→ Freud ermutigt Franz, sich trotz seiner mangelnden Erfahrung altersgemäß zu verhalten

Freud (S. 73–78):
- gibt Franz drei „Rezepte“ (S. 78): Er soll aufhören, über die Liebe nachzudenken, nach dem Aufwachen seine Träume aufschreiben und sich Anezka entweder holen oder sie vergessen

→ Freud gibt dem verwirrten Franz klare Handlungsanweisungen

Freud (S. 135–141):
- stellt Franz die zentrale Frage, ob dieser Anezka liebt (S. 135)
- erläutert Franz den Unterschied zwischen Liebe und Libido (S. 136)
- warnt vor der Zukunft (S. 138)

→ Freud nimmt Franz’ Sorgen ernst und verhilft ihm zur „Einsicht“ (S. 138)

Freud (S. 222–226):
- zeigt Franz gegenüber Verbundenheit und Anteilnahme
- unterstützt ihn trotz dessen Ernüchterung (S. 223 f.)
- ermutigt ihn, nicht aufzugeben („Zeichen setzen“, S. 224)

→ Freud eröffnet Franz eine Perspektive im Leid

Durch die Gespräche mit Freud findet Franz zu einer Sprache für seine inneren Vorgänge. →

Franz:
- „Endlich hatte er das ausgesprochen, was ihm schon seit langer Zeit […] sowohl das Hirn als auch das Herz umrührte.“ (S. 44)

→ Franz nimmt die Anregung Freuds trotz seiner Selbstzweifel unmittelbar auf

Franz:
- gibt Freud die Schuld daran, dass er unglücklich verliebt ist (S. 74)
- schildert Freud seine Verwirrung in Bezug auf Anezka, aber auch hinsichtlich seiner neuen Erfahrungen und Eindrücke (S. 74 f.)

→ Franz spricht seine Empfindungen aus

Franz:
- wird sich seiner Zweifel hinsichtlich der Gefühle zu Anezka bewusst (S. 136)
- relativiert seine Sorgen angesichts des Weltgeschehens (S. 138)
- erkennt den Sinn der „Couchmethode“ (S. 141)

→ Franz ist zwar immer noch verwirrt, gewinnt aber an Erkenntnis und Einsicht

Franz:
- sieht seine Gefühle für Anezka als „riesengroße[n] Irrtum“ (S. 222)
- „Ich komme mir vor wie ein Boot, das im Gewitter seine Ruder verloren hat und jetzt ganz blöd von da nach dort treibt“ (S. 223)

→ Franz kann genauer beschreiben, was in ihm vorgeht

Adoleszenz[1]

In der Entwicklungspsychologie bezeichnen die Begriffe ‚Adoleszenz' oder ‚Jugendalter' „den Lebensabschnitt zwischen dem Ende der Kindheit und dem Beginn des Erwachsenenstatus [...], in der Regel die zweite Lebensdekade"[2]. Nach Bohleber ist die Adoleszenz „die Phase der Entwicklung, in der biologische Veränderungen und psychische Erfahrung am direktesten aufeinander bezogen sind und umfassende Integrationsprozesse stattfinden"[3]. Unterscheiden lässt sich der Zeitraum der Adoleszenz in ein frühes (11–14 Jahre), mittleres (15–17 Jahre) und spätes Jugendalter (18–22 Jahre).[4] In diesem Zeitraum sind die Jugendlichen vor Entwicklungsaufgaben gestellt, die unterschiedliche Lebensbereiche betreffen. Diese lassen sich grob einteilen in Sexualität/Körperempfinden, Loslösung von der Familie, Aufbau von eigenständigen Sozialkontakten und Auseinandersetzung mit gesellschaftlichen Rahmenbedingungen wie beispielsweise Verhaltensnormen und Wertvorstellungen.[5] Aufgrund der körperlichen, insbesondere hormonellen, und psychischen Umbauprozesse ist die Adoleszenz eine „Phase des inneren und äußeren Tumults"[6], die in ihrer Krisenhaftigkeit mit Selbstzweifeln, Schamgefühlen, Verletzlichkeit und Rückzugstendenzen[7], aber auch mit großer Entwicklungsdynamik und hohem Wachstumspotenzial einhergeht.[8] Für die Identitätsbildung im Rahmen der Adoleszenzphase ist das historische und soziale Umfeld von entscheidender Bedeutung: Es ist die Realität, mit der sich das jeweilige Individuum konfrontiert sieht und mit der es sich über Prozesse der Abgrenzung und Identifikation auseinandersetzt.

- *Arbeiten Sie den Text genau durch und unterstreichen Sie zentrale Begriffe und Informationen.*
- *Formulieren Sie auf dem rechten Rand vier Fragen, auf die der Text eine Antwort gibt. Stellen Sie sich abwechselnd die Fragen und beantworten Sie sie mithilfe des Textes.*
- *Ist „Der Trafikant" Ihrer Meinung nach ein Adoleszenzroman? Begründen Sie Ihre Einschätzung mithilfe dieses Textauszugs.*

---

1 Nach: Anette Sosna, 2014, Adoleszenz und Zeitgeschichte in Robert Seethalers Roman „Der Trafikant", in: Literatur im Unterricht, 15. Jahrgang, Heft 1/2014, S. 53–69, hier S. 55f.

2 Alexander Grob, 2007, Jugendalter/Adolescence, in: Handbuch der Entwicklungspsychologie, hrsg. von Marcus Hasselhorn und Wolfgang Scheider, Göttingen: Hogrefe Verlag, S. 187–197, hier S. 187

3 Werner Bohleber, ³2008, Adoleszenz/adolescence, in: Handbuch psychoanalytischer Grundbegriffe, hrsg. von Wolfgang Mertens und Bruno Waldvogel, Stuttgart: Kohlhammer, S. 25–31, hier S. 25

4 Grob, Jugendalter [Anm. 2], S. 194f. Nach Grob beginnt das Jugendalter mit dem Einsetzen der Pubertät, ebd., S. 188

5 An Bedeutung gewonnen haben in der gegenwärtigen Gesellschaft zudem Bereiche wie Berufsvorbereitung, Freizeit, Konsum oder Medien. S. Grob, Jugendalter [Anm. 2], S. 188ff.

6 Bohleber, Adoleszenz [Anm. 3], S. 30

7 Grob, Jugendalter [Anm. 2], S. 188

8 Francoise D. Alsaker/Jane Kroger, 2007, Identitätsentwicklung, in: Handbuch der Entwicklungspsychologie, hrsg. von Marcus Hasselhorn und Wolfgang Scheider, Göttingen: Hogrefe Verlag, S. 371–380, hier S. 373

Zivilcourage

„Je mehr Bürger mit Zivilcourage ein Land hat, desto weniger Helden wird es einmal brauchen."

F. Magnani, ehemalige Korrespondentin der ARD

„Das Böse braucht das Schweigen der Mehrheit."

Kofi Annan bei der Gedenkfeier der UN anlässlich des 60. Jahrestags der Befreiung des KZ Auschwitz

Die Zitate veranschaulichen, wie wichtig Zivilcourage für eine Gesellschaft ist. Doch was bedeutet der Begriff Zivilcourage? Er wird häufig assoziiert mit Unerschrockenheit und Heldenmut. Das Aufbegehren gegen die Verletzung bürgerlicher Grundrechte in Diktaturen oder das Aufdecken krimineller Machenschaften, wie beispielsweise der Kampf des Bürgermeisters von Palermo, Leoluca Orlando, gegen die Mafia, sind Beispiele für die Zivilcourage Einzelner. Der herausragende Mut Einzelner darf jedoch nicht darüber hinwegtäuschen, dass zivilcouragiertes Verhalten auch „im Kleinen" in den verschiedensten Lebensbereichen (Familie, Schule, öffentlicher Raum, Arbeitsplatz) möglich und notwendig ist, wenn ein Mensch gedemütigt, bedroht oder angegriffen wird. Eine allgemeine Definition von Zivilcourage gibt der Duden, indem er Zivilcourage als „mutiges Verhalten, mit dem jemand seinen Unmut über etwas ohne Rücksicht auf mögliche eigene Nachteile gegenüber Obrigkeiten, Vorgesetzten o. Ä. zum Ausdruck bringt" beschreibt (Duden 1990). Man schreibt es Otto von Bismarck zu, den Begriff „Zivilcourage" geprägt zu haben. Er stellte dem militärischen Mut den „zivilen Mut" gegenüber und bezog sich dabei auf eine Begebenheit, bei der er aufgrund einer kritischen Äußerung im preußischen Landtag ausgepfiffen worden war. Als ihn ein Vertrauter verwundert darauf ansprach, soll Bismarck darauf geantwortet haben: „Mut auf dem Schlachtfeld ist bei uns Gemeingut. Aber man wird es nicht selten finden, dass es ganz achtbaren Leuten an Zivilcourage fehlt" (zitiert nach Singer 2003, S. 33). Die Soziologin Nunner-Winkler (2002) nennt zwei wesentliche Kriterien für Zivilcourage: Die Handlung muss sich an demokratisch-zivilgesellschaftlichen Grundwerten orientieren und sie muss persönlichen Mut erfordern, also mit gewissen Risiken und Gefahren für die handelnde Person verbunden sein. Was einer zivilcouragierten Person im Einzelnen drohen mag, kann sehr unterschiedliche Formen annehmen: von der unangenehmen Situation, den Blicken aller Umstehenden ausgesetzt zu sein, selbst verbal oder tätlich angegriffen zu werden bis hin zu so gravierenden Konsequenzen wie der Verlust des Arbeitsplatzes oder gar Lebensgefahr.

http://blk-demokratie.de/materialien/demokratiebausteine/programmthemen/zivilcourage/zivilcourage-was-ist-das.html (Aufruf: 1.3.2017)

- *Arbeiten Sie den Text genau durch und unterstreichen Sie zentrale Informationen.*
- *Inwiefern trifft der Begriff der Zivilcourage Ihrer Meinung nach auf das Verhalten von Franz zu?*

Best.-Nr. 022690

Baustein 3

Zentrale Themen und Motive

Im folgenden Baustein stehen zentrale thematische Aspekte des Romans im Vordergrund, die durch die Untersuchung einzelner Figuren oder Figurenkonstellationen noch nicht systematisiert erarbeitet wurden. Dazu gehören die Handlungsorte des Romans – Nußdorf am Attersee und Wien –, das Varieté „Grotte“ als ein Wiener Handlungsort, der in besonderer Weise zum Spiegel der Nazifizierung wird, die Veränderungen der medialen Berichterstattung im Zuge der gesellschaftlich-politischen Entwicklungen und Formen der Kommunikation im Roman. Die Untersuchung dieser Aspekte ermöglicht es, die individuelle Entwicklung des Protagonisten im Zusammenspiel mit den gesellschaftlichen Rahmenbedingungen näher zu beleuchten.
Die thematischen Aspekte dieses Bausteins können während der Unterrichtseinheit mit den Erarbeitungsschwerpunkten des folgenden Bausteins verknüpft werden. So bietet sich z. B. eine Verknüpfung der Kapitel 3.2 und 4.1 sowie 3.3 und 4.2 an.

3.1 Die Bedeutung der Handlungsorte im Roman

Ein erzähltechnisches Grundelement des Romans „Der Trafikant“, das die Handlungsdynamik entscheidend steuert, ist der scharfe Kontrast zwischen den Handlungsbereichen Land und Stadt. Der Protagonist Franz Huchel hat – von einigen wenigen Ausflügen abgesehen (vgl. S. 11, 17) – seine gesamte Kindheit und Jugend in Nußdorf am Attersee verbracht, in einer ländlichen Idylle, in der Stadtbewohner lediglich als „käsige[...] Sommerfrischler“ (S. 19) belächelt werden. Im Rahmen der ländlichen Abgeschiedenheit werden Franz noch zusätzlich durch seine Lebensbedingungen – die finanzielle Unterstützung durch Alois Preininger – Mühen von Alltag und Arbeit erspart. Nußdorf ist nur zu Beginn der Romanhandlung unmittelbarer Handlungsort; das Leben auf dem Land bleibt jedoch im Bewusstsein des Protagonisten präsent, was sich wiederholt in Rückblenden, Assoziationen und Erinnerungen Franz Huchels zeigt. Diese sind geprägt von Nostalgie und Heimweh, so zum Beispiel bei seinen Erinnerungen an die Märchenlektüre der Mutter (vgl. S. 49 f.), beim Öffnen ihres Weihnachtspakets (S. 80 f.), während des Nachdenkens auf dem Kahlenberg (vgl. S. 198 f.) oder bei seinem Heiratsantrag an Anezka, der verbunden ist mit dem Vorschlag, ins Salzkammergut zurückzukehren (vgl. S. 206). Die Idylle, die Franz jedoch im Verlauf der Handlung als vordergründig entlarvt, findet ihren bildlichen Ausdruck auch in den Postkarten, die die Mutter regelmäßig von Nußdorf nach Wien schickt. Die kurzen Beschreibungen der Postkartenmotive, die sich im Text finden, lassen überzeichnete und verkitschte Naturdarstellungen erkennen (vgl. z. B. S. 46, 66, 114). Dennoch hat Franz eine innerliche Nähe zur Natur seiner Heimat, wie sich zum Beispiel auf S. 99 f. zeigt, als er sich vor dem Eingang der „Grotte“ an die „stille, grüne Welt“ (S. 100) des Sees erinnert.
Die Überfahrt des Protagonisten von Nußdorf nach Wien sowie seine Ankunft dort werden von Ereignissen begleitet, die vorausdeutenden Charakter hinsichtlich des weiteren Verlaufs der Handlung haben. Symbolisch markiert eine auf den Gleisen liegende verwesende Kuh (vgl. S. 18), die zu einer mehrstündigen Verspätung des Zuges führt, das Ende von Franz' Landleben und weist voraus auf seinen eigenen Tod. Blitzlichtartig tauchen über den Kommentar des

Schaffners, der die Störung voreilig auf „Sozis“ (S. 18) oder „Nazis“ (ebd.) – zu diesem Zeitpunkt beides gleichermaßen noch „Gsindel“ (ebd.) – zurückführt, neue Gruppierungen für Franz auf, die er jedoch aufgrund seiner Wissensmängel noch nicht einordnen kann.
Die Wucht, mit der die ungewohnten Eindrücke der Großstadt bei der Ankunft am Wiener Hauptbahnhof auf Franz einprasseln, äußert sich in physischen Symptomen wie Übelkeit und Schwindel, die Franz dazu zwingen, sich an einem Laternenmast festzuhalten (vgl. S. 9 f.). Angesichts der kognitiven Herausforderungen, vor die er sich gestellt sieht (Lärm, Bewegung, Lichtreize, Gerüche), erkennt Franz: „[...] das hier ist etwas anderes. Etwas völlig und ganz anderes.“ (S. 20) Eine fremde Frau, die ihn anspricht und sich nach seinem Zustand erkundigt, führt den „Gestank“ (S. 20) bereits auf die „Faulige[n] Zeiten“ (S. 21) zurück – eine Bemerkung, die Franz ebenfalls noch nicht kontextualisieren kann. Die chaotischen Eindrücke der ersten Ankunft ordnen sich für Franz erst mit seiner Arbeit in der Trafik. Von ihr aus erkundet er Teilbereiche Wiens, wobei viele seiner Eindrücke in der Großstadt verwirrend für ihn bleiben, so zum Beispiel seine Erlebnisse in Prater, Varietémilieu oder Volksgarten. Gegen Ende der Romanhandlung wird die Szene der Ankunft am Wiener Hauptbahnhof in einer komplementär angelegten Textstelle wieder aufgegriffen. Deutlich werden dabei die Veränderungen, die der Protagonist in der Zwischenzeit durchlaufen hat (vgl. auch Kapitel 2.6):

> „Vor dem Bahnhofseingang stand die Gaslaterne, an der Franz sich damals gleich nach seiner Ankunft in Wien festklammern musste. Wie lange war das her? Ein Jahr? Ein halbes Leben? Ein ganzes? Er musste über sich selbst lachen, über diesen komischen Buben, der hier seinerzeit an der Laterne gehangen hatte, mit dem harzigen Waldgeruch in den Haaren, einem Batzen Dreck an den Schuhen und ein paar verdrehten Hoffnungen hinter der Stirn. Und plötzlich wurde ihm bewusst, dass es diesen Buben nicht mehr gab. Weg war der. Abgetrudelt und untergegangen, irgendwo im Strom der Zeit. Wobei das alles ja schon recht schnell gegangen war, dachte er, vielleicht sogar insgesamt ein bisschen zu schnell. Irgendwie fühlte es sich an, als wäre er vor der Zeit aus sich selbst herausgewachsen. Oder einfach herausgetreten aus dem eigenen Ich, wenn man das so sagen konnte. Das Einzige, was blieb, war die Erinnerung an einen schmalen Schatten unter einer Gaslaterne.“ (S. 236)

Wie bereits Franz’ Ankunft in Wien (vgl. S. 20) ist auch diese komplementär dazu angelegte Szene geprägt von personalem Erzählverhalten, das dem Leser unmittelbare Einblicke in die Gedankengänge des Protagonisten ermöglicht. Dass die Beteiligung des Lesers damit an beiden für die Romanhandlung zentralen Stellen gesteigert wird, kann – ggf. anknüpfend an bereits erarbeitete Ergebnisse aus Kapitel 2.5 – Teil des Unterrichtsgesprächs zur Untersuchung der Handlungsorte im Roman sein.

Durch das Erarbeiten der Stadt-Land-Dichotomie im Roman bearbeiten die Schülerinnen und Schüler die unterschiedliche Dynamik hinsichtlich der Entwicklung des Protagonisten, die von den jeweiligen Lebensbereichen ausgeht. Die hier vorgestellte Herangehensweise kann auch der zusammenfassenden Darstellung der Entwicklung Franz Huchels (Kapitel 2.6) vorgeschaltet werden, um die Perspektive der geografischen Lebensbereiche auf Stationen und Phasen der Entwicklung hin zu präzisieren.
Die Schülerinnen und Schüler erhalten zur Einstimmung auf die Thematik zunächst Bildimpulse (**Arbeitsblatt 14**, S. 81), die eine erste auf den Roman bezogene Sammlung von Eindrücken zu den Lebensbereichen Attersee und Wien ermöglichen. Der offene Einstieg dient dabei zunächst der Aktivierung von Wissen zu Handlungselementen des Romans, wie z. B. Eindrücken oder Empfindungen des Protagonisten, die mit den unterschiedlichen Orten verbunden sind. Eine mögliche Impulsfrage dazu kann wie folgt formuliert werden:

- *Welche Zusammenhänge sehen Sie zwischen den Abbildungen und der Handlung des Romans?*

Die über den Einstieg aufgerufenen Aspekte werden im Rahmen einer vertiefenden Textarbeit analytisch fundiert und systematisiert. Geeignete Textstellen für die Untersuchung sind z. B.:

Land: S. 11 f., 49 f., 80 f., 99 f., 198 f.
Stadt: S. 19 – 20, 128, 131, 186

Der Arbeitsauftrag, den die Schülerinnen und Schüler z. B. klassenhälftig (geteilt nach Land/Stadt) in Partnerarbeit durchführen können, lautet wie folgt:

- *Arbeiten Sie heraus, wie die Handlungsorte Land/Stadt in den jeweiligen Textstellen beschrieben werden.*
- *Erläutern Sie mithilfe aussagekräftiger Textbelege, wie Franz den jeweiligen Handlungsort erlebt.*
- *Fassen Sie zusammen, welche Bedeutung der Ortswechsel im Roman hat.*

Die Ergebnisse der Textarbeit können wie folgt z. B. an der Tafel gesichert werden:

Die Bedeutung der Handlungsorte im Roman „Der Trafikant"

Nußdorf am Attersee:
- Ruhe und Abgeschiedenheit
- „Heimat" (S. 80)
- Geborgenheit (vgl. S. 49)
- Nähe zu Natur und Dorfgemeinschaft (vgl. S. 81, 99 f.)
- Freiheit (keine geregelte Arbeit, vgl. S. 11 f.)
- kaum neue Eindrücke (vgl. S. 17)

Wien:
- überwältigende Reizflut (vgl. S. 20)
- Menschenmenge (vgl. ebd.)
- Gefahren (vgl. S. 131)
- verschiedene soziale Milieus und politische Einstellungen
- Zunahme nationalsozialistischen Einflusses
- Nebeneinander von Alltag und Repression (vgl. S. 186)

→ **Bedeutung des Ortswechsels:**
auslösendes Handlungsmoment, Weiterentwicklung des Protagonisten, Konfrontation mit sozialer und politischer Realität

Eine vertiefende Auseinandersetzung mit den Ergebnissen der Textarbeit kann beispielsweise durch das produktionsorientierte Gestalten von subjektiven Reiseführereinträgen aus der Sicht der Schülerinnen und Schüler erfolgen, die in der Folge eines fiktiven Besuchs in Nußdorf oder Wien verfasst werden. Sollte die Textsorte des Reiseführereintrags den Schülerinnen und Schülern nicht bekannt sein, so sollten Informationen dazu entweder von der Lehrkraft bereitgestellt oder gemeinsam im Unterrichtsgespräch erarbeitet werden. **Arbeitsblatt 15**, S. 82, bietet einen Mustervorschlag für einen Reiseführertext zu Wien. Der Arbeitsauftrag dazu lautet wie folgt:

- *Stellen Sie sich vor, Sie halten sich zur Zeit der Romanhandlung in Nußdorf am Attersee oder in Wien auf. Verfassen Sie einen Eintrag für einen Reiseführer zum Attersee/zu Wien. Begründen Sie die Gestaltung Ihres Textes anhand ausgewählter Textstellen.*

- *Gestalten Sie eine Überschrift: An welche Zielgruppe würden Sie Ihren Reiseführer richten?*

3.2 Veränderte Zeiten: „Die Grotte“ im Spiegel der Nazifizierung

Seethaler zeigt nicht nur an zentralen Figuren wie Otto Trsnjek, Sigmund Freud – dargestellt werden u. a. die Beschattung von Freuds Wohnhaus in der Berggasse 19 durch die Gestapo (vgl. z. B. S. 188) und seine Abreise ins Exil (vgl. S. 230 ff.) – oder Anezka die Folgen nationalsozialistischer Einflussnahme, sondern bettet diese ein in ein Netz aus Momentaufnahmen und Milieustudien: Der Hitlergruß verbreitet sich (vgl. S. 166), der Umgangston wird forscher (ebd.), der Abtransport politischer Gefangener am Bahnhof zum Alltag (vgl. S. 186 f.). Der Volksgarten wird nach Bomben abgesucht (vgl. S. 131), der „Rote Egon“ begeht aus Protest Selbstmord (vgl. S. 143 ff.) und der Briefträger fragt sich im Stillen, „ob es nicht eigentlich doch ein bisschen eine Sauerei“ (S. 210) sei, wie nun mit den Juden umgegangen werde – ohne dass dies jedoch in aktive Kritik oder Protest münden würde.
Die gesellschaftlichen Veränderungen im Zuge des Anschlusses Österreichs an das Dritte Reich werden im Roman für verschiedene Bereiche der Gesellschaft und des öffentlichen Lebens dargestellt. Ein anschauliches Beispiel, das eine eigene thematische Schwerpunktsetzung lohnt, ist eine genauere Untersuchung des Wandels des Varietélokals „Grotte“, in dem Anezka als Stripteasetänzerin arbeitet. Das zwielichtige Lokal wird in zweifacher Hinsicht zum Ort der Desillusionierung für den Protagonisten: Zum einen wird er dort Zeuge ihres Lebenswandels und ihres Opportunismus, zum anderen erlebt er dort auch die Anpassung des einstmals kritischen Kabaretts an den herrschenden Zeitgeist.

Die Untersuchung der „Grotte“ als Beispiel für die Dynamik der Nazifizierung kann sich auf zwei Textstellen konzentrieren: Die Seiten 101 – 113 schildern Franz' ersten Aufenthalt in dem Lokal und die Aufführung der kritischen Hitlerparodie (vgl. S. 101 – 105), bevor Anezkas Tanz als Indianerin N'Tschina und die anschließende Auseinandersetzung zwischen Franz und Anezka folgen. Die Seiten 202 – 209 zeigen das Lokal und Anezka nach der Anpassung an die Nationalsozialisten. Die erste Textpassage zeichnet dabei ein Bild der „Grotte“ als geradezu ‚klassisches' Rotlicht-Nachtlokal in einem „dunklen Seitengässchen“ (S. 99) mit Kabarett und Stripteasetanz:

> „Der Raum [...] war viel größer, als er [Franz, Anm. d. Verf.] erwartet hatte, und vollkommen rot. Die Decke, die Lampenschirme, der abgetretene Teppich, die Tapeten, alles war in ein weiches Dunkelrot getaucht, das im Schattenspiel von unzähligen Kerzen flackerte. Hinter einem verspiegelten Tresen hantierte ein Mädchen mit Flaschen und Gläsern. Sie war höchstens sechzehn Jahre alt, hatte eine fingerlange Narbe an der rechten Wange und die platte Nase eines Boxers. Etwa zwanzig runde Tischchen standen im Raum verteilt, nur wenige davon waren besetzt – soweit Franz erkennen konnte, ausschließlich von einzelnen Männern. Das Kerzenlicht beflackerte einen behaarten Nacken, eine faltige Stirn, eine Arbeiterhand, an deren Rücken trockener Lehm klebte, den abgewetzten Kragen am Sakko eines alten Mannes.“ (S. 101)

Die anschließende Hitler-Parodie des Conférenciers Heinzi beginnt zunächst mit einer Spottrede, in der Wien mit einem „riesengroßen Kindergarten“ (S. 102) verglichen wird, in dem sich Schuschnigg, „Nazis“, „Sozis“ und Katholiken miteinander streiten (vgl. ebd.). Die Parodie selbst stellt dar, wie sich Adolf Hitler während einer Rede in einen knurrenden, geifernden Hund verwandelt (S. 104), der – bevor er zum Sprung ansetzt – an die Leine genommen werden muss.
Einige Zeit später hat sich das Lokal grundlegend verändert:

> „An einem Tisch im Hintergrund saßen drei Männer in schwarzer Uniform. Einer von ihnen, ein jüngerer Mann mit weichen Gesichtszügen und käsiger Haut trug einen Dolch an einer Kette um die Hüfte, die aus einer Reihe silbriger Totenköpfchen bestand. Der Conférencier auf der Bühne erzählte einen Witz. Was man heutzutage eigentlich von einem Judenweib in Sachen Haushaltsführung erwarten dürfe, wollte er wissen.“ (S. 203)

Wo zuvor Hitler-Parodien Programmpunkte waren, werden nun SS-Soldaten mit antisemitischen Beiträgen unterhalten (vgl. S. 203). Heinzi ist laut Anezkas Auskunft wegen seines kritischen Kabaretts von der Gestapo verhaftet worden (S. 204). Franz, der Anezka bittet, ihn zu heiraten, erlebt die Anwesenheit der uniformierten Soldaten als Bedrohung; sie wirken auf ihn wie „große, schwarze Vögel“, die jederzeit „schweigend hereinschleichen“ (S. 207) können. Die Verdeutlichung der Verbindung zwischen dem SS-Soldaten und Anezka fällt denkbar knapp aus: Ein Blick seinerseits genügt, damit Anezka an ihn herantritt und ihre Wange an seine Schulter legt, „genau an die Stelle, wo zwei dicke, weiße Kordeln von den Schulterklappen herunterbaumelten“ (S. 208). Dem Dolch, der Totenkopfkette und den zwei weißen Kordeln nach zu schließen handelt es sich bei Anezkas neuem Liebhaber vermutlich um einen Sturmbannführer oder Standartenführer.

Die Thematik, die im Roman anhand der „Grotte“ veranschaulicht wird, erarbeiten die Schülerinnen und Schüler auf der Basis der genannten Textstellen und kontextualisieren diese in einem zweiten Schritt mit einem zeitgenössisch-historischen Beispiel für die Einflussnahme der Nationalsozialisten auf Varieté und Kabarett, die Berliner „Katakombe“ in der Mitte der 1930er-Jahre. Zu Beginn der Arbeitsphase werden die Schülerinnen und Schüler mithilfe eines Plakats des österreichischen Grafikers Emil Ranzenhofer aus dem Jahr 1903 auf die Thematik eingestimmt (**Arbeitsblatt 16**, S. 83). Die Affiche zur Eröffnung des „Etablissement Apollo“ orientiert sich am französischen Stil der Plakatgestaltung in der Art eines Jules Chéret. Die Besprechung des Plakats wird durch folgende Impulse eingeleitet:

- *Beschreiben Sie die Abbildung. Welche Wirkung geht von dem Plakat aus?*
- *Welche Rückschlüsse lässt die Abbildung auf Programm und Besucher des „Etablissements“ zu?*

Das opulente Plakat zeigt eine clownartige Figur, die mithilfe einer Pauke die Eröffnung des Varietés lachend und lauthals ankündigt. Die zweite Figur stellt eine Tänzerin dar, die in freizügiger Bekleidung und Körperhaltung auf dem Boden sitzt und den Betrachter auffordernd lächelnd ansieht. Beide Figuren werfen deutliche Schatten, könnten sich also perspektivisch gesehen im hellen Licht einer Bühnenbeleuchtung befinden. Das Plakat wirkt bewegt und lebendig. Das Motiv des „Auf-die-Pauke-Hauens“ deutet auf Feierstimmung, Ausgelassenheit und auch sexuelle Vergnügungen hin, die die Figur der Tänzerin in Aussicht stellt. Das Plakat ist damit gleichsam eine Einladung an vergnügungssuchende Männer und Frauen, die sich im Varieté amüsieren möchten.

Nachdem die Schülerinnen und Schüler vom Plakat ausgehend Zusammenhänge mit dem Roman „Der Trafikant“ hergestellt haben, erfolgt die Auswahl oder Ausgabe der zu untersuchenden Textstellen. In der anschließenden Arbeitsphase werden die beiden Textstellen untersucht, um die Veränderungen im Lokal „Grotte“ herauszuarbeiten. Der Arbeitsauftrag dazu, der auch eine klassenhälftige Aufteilung der Textstellen ermöglicht, lautet wie folgt:

- *Arbeiten Sie aus den Textpassagen S. 101 – 105 und S. 202 – 209 zentrale Merkmale des Nachtlokals „Grotte“ heraus.*
- *Welche Veränderungen zeigen sich in der Zusammenschau der beiden Textpassagen? Woraus resultieren diese Veränderungen?*

Die Auswertung der Ergebnisse im Plenum kann wie folgt an der Tafel oder auf Folie gesichert werden:

Der Wandel des Lokals „Grotte“ im Roman „Der Trafikant“

Die „Grotte“ bei Franz' erstem Besuch S. 101 – 105

- Lage in dunkler Seitengasse (S. 99)
- gedämpfte, rote Beleuchtung (S. 101)
- heruntergekommene Einrichtung (ebd.)
- Mitarbeiter wirken unseriös (ebd.)
- nur männliche Gäste (ebd.)
- kritisches Kabarett (Conférencier Heinzi) zu Adolf Hitler, Nationalsozialisten, Sozialisten/Sozialdemokraten und Katholiken (S. 102)
- Franz und die anderen Gäste finden das Programm lustig (S. 103)
- Anezka ist mit Heinzi liiert (S. 110 ff.)

→ Einfluss der Nationalsozialisten →

Die „Grotte“ bei Franz' zweitem Besuch S. 202 – 209

- anwesend sind auch SS-Soldaten (S. 203)
- der ehemalige Conférencier Heinzi ist verhaftet (S. 204)
- der neue Conférencier erzählt Judenwitze, über die das Publikum lacht (S. 203)
- Anezka ist mit einem der SS-Soldaten liiert (S. 206 ff.)
- Die Soldaten verbreiten eine unheimliche und bedrohliche Atmosphäre (S. 207)

→ **Fazit:** Die zwielichtige, aber kritische und unabhängige „Grotte“ wird zu einem nationalsozialistisch-linientreuen Amüsierlokal für SS-Soldaten. Die kabarettistischen Beiträge sind antisemitisch. Anezkas Verhalten und das des Publikums zeigt an, wie Menschen sich unreflektiert dem herrschenden Zeitgeist anpassen.

In einem darauf aufbauenden weiteren Arbeitsschritt können die Schülerinnen und Schüler den im Roman dargestellten Wandel der „Grotte“ mit dem historischen Beispiel des Berliner Varietélokals „Katakombe“ vergleichen, um so Anknüpfungspunkte an tatsächliche Ereignisse während der Herrschaft der Nationalsozialisten und eine Basis für eine kritische Auseinandersetzung zu erhalten. Die „Katakombe“ war ein politisch-literarisches Kabarett in

Berlin, das in den Jahren 1929–1935 unter der Programmleitung des Conférenciers Werner Finck – einem Mitbegründer der Einrichtung – Sketche und Parodien darbot. Der Text auf **Arbeitsblatt 17**, S. 84 f., veranschaulicht, wie die Nationalsozialisten, von denen auch hochrangige Mitglieder zum Publikum der „Katakombe" gehörten, um einen Umgang mit den kritisch-kabarettistischen Inhalten rangen. Hin- und hergerissen zwischen persönlicher Faszination und ideologischer Ablehnung suchten die Nationalsozialisten nach einer Begründung, das Kabarett zu schließen, und setzten dies schließlich auch im Jahr 1935 durch. Die Kabarettisten wurden zwar zunächst im KZ Esterwegen inhaftiert, erhielten jedoch wenig später ein Gerichtsverfahren, in dessen Zuge sie mangels ausreichender Beweise freigesprochen wurden. Arbeitsaufträge für die Schülerinnen und Schüler zur Auseinandersetzung mit der Thematik können wie folgt formuliert werden:

- *Arbeiten Sie den Text durch und fassen Sie zusammen, welche Meinungen die Nationalsozialisten zum Kabarett „Katakombe" hatten und welche Maßnahmen daraus folgten.*
- *Wie beurteilen Sie die im Text geschilderten Vorgänge?*
- *Wie schätzen Sie die Funktion des Kabaretts in der Gesellschaft heute ein?*

3.3 „So viel Aufregung, so viel gedrucktes Geschrei" (S. 199): Die Rolle der Medien im Roman

Im Unterschied zur „Grotte" als Beispiel für die Einflussnahme der Nationalsozialisten auf Bereiche der gesellschaftlichen Rand- und Subkultur sind die Medien im Roman ein prominenter und weitreichender Aspekt der gesellschaftlichen Veränderungen im Zuge des ‚Anschlusses'. Insbesondere im Bereich der Zeitungsmedien – zu Beginn des Romans ein zentrales Explorationsvehikel für Franz Huchel – spiegeln sich die Veränderungen.
Wenn die Zeitungslektüre Franz zu Beginn des Romans noch „eine kleine Ahnung von den Möglichkeiten der Welt" (S. 29) verschafft hat, so schließt sich diese Perspektive bald angesichts der tendenziösen und ideologisch beeinflussten Berichterstattung, die Otto Trsnjek als „verlogenes und obendrein ungeschickt hingesudeltes Gestammel einer deutschtümeligen Drecksjournaille" (S. 147) beschimpft. Auch Franz erkennt, dass inzwischen „die Wahrheit der Morgenausgabe [...] die Lüge der Abendausgabe" (S. 149) ist und die Inhalte der jeweiligen Tageszeitungen gleichgeschaltet sind (S. 166):

> „Es war, als ob die Redaktionen sich jeden Tag zu einer einzigen, riesigen Konferenz versammelten, um zur Wahrung einer scheinbaren Objektivität wenigstens die Überschriften untereinander abzustimmen und hie und da ein paar Textunterschiedlichkeiten in die ansonsten völlig gleichlautenden Artikel einzubauen. Meistens ging es um Adolf Hitler. [...] Alle waren sie ganz vernarrt und blöd nach diesem zackigen Mann mit dem Rauhaarbärtchen. Dabei war Heinzi eindeutig der bessere Hitler, dachte Franz [...]." (S. 166)

Infolgedessen zieht sich Franz weitgehend aus der Zeitungslektüre zurück (vgl. S. 166) und gelangt angesichts der gesellschaftlichen Entwicklungen, die sich für ihn in der Verhaftung Otto Trsnjeks dramatisch verdichten, zunehmend zu einer kritischen Haltung gegenüber der tendenziösen Berichterstattung. In den sich verengenden Strukturen der nationalsozialistischen Gesellschaftsordnung entwickelt Franz damit auch in diesem Bereich sukzessive Verhaltensweisen und Strategien, die auf eine wachsende Ich-Stärke und die Bewältigung adoleszenter Entwicklungsaufgaben hindeuten (vgl. Baustein 2).

Die folgenden Unterrichtsideen dienen zunächst der Erarbeitung und Systematisierung von Zusammenhängen innerhalb des Romans, bevor eine Ausweitung der Thematik auf die Bedeutung der Medien im Dritten Reich erfolgen kann (s. Kapitel 4.1 und 4.2). Der Einstieg kann zunächst aktualisieren und auf den eigenen Umgang der Schülerinnen und Schüler mit Medien und Berichterstattung rekurrieren:

- *Welche Medien nutzen Sie, um Informationen über das aktuelle Tagesgeschehen zu erhalten? Begründen Sie.*
- *Welche Eindrücke haben Sie von der Berichterstattung in den Medien?*

Der offene Einstieg ermöglicht es, die Bedingungen, Charakteristiken und Auswirkungen von Berichterstattungen in aktuellen Medien sowie das Nutzungsverhalten der Schülerinnen und Schüler selbst zu thematisieren. Die Beiträge können zum Beispiel in Form eines Ideensterns oder einer Mindmap an der Tafel gesammelt werden:

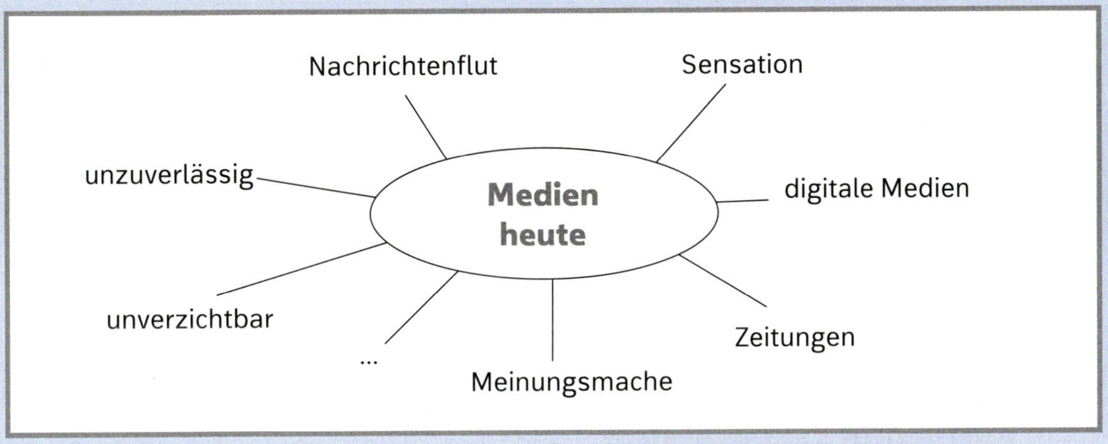

Eine Überleitung zum Roman kann sich zum Beispiel auf Unterschiede oder Gemeinsamkeiten der Mediennutzung der Schülerinnen und Schüler im Vergleich zum Protagonisten Franz Huchel beziehen.
Die anschließende Textarbeit befasst sich mit den Textpassagen S. 25, 28f., 31f., 143–149, 166 und 199–201. Die drei erstgenannten Textpassagen in der Anfangsphase der Handlung zeigen die Horizont- und Wissenserweiterung des Protagonisten durch intensive Zeitungslektüre. Auf S. 143–149 werden der Selbstmord des Roten Egon sowie die ideologisch gefärbte Berichterstattung dazu dargestellt. Die beiden letztgenannten Textpassagen schließlich schildern Franz' Distanzierung von der Berichterstattung in Zeitungen und seinen zunehmend ernüchterten und kritischen Blick auf die öffentlichen Medien. Der Arbeitsauftrag für die Schülerinnen und Schüler, der beispielsweise in drei Großgruppen jeweils in Partnerarbeit durchgeführt werden kann, lautet wie folgt:

- *Lesen und bearbeiten Sie zu zweit die Textpassagen S. 25, 28f., 31f. (Gruppe 1), S. 143–149 (Gruppe 2) sowie S. 166 und 199–201 (Gruppe 3). Notieren Sie Stichworte und Textbelege zur Darstellung der Printmedien und wie die Berichterstattung von Franz wahrgenommen wird.*
- *Formulieren Sie jeweils eine Überschrift für die Tabellenspalten, die Ihre Ergebnisse zusammenfasst.*

Die Ergebnisse des Arbeitsauftrags können im Rahmen einer gemeinsamen Auswertung auf **Arbeitsblatt 18**, S. 86, eingetragen und gesichert werden, indem z. B. einzelne Ergebnisse von Partnerarbeiten auf geeigneten Folienstücken verschriftlicht, in das ebenfalls auf Folie gezogene Arbeitsblatt gelegt und vorgestellt werden. Nach einer gemeinsamen Prüfung und Reflexion der Ergebnisse kann das vollständige Arbeitsblatt zur Ergebnissicherung kopiert werden. Ein Lösungshinweis ist **Arbeitsblatt 18** angehängt (S. 87).

Abschließend kann die Bedeutung der Zeitungslektüre im Zusammenhang mit der Entwicklung des Protagonisten mithilfe eines einfachen Schemas zum Beispiel an der Tafel nochmals verdeutlicht werden. Das Schema veranschaulicht, wie sich Franz zunehmend vom Einfluss einer zunächst als zuverlässig wahrgenommenen Berichterstattung löst und an Eigenständigkeit gewinnt – bis hin zu einer kritischen Einschätzung der Medien. Das Schema kann wie folgt aussehen:

Einstellungswandel des Protagonisten zur Berichterstattung in den Medien

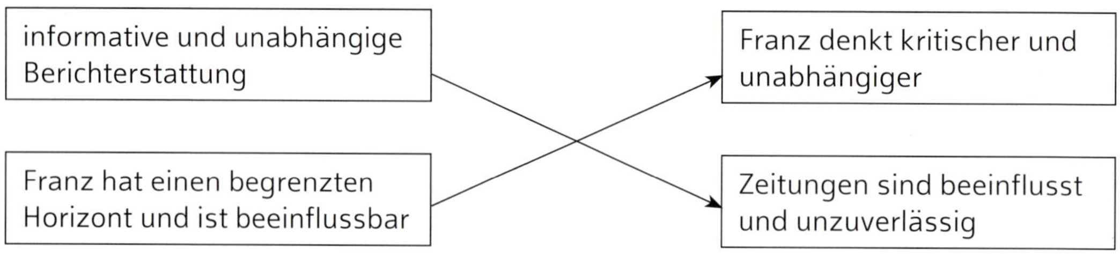

3.4 Formen der Kommunikation im Roman: Von der Postkarte zum Traumplakat

Kurz nach Trsnjeks Verhaftung löst sich Franz aus dem Muster der ‚Postkartenkommunikation' mit seiner Mutter und schreibt zum ersten Mal in seinem Leben einen ausführlichen Brief (vgl. S. 161 ff.). Die Tatsache, dass er „schon zu viel gesehen und gerochen und geschmeckt" (S. 164) hat, führt dazu, dass seine Erlebnisse und Gedanken „nicht auf eine einzige Karte [passen]" (S. 161). Zudem sind Franz die Vordergründigkeit der Postkartenmotive und ihre – wie er nun weiß – trügerische Idyllik bewusst geworden: „Die Karten sind zwar schön, aber Bilder sind eben nur Bilder und können schwindeln. Genauso wie diese überschminkten Titelblattgesichter in der Trafik." (S. 162) Franz nutzt die komplexere Kommunikation mit seiner Mutter unter anderem dazu, seinen verwirrten Gefühlszustand zu reflektieren und diesen selbst auf vereinfachte Weise in den Prozess seiner Identitätsbildung einzuordnen: „Bis vor Kurzem war ich ja noch ein Kind. Und jetzt bin ich noch kein Mann. Darin liegt die ganze Misere." (S. 162) Die krisenhafte Erfahrung dieses Übergangs erlebt Franz als einen Zustand großer Verwirrung: „In letzter Zeit funktioniert mein Kopf nicht mehr so, wie er soll. Als ob ihn jemand zwischen seine großen Hände genommen und ordentlich durchgeschüttelt hätte, so fühlt sich das an." (S. 161 f.) In den Briefen an die Mutter äußert sich Franz zu den Themen, die ihn beschäftigen (z. B. Liebe, Kontakte zu einzelnen Personen wie Sigmund Freud, gesellschaftliche Entwicklungen und Eindrücke), und versucht damit seine Gedanken zu ordnen. Gleichzeitig beschreibt er jedoch auch seine zunehmende berufliche Verantwortung und er versucht, die Mutter von Sorgen zu entlasten, indem er ihr zunächst den Tod Otto Trsnjeks und später die tatsächlichen Umstände seines Todes verheimlicht (vgl. S. 196).
Die Briefe des Protagonisten zeugen zum einen von seinem „inneren und äußeren Tumult"[1],

[1] Werner Bohleber, ^{3}2008, Adoleszenz/adolescence, in: Handbuch psychoanalytischer Grundbegriffe, hrsg. von Wolfgang Mertens und Bruno Waldvogel, Stuttgart: Kohlhammer, S. 25 – 31, hier S. 30

zum anderen aber auch von seiner zunehmenden Fähigkeit der Reflexion, Kontextualisierung und Narrativierung. Da Franz aktiv wird, also seine inneren Vorgänge kommuniziert und ausagiert, erweitert er seinen Interaktionsradius und setzt sich intensiv mit seiner Umwelt und deren Wertmaßstäben und Verhaltensnormen auseinander.
Diesen Vorgang treibt er auf die Spitze, indem er nicht nur nach außen wendet, was ihn bewusst beschäftigt, sondern auch das, was sich in seinen Träumen ereignet. Zwar hat Franz bereits seit geraumer Zeit das „Rezept" (S. 78) Sigmund Freuds befolgt, Träume unmittelbar nach dem Aufwachen niederzuschreiben (vgl. ebd.). Nun aber kehrt er quasi sein Innerstes nach außen und klebt die Traumprotokolle an die Außenseite des Trafikschaufensters (vgl. S. 176). Seine surrealen „Traumzettel" (S. 178) erregen bald die Aufmerksamkeit einzelner, später mehrerer Passanten und rufen gleichermaßen Interesse wie Irritation hervor. Franz' erklärte Hoffnung ist es, „vielleicht [...] irgendwann doch bei einem zufällig vorbeikommenden Betrachter etwas bewirken oder bewegen" (S. 178) zu können und nebenbei der Trafik Originalität zu verleihen:

> „Noch waren die Neugier und die Vergesslichkeit der Menschen stärker als ihre Angst, und die Trafik, die bis vor Kurzem ‚Zärtliche Magazine' an Juden und Kommunisten verkauft hatte, war jetzt eben die Trafik mit den merkwürdigen, kleinen Geschichten an der Scheibe." (S. 179)

Stärker noch als der Effekt, den dieses Vorgehen auf die nach wie vor niedrige Kundenfrequenz in der Trafik hat, wirkt die Tatsache, dass Franz durch das Aushängen der Traumplakate entgegen der Konformität des Zeitgeists handelt und seiner Individualität Ausdruck verleiht. Gleichzeitig werden atmosphärische Untertöne des Nationalsozialismus in Verbindung mit Franz' persönlichen Erlebnissen innerhalb der Träume surreal vernetzt, mithin als Zerrbilder gezeigt – sei es der Stempel mit der Aufschrift „Zukunft", der dem Vater blutig auf die Stirn gedrückt wird (vgl. S. 173), das vor sich hin eiernde Lied von der Liebe (vgl. S. 179) oder das Riesenrad, das zwischen blitzenden Hakenkreuzen die Stadt überrollt (vgl. S. 180). Gegenläufig zu den Bespitzelungstendenzen und der um sich greifenden Angst gibt Franz Persönlichstes von sich preis und macht sich durch das ungeschützte und unzensierte Veröffentlichen seiner unbewussten Wahrnehmung des Zeitgeschehens angreifbar. In Kauf nimmt er dabei, wie Otto Trsnjek als Sonderling eingestuft und an den Rand der Gesellschaft geschoben zu werden. Eben dazu aber steht Franz, wenn er Sigmund Freud gegenüber äußert: „Jetzt bin ich der Trafikant." (S. 222)
Die Gespräche mit dem bekannten Wiener Psychoanalytiker sind ein weiteres wichtiges Element in der Ausdifferenzierung von Franz' Kommunikationsverhalten. In den Gesprächen berichtet Franz von seinen Erlebnissen und sucht Rat. Freud steuert die Gespräche durch Fragen und Kommentare, verhält sich also überwiegend wie ein mäeutischer Gesprächspartner, der seinem Gegenüber durch Denkanstöße zu Einsicht und Erkenntnis verhilft. Dabei gelingt es Franz zunehmend, seine Emotionen und inneren Vorgänge in Worte zu fassen und eine Sprache dafür zu finden (vgl. Kapitel 2.5). Welche Wirkung die psychischen Erkundungsgespräche mit Freud haben, zeigt Franz' Erkenntnis während des Gesprächs im Wiener Volksgarten:

> „Könnte es vielleicht sein, dass ihre Couchmethode nichts anderes macht, als die Leute von ihren ausgelatschten, aber gemütlichen Wegen abzudrängeln, um sie auf einen völlig unbekannten Steinacker zu schicken, wo sie sich mühselig ihren Weg suchen müssen, von dem sie nicht die geringste Ahnung haben, wie er aussieht, wie weit er geht und ob er überhaupt zu irgendeinem Ziel führt?" (S. 141)

Die oben skizzierten Entwicklungen lassen erkennen, dass sich die einfachen, schematischen und oberflächlichen Kommunikationsmuster, die Franz bisher zu eigen waren und sich anschaulich in der ‚Postkartenkommunikation' mit der Mutter zeigen, im Verlauf der Handlung zunehmend ausdifferenzieren, vertiefen und individualisieren. Dieser Prozess ist Teil und Ausdruck des Erwachsenwerdens des Protagonisten.

Eine aktualisierende Hinführung zur Thematik im Unterricht bildet die Impulsfrage, wie die Schülerinnen und Schüler ihre eigene Kommunikation strukturieren. Die Frage kann wie folgt formuliert werden:

- *Die meisten von Ihnen nutzen sicherlich Kommunikationsplattformen im Internet wie zum Beispiel WhatsApp. Welche Inhalte kommunizieren Sie eher auf diesem Wege, für welche nutzen Sie andere Kommunikationswege?*

Durch den Fragepuls werden die Schülerinnen und Schüler angeregt, die von Ihnen genutzten Kommunikationskanäle zu benennen und deren Funktionalität zu beschreiben. Zur Sprache kommen können dabei Aspekte wie Kommunikation als Momentaufnahme (z. B. WhatsApp), die Bedeutung des Liebesbriefs im Zeitalter der digitalen Kommunikation oder auch persönliche Gespräche, die möglicherweise für die Klärung komplexer Zusammenhänge oder Probleme bevorzugt werden.

Die Überleitung zum Roman kann zunächst über eine Sammlung von Formen der Kommunikation im Text erfolgen:

- *Welche Formen der Kommunikation gibt es im Roman?*

Genannt werden können hier zum Beispiel persönliche Gespräche, Postkarten, Briefe, Transparente, einseitige und wechselseitige Kommunikation, öffentliche und private Kommunikation etc. Anschließend werden die unterschiedlichen Formen der Kommunikation auf den Protagonisten hin perspektiviert. Untersucht wird, auf welche Weisen Franz kommuniziert und ob eine Entwicklung in seinem Kommunikationsverhalten erkennbar ist.

Zunächst werden gemeinsam im Unterrichtsgespräch die vier Kommunikationsformen benannt, die der Protagonist nutzt: Postkarten (z. B. S. 34, 46, 66, 81 f., 114), Gespräche (insbesondere mit Sigmund Freud, z. B. S. 42 f., 73 ff., 129 ff., 218 ff.), Briefe (z. B. S. 161 ff., 196 f.) und Traumplakate (z. B. S. 150, 173, 179 f., 190). Diese werden anschließend auf acht Gruppen (vier Gruppen, vier Kontrollgruppen) verteilt und mithilfe des folgenden Arbeitsauftrags analysiert:

- *Sichten Sie in Ihrer Gruppe die Textstellen, in denen die von Ihnen zu untersuchende Kommunikationsform erscheint. Beschreiben Sie die Kommunikationsform und die Art und Weise, in der Franz Huchel diese nutzt.*
- *Überlegen Sie anschließend gemeinsam in der Gruppe, welche Bedeutung die vier Kommunikationsformen für die Entwicklung des Protagonisten haben und wie sich dies visuell darstellen lassen könnte.*

Die anschließende Auswertungsphase beginnt mit der Sammlung von Vorschlägen der Schülerinnen und Schüler zum zweiten Teil der Aufgabenstellung sowie deren Weiterentwicklung und gegebenenfalls Auswahl einer Visualisierungsmöglichkeit. Alternativ können die Kommunikationsformen auch sukzessive erarbeitet und ausgewertet werden.
Die Visualisierung sollte in jedem Fall veranschaulichen, dass sich Franz im Verlauf der Romanhandlung zunehmend aus dem einfachen und verkürzten Muster der Postkartenkommunikation löst und sich in ausdifferenzierten und vertieften Kommunikationsformen wei-

terentwickelt. Eine Möglichkeit, diese Ausdifferenzierung visuell, z. B. auf Folie, zu gestalten, könnte wie folgt aussehen:

Kommunikationsformen des Protagonisten Franz Huchel im Roman „Der Trafikant"

Ansichtskarten an die Mutter:
- kurze, einfache Grußtexte (S. 34)
- können persönlichen Kontakt nicht ersetzen („beide hätten eigentlich lieber miteinander gesprochen", ebd.)
- später kurze, tiefergehende Äußerungen (z. B. S. 66)

zunehmende Differenzierung der Kommunikation

Gespräche mit Sigmund Freud:
- Suche nach Rat und Klarheit in schwierigen Situationen
- Berichte von Erlebnissen
- Einordnung von Erlebtem und Erkenntnisgewinn
- Hilfe durch Fragen und Denkanstöße
- Erkenntnis, dass er seinen eigenen Weg suchen und gehen muss („Couchmethode", S. 141)

Briefe an die Mutter:
- Ordnen von Gedanken
- Reflexionen über Themen wie Liebe, politische Entwicklungen oder auch Heimweh
- Beschreibung innerer Vorgänge und Gefühle (z. B. S. 161 f., 164)
- Feststellen von Veränderungen und Entwicklungen (S. 164)
- Spiegelung dieser Entwicklungen in den Antworten der Mutter (z. B. S. 172, Unterschrift der Mutter)

Traumplakate:
- zunächst private Erleichterung durch Aufschreiben der Träume (S. 150)
- Traumzettel an der Trafikscheibe, um in „herantretenden Betrachter[n] irgendetwas zu wecken" (S. 175)
- Durchbrechen konventioneller Kommunikationsmuster, Irritation
- individuelles und originelles Handeln, Öffnung

→ Fazit: **zunehmend differenzierte Kommunikation**
Weiterentwicklung und Reifung
Nutzung ungewöhnlicher Formen der Kommunikation
Überschreiten starrer Konventionen

Die Erarbeitung der unterschiedlichen Kommunikationsformen und deren Entwicklung im Handlungszusammenhang kann abschließend in eine Diskussion münden, in der die Schülerinnen und Schüler Stellung zu den Arbeitsergebnissen beziehen. Von Interesse ist dabei, wie die Schülerinnen und Schüler die unterschiedlichen Kommunikationsformen einschätzen und wie sie sich selbst dazu stellen. Mögliche Frageimpulse für die Diskussionsphase können z. B. lauten:

- *Wie bewerten Sie die Kommunikationsformen, die Franz einsetzt?*
- *Würden Sie diese selbst nutzen?*
- *Welche Zusammenhänge sehen Sie zwischen Ihrer eigenen Entwicklung und Ihrem Kommunikationsverhalten?*
- *Was würden Sie heute auf eigene Traumplakate schreiben?*

3.5 Literarische Symbole im Roman „Der Trafikant" und ihre Bedeutung

Robert Seethaler verwendet in seinem Roman „Der Trafikant" wenige, aber prägnante literarische Symbole, die an verschiedenen Textstellen eingesetzt werden. Diese Symbole – zu nennen sind hier insbesondere Geranien (S. 8 und 246), Kuh (S. 18f.), Nachtfalter (S. 109f., 113), Pestvogel (S. 137), Zahnverlust (S. 185) und Hose (S. 240ff.) – können im Rahmen der Erarbeitung unterschiedlicher Textpassagen oder Themen näher untersucht werden; möglich ist es jedoch auch, diese Symbole in der Zusammenschau als literarische Gestaltungsmittel in ihrer Funktion zu erarbeiten und theoretisch zu untermauern.

Da die Schülerinnen und Schüler in den vorangegangenen Schuljahren bereits Vorwissen zum Begriff des literarischen Symbols erworben haben, wird dieses zunächst im Rahmen einer diagnostischen Hausaufgabe reaktiviert. Der Symbolbegriff wird an dieser Stelle bewusst noch nicht theoretisch umrissen. Die Schülerinnen und Schüler erhalten im Vorfeld der Stunde den Auftrag, zu überlegen, welche literarischen Symbole sich im Roman finden. Mindestens drei dieser Symbole sollen sie in Form von Abbildungen mitbringen. Der Arbeitsauftrag für die Hausaufgabe lautet wie folgt:

- *Überlegen Sie, welche Elemente sich im Roman „Der Trafikant" finden, die eine symbolische Bedeutung haben. Bringen Sie mindestens drei Symbole, die Sie ausgewählt haben, in Form einer DIN-A5- oder DIN-A4-Abbildung (versehen mit einer Seitenzahl aus dem Roman) mit in die nächste Unterrichtsstunde.*

Die mitgebrachten Abbildungen (z. B. Vogel, Hose) werden zunächst z. B. in Gruppen gesichtet, bevor die Schülerinnen und Schüler Doppelungen aussortieren, eine Auswahl treffen und sich beispielsweise auf 3–4 zentrale Symbole pro Gruppe beschränken. Die Auswahl der Symbole lässt zum einen darauf schließen, wie viele literarische Symbole die Schülerinnen und Schüler im Text aufgefunden haben; durch die Sammlung der Abbildungen zu Beginn der Stunde wird aber auch deutlich, welche Textelemente von den Schülerinnen und Schülern überhaupt als literarische Symbole kategorisiert werden.

Nach der Vorstellung und ggf. Gruppierung von Bildern im Plenum bietet sich die Möglichkeit, das Vorwissen der Schülerinnen und Schüler zu prüfen und gegebenenfalls zu korrigieren. Einer ersten mündlichen Definition des Symbolbegriffs kann anschließend eine theoretische Unterfütterung mithilfe von **Arbeitsblatt 19**, S. 88, folgen. Der Arbeitsauftrag dazu lautet wie folgt:

- *Arbeiten Sie allein oder zu zweit den Lexikoneintrag zum Stichwort „Symbol" durch und markieren Sie die wichtigsten Informationen.*

Die Auswertung des Arbeitsauftrags zielt zum einen auf Erarbeitung und Nennung zentraler Informationen zum Symbolbegriff, zum anderen jedoch auch auf den reflektierten Umgang mit der Textsorte „Lexikoneintrag“ und deren spezifische Anforderungen. Geklärt werden sollte im Unterrichtsgespräch folglich auch, wie der Lexikoneintrag aufgebaut ist, wie Informationen darin präsentiert werden und wie die Textsorte gezielt genutzt werden kann.

In einem weiteren Schritt wenden sich die Schülerinnen und Schüler dem Roman zu. Zunächst werden gemeinsam Symbole aus dem Fundus des Stundeneinstiegs ausgewählt bzw. noch ausstehende Symbole ergänzt. Exemplarisch wird in einem ersten Arbeitsschritt das Symbol der Geranie gemeinsam im Plenum erschlossen. Dem vorgeschaltet wird eine Arbeitsphase, in der die Schülerinnen und Schüler zu zweit oder in Kleingruppen das Symbol mithilfe des folgenden Arbeitsauftrages beschreiben und interpretieren:

- *Beschreiben Sie, wie das literarische Symbol der Geranie im Text verwendet wird, und zitieren Sie aussagekräftige Textbelege (S. 8 und 246).*
- *Formulieren Sie eine Deutung des Symbols in Stichworten.*

Die Ergebnisse der exemplarischen Erarbeitung werden als erster Eintrag auf **Arbeitsblatt 20**, S. 89, vermerkt, das im Folgenden weiterbearbeitet und vervollständigt wird. Dazu werden die Symbole Kuh, Nachtfalter, Pestvogel, Zahn/Zahnverlust und Hose auf die Lerngruppe aufgeteilt und mithilfe des folgenden Arbeitsauftrages erarbeitet:

- *Beschreiben Sie, wie das jeweilige Symbol im Text verwendet wird, und zitieren Sie dazu wenn möglich aussagekräftige Textbelege.*
- *Formulieren Sie eine Deutung des Symbols in Stichworten.*

Die erwarteten Ergebnisse sind dem **Arbeitsblatt 20** als Lösungsblatt (S. 90) angehängt. Abschließend wird im Plenum ausgehend von folgender Impulsfrage ein Fazit zur Funktion von Symbolen im Roman formuliert:

- *Welche Funktion haben die genannten literarischen Symbole im Roman?*

Nach der Auswertung des Arbeitsauftrages können die Schülerinnen und Schüler die Gelegenheit erhalten, ihre selbstständig erarbeiteten Ergebnisse mit Auszügen aus einem Lexikoneintrag zu dem literarischen Symbol „Schmetterling/Nachtfalter“ abzugleichen. Dieser Arbeitsschritt dient der exemplarischen Überprüfung, Ergänzung oder Erweiterung eines Teils der Schülerergebnisse. Der kurze Textauszug kann den Schülerinnen und Schülern beispielsweise auf Folie präsentiert werden:

Schmetterling

Symbol der Verwandlung, der Seele, des Lebens und des Todes, der Liebe, der Kunst und des Traums. – Relevant für die Symbolbildung sind (a) die Verwandlung von der Raupe zum Schmetterling, (b) die doppelte Bedeutung von gr. psyche als ‚Seele‘ und ‚Schmetterling‘. Andere Namen für den Schmetterling, die in der Dichtung verwendet werden, deuten die jeweilige symbolische Bedeutung bereits an: neben der Motte und dem Nachtfalter stehen der zweifelhafte Ziehfalter oder der positiver konnotierte Tagesfalter. [...] Schmetterlinge, vor allem aber Motten und Nachtfalter sind Todesboten.

Aus: Metzler Lexikon literarischer Symbole. Herausgegeben von Günter Butzer und Joachim Jacob. Verlag J. B. Metzler: Stuttgart, Weimar 2008, S. 330

Der Arbeitsauftrag, den die Schülerinnen und Schüler dazu in Partnerarbeit ausführen, lautet wie folgt:

- *Lesen Sie den Auszug aus dem Lexikoneintrag zum literarischen Symbol „Schmetterling".*
- *Welche Zusammenhänge zwischen den Informationen aus dem Lexikon und Ihren eigenen Arbeitsergebnissen zum Roman „Der Trafikant" sind erkennbar?*

Die abschließende Diskussion auf der Basis des Abgleichs zwischen Roman und Lexikoneintrag erweitert und fundiert die bereits erarbeiteten Ergebnisse, verdeutlicht jedoch auch Bedeutungsspektren literarischer Symbole als tradierte kulturelle Wissensbestände und Deutungskonventionen.

Notizen

Attersee und Wien in den 1930er-Jahren

Attersee in den 1930er-Jahren

Wien in den 1930er-Jahren

Ein Reiseführer für Wien (Lösung)

Reiseführer für Abenteurer und Nervenstarke

Wien in den 1930er-Jahren

Text für den Reiseführer	**Seitenzahlen/Hinweise/Stichwörter aus „Der Trafikant“**
Wenn man nach Wien reist, braucht man starke Nerven – insbesondere, wenn man vom Land kommt und nicht viele Erfahrungen mit dem Stadtleben hat. Alles in Wien ist ständig in Bewegung, alles ist voller Lärm, Licht und Gestank.	S. 17 S. 20
Wenn man Gelegenheit hat, dann sollte man in den Prater oder in den Volksgarten gehen – oder auch eine kleine Trafik besuchen, von denen es in der Stadt viele gibt. Dort findet man Wien im Kleinformat, denn die Kundschaft ist ganz unterschiedlich: Vom Doktor über den Arbeiter bis hin zu Studenten und Rentnern kommt alles vorbei.	S. 46 ff., S. 126 ff.
Wenn man durch die Stadt geht, prasseln die unterschiedlichsten Eindrücke auf einen ein.	S. 29 ff.
Manchmal ist das verwirrend, insbesondere, weil man die neuesten politischen Veränderungen hautnah miterlebt. Derzeit müssen Reisende vorsichtig sein.	Anschluss Österreichs an das Deutsche Reich 1938 Roßhuber, S. 60 ff. und S. 151 ff.
Es kann passieren, dass es plötzlich Streit auf der Straße gibt, Juden abgeholt werden oder sich jemand vom Dach stürzt. Die Nazis sind überall und viele Wiener sind ganz begeistert von ihnen.	Sigmund Freuds Exil Der Rote Egon, S. 143 ff.
Im Prater und in den Lokalen amüsiert man sich nach wie vor. Wirkliche Ruhe findet man manchmal nur auf dem Kahlenberg – wenigstens etwas Natur in der Großstadt.	S. 197 ff.

- *Stellen Sie sich vor, Sie halten sich zur Zeit der Romanhandlung in Nußdorf am Attersee oder in Wien auf. Verfassen Sie einen Eintrag für einen Reiseführer zum Attersee/zu Wien. Begründen Sie die Gestaltung Ihres Textes anhand ausgewählter Textstellen.*
- *Gestalten Sie eine Überschrift: An welche Zielgruppe würden Sie Ihren Reiseführer richten?*

Best.-Nr. 022690

Apollo Variété – Plakat, 1903

- *Beschreiben Sie die Abbildung. Welche Wirkung geht von dem Plakat aus?*
- *Welche Rückschlüsse lässt die Abbildung auf Programm und Besucher des „Etablissements“ zu?*

Best.-Nr. 022690

Katakombe: Überwachung angebracht

Auf der Bühne des Hauses Lutherstraße 22/24 in Berlin witzelte Werner Finck: „Wir sind nicht zu offen, aber wir sind offen genug, um gerade noch offen zu bleiben."

Finck täuschte sich. Sein Berliner Kabarett „Katakombe" – wie auch das vom Kollegen Günther Lüders geleitete „Tingel-Tangel" in der Kantstraße 12a – sollte nicht mehr lange offen bleiben. Im Zuschauerraum saßen damals, Frühjahr 1935, bereits Beamte von Reinhard Heydrichs Geheimem Staatspolizeiamt und aus dem Propagandaministerium des Dr. Joseph Goebbels: Sie sollten die Kabarett-Programme auf staatsfeindliche Pointen, das Publikum auf rassische Merkmale überprüfen.

Und sie stellten fest: In den beiden „Schmusentempeln" (so später „Das Schwarze Korps", die Zeitung der SS) gab es allabendlich „typisch jüdisch liberalistische Geistreicheleien", „politische Brunnenvergiftung" sowie „sogar direkte Gemeinheiten", und das alles auch noch mit Erfolg.

Am 10. Mai 1935 wurden „Katakombe" und „Tingel-Tangel" polizeilich geschlossen, die Kabarettisten Werner Finck, Günther Lüders, Walter Gross, Walter Lieck, Heinrich Giesen und Walter Trautschold wenig später ins Konzentrationslager Esterwegen gesteckt – „auf 6 Wochen in ein Lager mit körperlicher Arbeit", hatte Goebbels mit Grünstift auf dem Protokoll vermerkt.

Zwei Jahre lang hatte politische Satire Hitlers Machtergreifung überlebt.

Mit der Polizeiaktion vom 10. Mai 1935 war sie mundtot. Drei Jahrzehnte später – in diesen Tagen, da deutsches Kabarett in Freiheit und am Wohlstand kränkelt – wird die schon legendäre Katakomben-Affäre erstmals in allen Einzelheiten belegt: Im Scherz Verlag erschien eine von Helmut Heiber erstellte und kommentierte Dokumentation, „Die Katakombe wird geschlossen".

Das Buch zeigt den Zusammenstoß zwischen Nazis und Narren als eine Tragikomödie in mehreren Akten und in Aktendeutsch. Sie beginnt Ende Dezember 1934 mit einem Gestapo[1]-Telegramm an die Staatspolizeistelle Berlin: „Pg Schreiber vom Rassenpolitischen Amt teilt fernmündlich mit, dass im Kabarett Katakombe, in dem sehr viele Juden verkehren, die Maßnahmen der Reichsregierung ins Lächerliche gezogen und kritisiert werden. Eine Überwachung der Katakombe erscheint angebracht."

Die Überwachung begann. Aber sie erwies sich als schwierig – die Beamten kamen manchmal nicht ganz mit. Aus einem Überwachungsbericht: „Anscheinend versucht man hier, die zersetzende Tendenz dieser Darbietung durch besonders treffende Pointen zu tarnen."

Andere Schwierigkeiten taten sich den Kabarett-Bekämpfern aus den eigenen Nazi-Reihen auf. Just der „Völkische Beobachter" hatte das Katakomben-Programm freundlich rezensiert[2]: „Ein witziges, kabarettistisch mit dem Lachen einer gern zugestandenen Narrenfreiheit aufgelockertes Programm flitzt über die Bühne ..."

Zu den durchaus amüsierten Katakomben-Besuchern zählten auch NS-Würdenträger wie der Goebbels-Adjutant Prinz zu Schaumburg-Lippe und der SA-Gruppenführer und Polizeipräsident Graf Helldorf. Der Chefredakteur der Goebbels-Zeitung „Angriff", Hans Schwarz van Berk, hatte ins Katakomben-Gästebuch geschrieben: „Gefährlich oder ungefährlich – weitermachen!"

Um das Verbot mit solcher öffentlich bekundeten NS-Anerkennung einigermaßen in Einklang zu bringen, griffen die Heydrich- und Goebbels-Leute schließlich zu einer kühnen Konstruktion: Nicht die Kabaretts an sich trieben Böses, sondern erst der Beifall ihrer „stark jüdisch durchsetzten" Zuschauerschaft dränge sie auf Abwege. Die Angaben der verschiedenen Aufpasser über den „nichtarischen"[3] Publikumsanteil schwankten zwischen drei und siebzig Prozent.

Zuschauer wurden allerdings nicht inhaftiert. Finck und Kollegen mussten der Gestapo Rede stehen.

Und auch die Vernehmungsprotokolle haben noch eine bitter-kabarettistische Note. So, wenn Finck seinen Verhörern klarzumachen sucht, wie ausschließlich positiv seine angeblich staatsfeindlichen Scherze gemeint gewesen seien: „Nachdem ich mir meinen Anzug näher angeguckt hatte, sagte ich, zum Publikum gewendet: Ich wollte mir eigentlich einen neuen Anzug machen lassen, aber die paar Monate wird es schon noch so gehen – zivil –, das heißt, ich wollte hiermit den Sieg der allgemeinen Wehrpflicht bildlich darstellen ..."

Es half nichts. Am 24. Mai 1935 erhielt Goebbels Vollzugsmeldung: Die Wortspieler saßen im KZ.

Aber ein anderer half: Am 25. Juni verlangte Hermann Göring, Preußischer Ministerpräsident und Goebbels-Gegner in Berliner Bühnensachen, die

---

1 Gestapo: Geheime Staatspolizei im Dritten Reich
2 rezensieren: begutachten, besprechen
3 arisch: nach der nationalsozialistischen Ideologie der „nordischen Rasse" angehörend

Best.-Nr. 022690

Freilassung der Kabarettisten aus dem Lager Esterwegen und die Einleitung eines ordentlichen Gerichtsverfahrens gegen sie. Fürsprecher bei Göring war die Schauspielerin Käthe Dorsch gewesen, „einst Görings Leutnantsliebe oder sogar Verlobte“ (Heiber).
Am 1. Juli waren die Kabarettisten wieder frei. In der Gerichtsverhandlung, die Ende Oktober 1936 in Berlin „gegen Finck u.a. wegen Vergehens gegen das Heimtückegesetz“ stattfand, wurden sie mangels ausreichender Beweise freigesprochen.

DER SPIEGEL 15/1966 vom 4.4.1966

- *Arbeiten Sie den Text durch und fassen Sie zusammen, welche Meinungen die Nationalsozialisten zum Kabarett „Katakombe“ hatten und welche Maßnahmen daraus folgten.*
- *Wie beurteilen Sie die im Text geschilderten Vorgänge?*
- *Wie schätzen Sie die Funktion des Kabaretts in der Gesellschaft heute ein?*

Best.-Nr. 022690

Die Rolle der Medien im Roman „Der Trafikant“

S. 25, 28f., 31f.:	S. 143–149:	S. 166, 199–201:

- *Lesen und bearbeiten Sie zu zweit die Textpassagen S. 25, 28f., 31f. (Gruppe 1), S. 143–149 (Gruppe 2) sowie S. 166 und 199–201 (Gruppe 3). Notieren Sie Stichworte und Textbelege zur Darstellung der Printmedien und wie die Berichterstattung von Franz wahrgenommen wird.*
- *Formulieren Sie jeweils eine Überschrift für die Tabellenspalten, die Ihre Ergebnisse zusammenfasst.*

Best.-Nr. 022690

Die Rolle der Medien im Roman „Der Trafikant“ (Lösung)

Franz’ bereichernde Zeitungslektüre zu Beginn des Romans (S. 25, 28 f., 31 f.)	Falsche Berichterstattung über den Selbstmord des Roten Egon (S. 143 – 149)	Mediale Berichterstattung im Zeichen des Nationalsozialismus (S. 166, 199 – 201)
• laut Otto Trsnjek tut man mit Zeitungslektüre etwas für die Erweiterung von „Hirn und Horizont“ (S. 25) und wird dadurch erst zum Menschen (ebd.) • richtige Zeitungslektüre bedeutet für Trsnjek, alle sich auf dem Markt befindlichen Zeitungen zu einem größeren Teil zu lesen (ebd.) • Franz, der Zeitungen bislang hauptsächlich als Toilettenpapier verwendet hat, liest viel und wird besser im Lesen (S. 28) • er lernt unterschiedliche und teilweise gegensätzliche Standpunkte und Sichtweisen kennen (S. 29) • durch die Zeitungslektüre erhält er „eine kleine Ahnung von den Möglichkeiten der Welt“ (ebd.) • Franz erkennt, dass Zeitungen und Zeitschriften unterschiedliche Zielgruppen ansprechen (S. 32)	• nach der Rede Kurt Schuschniggs zum Anschluss Österreichs befestigt der Sozialdemokrat Hubert Panstingl ein Transparent mit der Aufschrift „Die Freiheit eines Volkes braucht die Freiheit seiner Herzen. Es lebe die Freiheit! Es lebe unser Volk! Es lebe Österreich!“ am Dach seines Wohnhauses (S. 145) • er stürzt sich vom Dach, als „drei Männer und eine Frau mit Hakenkreuzbinden, kurzen Totschlägern und mit vor Mordlust verzerrten Gesichtern aufs Dach“ (ebd.) kommen • die Zeitung „Reichspost“ sieht im Handeln des Roten Egon einen „hinterhältige[n] Anschlag auf die neue Geistesfreiheit“ (S. 146) und berichtet von einer frei erfundenen Auseinandersetzung auf dem Dach (vgl. S. 147), bei der der Angreifer Panstingl aus Versehen vom Dach gefallen sei • Franz erkennt, dass die „Wahrheit der Morgenausgabe […] praktisch die Lüge der Abendausgabe“ (S. 149) ist	• Franz hat mit dem Lesen von Zeitungen beinahe völlig aufgehört, weil er ihre inhaltliche und ideologische Gleichschaltung erkannt hat (vgl. S. 166) • ihm wird die emotionalisierende und ideologisierende Einflussnahme der Medien auf die Bevölkerung bewusst („Er musste an die Zeitungen denken, an die Schlagzeilen. So viel Aufregung, so viel gedrucktes Geschrei.“, S. 199) • durch eine lange Aneinanderreihung von Schlagzeilen wird die mediale Mischung aus Sensationslust, Manipulation und tendenziöser Berichterstattung veranschaulicht (vgl. S. 200) • vom Kahlenberg aus erscheint ihm Wien als „verrückt gewordene Stadt“ (S. 201), die unberechenbar geworden ist

Best.-Nr. 022690

Symbol

[griech. symbolon = Kennzeichen]

In der Antike war mit dem Begriff ein konkretes Erkennungszeichen gemeint, z. B. die Hälften eines auseinandergebrochenen Ringes oder Geldstücks, die von Eheleuten, Vertragspartnern oder Gastfreunden bei einer Wiederbegegnung, Vertragserneuerung oder Nachrichtenübermittlung nach Jahren zusammengepasst wurden und als Beglaubigung dienten. Wenn das Kennzeichen stimmte, vermittelte es also eine untrügliche Botschaft und ersetzte viele Worte.
In der Dichtung ist ein Symbol ein wahrnehmbares Zeichen, das etwas, was nicht greifbar, sichtbar oder wahrnehmbar ist, veranschaulicht und damit eine tiefere Bedeutung besitzt. Der eine Teil des Symbols ist ein Bild, etwas Anschauliches und Vorstellbares. Ihre Bedeutung erhält diese „Hälfte" aber erst, wenn sie auf etwas bezogen wird, das sie verdeutlichen oder erklären soll. Dieser andere Teil, die andere „Hälfte", ist ein Gedanke, ein Begriff oder eine Idee, die durch das fassbare Zeichen „versinnlicht" und „versinnbildlicht" wird. Das Symbol weist also über sich hinaus auf eine abstrakte, geistige Ebene, es ist mehr als nur das Dargestellte.
So ist das Herz Symbol für die Liebe, die leuchtende Scheibe des Mondes Symbol des Trostes, die Farbe Schwarz steht für die Trauer, Grün für Hoffnung und Leben.
In der Literatur werden existenzielle Grunderfahrungen in mehrschichtige, bedeutungstiefe Bilder, Figuren und Vorgänge gefasst. In der Romantik ist das Symbolische Substanz der Dichtung – zum Beispiel Novalis' „blaue Blume". [...]

Aus: Wieland Zirbs (Hrsg.): Literaturlexikon. Daten, Fakten und Zusammenhänge. Cornelsen Verlag Scriptor: Berlin [5]2002, S. 357

■ *Arbeiten Sie allein oder zu zweit den Lexikoneintrag zum Stichwort „Symbol" durch und markieren Sie die wichtigsten Informationen.*

Literarische Symbole im Roman „Der Trafikant"

Symbol	Beschreibung/Textbeleg	Bedeutung
Geranie (S. 8, 246)		
Kuh (S. 18 f.)		
Nachtfalter (S. 109 f., 113)		
Pestvogel (S. 137) (Vogelart: Seidenschwanz)		
Zahnverlust (S. 185)		
Hose (S. 240 ff.)		

→ **Funktion literarischer Symbole im Roman „Der Trafikant":**

- *Beschreiben Sie, wie das jeweilige Symbol im Text verwendet wird, und zitieren Sie dazu wenn möglich aussagekräftige Textbelege.*
- *Formulieren Sie eine Deutung des Symbols in Stichworten.*

Best.-Nr. 022690

Literarische Symbole im Roman „Der Trafikant“
(Lösung)

Symbol	Beschreibung/Textbeleg	Bedeutung
Geranie (S. 8, 246)	• nach dem Unwetter leuchtet an der Hütte „ein einzelnes Geranienblütenblatt wie ein zartroter Hoffnungsschimmer“ (S. 8) • während Franz’ Verhaftung wird einer Geranie mit einer Schere ein Blütenkopf abgeschnitten (S. 246)	Zu Beginn des Romans steht die Geranienblüte für Unversehrtheit und Zuversicht; das Abschneiden der Blüte am Ende des Romans verweist auf Hoffnungslosigkeit und den Tod des Protagonisten.
Kuh (S. 18 f.)	Franz’ Zugfahrt nach Wien wird von einer toten Kuh auf den Gleisen unterbrochen. Ihre Augen erinnern Franz an die stumpfen Kieselsteine aus dem See und die damit verbundene Enttäuschung.	Die tote Kuh steht für das Ende des ungestörten Landlebens. Die Enttäuschung, an die sich Franz erinnert, deutet auf kommende Enttäuschungen und auch auf seinen eigenen Tod hin.
Nachtfalter (S. 109 f., 113)	Nach seinem ersten Besuch in der „Grotte“ und dem Stripteasetanz Anezkas beobachtet Franz vor der Tür einen Nachtfalter, der an einer Lampe verglüht. Franz nimmt ihn mit und hebt ihn in einer Schublade mit bedeutsamen Dingen auf (vgl. S. 185).	Der sterbende Falter steht für die verletzten Gefühle des Protagonisten. Dass der Falter „aus der Nacht gefallen“ (S. 185) ist, steht für seinen emotionalen Sturz und für seine Desillusionierung.
Pestvogel (S. 137) (Vogelart: Seidenschwanz)	Der Pestvogel taucht während des Gesprächs zwischen Freud und Franz im Volksgarten auf. Freud sieht in dem Vogel eine Vorausdeutung auf kommende Katastrophen.	Die mögliche Bedeutung wird bereits von Freud im Text genannt.
Zahnverlust (S. 185)	Franz verliert einen Schneidezahn beim Rauswurf aus dem Gestapo-Hauptquartier.	Der Verlust des Zahns symbolisiert die inneren und bevorstehenden äußeren Verletzungen von Franz.
Hose (S. 240 ff.)	Franz hängt die Hose Otto Trsnjeks nachts an den Fahnenmast vor dem Gestapo-Hauptquartier. Sie weht dort morgens im Wind wie „ein riesiger Zeigefinger“ (S. 242).	Mit dem Aufhängen der Hose bekennt sich Franz zu Werten wie Unabhängigkeit und Standhaftigkeit. Otto Trsnjeks Hose ist ein Symbol für diese Werte.

→ Funktion literarischer Symbole im Roman „Der Trafikant“:
Von der Hose abgesehen werden literarische Symbole im Roman überwiegend als Vorausdeutungen oder Veranschaulichungen unheilvoller Entwicklungen eingesetzt. Die Hose, die Franz am Ende des Romans aufhängt, weicht davon ab. Durch diesen Akt des Widerstands wird zwar die Verhaftung des Protagonisten ausgelöst, das Symbol der Hose aber steht für Unabhängigkeit und Standhaftigkeit.

Best.-Nr. 022690

Zeitgeschichtlicher Hintergrund

Der folgende Baustein stellt Materialien und Methoden bereit, die es den Schülerinnen und Schülern ermöglichen, sich zeitgeschichtliche Hintergründe zum Roman „Der Trafikant" zu erarbeiten. Da sich die Handlung des Romans zeitgleich zum Anschluss Österreichs an das Deutsche Reich abspielt, liegt mit Kapitel 4.1 ein Schwerpunkt des Bausteins auf den historischen Zusammenhängen dieser politischen Entwicklung. Weitere Hintergrundinformationen in den Kapiteln 4.2 und 4.3 befassen sich mit der Rolle der Medien im Dritten Reich sowie Formen des Widerstands gegen die Nationalsozialisten am Beispiel der Sozialdemokratie. Gegenstand des Kapitels 4.4 sind Informationen zur Biografie Sigmund Freuds.
Die thematischen Aspekte dieses Bausteins können während der Unterrichtseinheit mit den Erarbeitungsschwerpunkten vorangegangener Bausteine verknüpft werden. So bietet sich z. B. eine Verknüpfung der Kapitel 2.5 und 4.4, 3.2 und 4.1 sowie 3.3 und 4.2 an.

4.1 Hitler und Österreich: Der Anschluss

Das historische Setting des Romans „Der Trafikant" ist – von den ersten Seiten abgesehen – die österreichische Hauptstadt Wien in den Jahren 1937 und 1938. Es ist die Zeit kurz vor und während des Anschlusses Österreichs an das Deutsche Reich unter der Herrschaft Adolf Hitlers. Die Machtinteressen des gebürtigen Österreichers erstreckten sich auch auf eine ‚Wiedervereinigung' Österreichs mit dem Deutschen Reich, die er bereits 1924 in seinem Buch „Mein Kampf" gefordert hatte. Nach dem gescheiterten Putschversuch österreichischer Nationalsozialisten am 25. Juli 1934, bei dem Bundeskanzler Engelbert Dollfuß – Vorgänger des während der Romanhandlung regierenden Kanzlers Kurt Schuschnigg – ums Leben kam, setzte das deutsche Regime zunehmend auf die Unterwanderung der österreichischen Politik und Gesellschaft, die schließlich 1938 tatsächlich im Anschluss Österreichs an das Deutsche Reich und in der offiziellen Machtübernahme der Nationalsozialisten endete.
Der Anschluss Österreichs wurde in zahlreichen historisch-wissenschaftlichen Publikationen dokumentiert und untersucht. Aus dem reichhaltigen Material, das zur Thematik auch im Internet existiert, wurden im Rahmen der didaktischen Aufbereitung in diesem Modell gezielt einzelne Dokumente herausgegriffen und miteinander verknüpft. Weitere Texte und Informationen finden sich zum Beispiel unter:

- http://www.demokratiezentrum.org/themen/demokratieentwicklung/1918-1938/anschluss.html
- http://www.demokratiezentrum.org/bildung/gedenktage/111213-maerz/historischer-bezugspunkt-der-anschluss-oesterreichs-an-deutschland.html
- http://www.deutschlandfunk.de/oesterreichs-anschluss-an-das-deutsche-reich.871.de.html?dram:article_id=240021
- http://www1.wdr.de/stichtag/stichtag7340.html

Die Rede Kurt Schuschniggs vom 11. März 1938, in der er einer Übernahme Österreichs durch Deutschland nichts mehr entgegensetzt, kann unter folgendem Link gehört und gegebenenfalls im Unterricht eingesetzt werden:

- http://www.oesterreich-am-wort.at/treffer/atom/015C6FC2-2C9-0036F-00000D00-015B7F64/

Zusatzmaterial 4, S. 138, bietet Abbildungen zu Kurt Schuschnigg und dem Anschluss, die zur Veranschaulichung im Unterricht eingesetzt werden können.
Die im Folgenden vorgeschlagene Herangehensweise im Deutschunterricht kombiniert den Anschluss Österreichs im Spektrum von Zeitungsmeldungen mit der Erarbeitung eines Sachtextes zur Thematik und einer abschließenden Diskussion zur Wahl des historischen Settings im Roman. Zur Vorbereitung der Stunde werden die kommentierten Zeitungsausschnitte (**Arbeitsblatt 21**, S. 102–105) auf DIN-A3- oder DIN-A2-Format kopiert und den Schülerinnen und Schülern wird die vorbereitende Lektüre des Textes auf **Arbeitsblatt 22**, S. 106 f., als Hausaufgabe aufgegeben.

Der Einstieg in die Thematik erfolgt über eine Ausstellung im Klassenzimmer: Die Plakate mit den Zeitungsausschnitten werden an den Wänden aufgehängt, sodass ein Rundgang möglich wird. Die Schülerinnen und Schüler erhalten dazu den folgenden Arbeitsauftrag:

- *Besuchen Sie die Ausstellung „Der Anschluss Österreichs in Zeitungsquellen". Gehen Sie die einzelnen Stationen der Ausstellung ab und sammeln Sie dabei in Stichworten Informationen aus den Plakaten. Was fällt Ihnen besonders auf?*
- *Welche Wirkung hat die jeweilige Aufbereitung der Informationen durch das Layout auf Sie? Begründen Sie.*

Durch die Ausstellung können die Schülerinnen und Schüler Eindrücke zur Zeitungsberichterstattung aus der Zeit der Romanhandlung sammeln, teilweise auch zu im Roman genannten Zeitungen wie zum Beispiel „Der Bauernbündler" oder die „Wiener Zeitung" (vgl. S. 31 f.). Die Auswertung dieser Arbeitsphase kann über ein gemeinsames Unterrichtsgespräch erfolgen, in dem diese Eindrücke zusammengetragen, diskutiert und in einen Zusammenhang mit dem Roman gestellt werden.

In einem weiteren Schritt vertiefen die Schülerinnen und Schüler ihr Wissen über den Anschluss Österreichs durch die Bearbeitung des im Vorfeld der Unterrichtsstunde gelesenen Textes „‚Anschluss' Österreichs – Wiedervereinigung auf Alpenart" (**Arbeitsblatt 22**, S. 106 f.). Die Arbeitsaufträge für die Textbearbeitung in Partner- oder Gruppenarbeit können wie folgt formuliert werden:

- *Sammeln Sie die wichtigsten im Text genannten Daten zum Anschluss Österreichs und ordnen Sie die Ereignisse in Form einer chronologischen Liste.*
- *Welche Gründe für den Anschluss werden im Text genannt? Notieren Sie in Stichworten.*

Die Ergebnisse der Arbeitsphase können wie folgt an der Tafel oder auf Folie gesichert werden:

Der Anschluss Österreichs – eine Chronologie

1932	Zugewinne der NSDAP bei den österreichischen Landtagswahlen
1933	zunehmende Aktivitäten österreichischer Nationalsozialisten nach der Machtübernahme Hitlers in Deutschland
25. Juli 1934	Putschversuch in Österreich durch die Nationalsozialisten
1936	Kurt Schuschnigg schließt das Juliabkommen mit Deutschland; Unterwanderung österreichischer Justiz und Polizei durch die Nationalsozialisten
12. Februar 1938	„Berchtesgadener Abkommen" zwischen Kurt Schuschnigg und Adolf Hitler
11. März 1938	Radioansprache Kurt Schuschniggs (Rücktritt)
12. März 1938	die deutsche Wehrmacht überquert die deutsch-österreichische Grenze
18. März 1938	die österreichischen Bischöfe sprechen sich für die Vereinigung aus

Gründe für den Anschluss Österreichs an das Deutsche Reich

- Nach dem Zerfall der Monarchie 1918 mangelte es Österreich an Staatsbewusstsein.
- Große Teile der Bevölkerung befürworteten den Anschluss an Deutschland.
- Eine Wirtschaftskrise und Arbeitslosigkeit belasteten das Land.
- Kanzler Engelbert Dollfuß' Politik leistete faschistischen Strukturen Vorschub (z. B. 1933 Ausschaltung des Parlaments).
- Österreich bot für Adolf Hitler eine Erweiterung seiner Ressourcen (z. B. Gold- und Rohstoffreserven).
- Österreich war für Hitler von geopolitischem Interesse (Österreich als Brückenkopf zur Eroberung von Ost- und Südosteuropa).

Nach der Auswertung und Systematisierung der Informationen aus dem Text kann ein Rückbezug auf die Romanhandlung erfolgen, durch den das Verhältnis von Fiktion und Geschichte reflektiert und diskutiert wird. Die Schülerinnen und Schüler überlegen dabei, warum der Autor Robert Seethaler gerade dieses historische Setting für seinen Roman gewählt hat. Der Arbeitsauftrag für eine Partnerarbeit dazu lautet:

- *Warum hat der Autor Robert Seethaler Ihrer Meinung nach die Handlung seines Romans in diesem historischen Zeitraum angesiedelt? Formulieren Sie Ihre Antwort in Form einer These.*

Die Schülerinnen und Schüler notieren ihre Thesen zum Beispiel auf Metaplankarten, die anschließend an der Tafel befestigt und gemeinsam gesichtet werden. Ähnlich lautende Thesen können dabei gruppiert oder strukturiert werden. Thesen der Schülerinnen und Schüler können zum Beispiel lauten:

- In dieser Zeit passiert politisch viel. Der Roman wird dadurch spannender.
- Der Roman zeigt, wie große Politik das Leben kleiner Leute beeinflusst.
- Durch die Naivität Franz Huchels werden komplizierte Ereignisse einfach dargestellt.

- Diese Zeit fordert den Einzelnen in seinem Handeln und Verhalten besonders heraus.
- ...

Im gemeinsamen Unterrichtsgespräch werden die Thesen argumentativ geprüft und bewertet. Besonders treffende Thesen können in Form eines kurzen Tafelanschriebs festgehalten werden.

4.2 Die Rolle der Medien im Dritten Reich

Im Rahmen dieses Unterrichtsmodells wird die Bedeutung der Medien im Zusammenhang mit der Romanhandlung an mehreren Stellen aufgegriffen und untersucht. Zentrale Aspekte dazu finden sich in Kapitel 3.3, aber auch in Kapitel 4.1 und 4.3. Darüber hinaus die Rolle der Medien im Dritten Reich und heute im Spannungsfeld von Gleichschaltung und Pressefreiheit zu untersuchen, bietet den Schülerinnen und Schülern die Gelegenheit, Bedingungen medialer Publikation zu reflektieren. Gerade die Kontrastierung nationalsozialistischer Gleichschaltung und Instrumentalisierung von Medien mit dem demokratischen, sogar im Grundgesetz verankerten Gut der Presse- und Meinungsfreiheit heute kann für die Schülerinnen und Schüler veranschaulichen, welche gesellschaftliche Bedeutung und welche Auswirkungen unterschiedliche Grade von Einflussnahme auf Informationsströme haben.
Das von Adolf Hitler und Joseph Goebbels unterzeichnete Schriftleitergesetz vom 4.10.1933 ist dabei nur ein Baustein der grundlegenden Umgestaltung des öffentlichen Lebens durch die Nationalsozialisten. Gesetzliche Instrumente, die das Regime darüber hinaus einsetzte, waren z. B. die Reichsbrandverordnung, die wesentliche Grundrechte außer Kraft setzte, oder das Ermächtigungsgesetz zur Umgehung politischer Instanzen bei der Gesetzgebung. Eine Zusammenstellung zu solchen Instrumenten und Prozessen, die auch im Unterricht einsetzbar ist, findet sich beispielsweise auf

- http://www.bildung-gegen-rechtsextremismus.de/download/modul1/BgR-Unterrichtsmodul-1.pdf (dort in AB 1).

Die im Folgenden skizzierte Vorgehensweise konzentriert sich auf die oben genannte Kontrastierung von Schriftleitergesetz und Grundgesetz sowie die Erarbeitung von Hintergrundinformationen zur Gleichschaltung des öffentlichen Lebens im Dritten Reich. Ein Einstieg kann über **Arbeitsblatt 23**, S. 108, erfolgen, auf dem einzelne Zitate aus Schriftleitergesetz und Grundgesetz in Form eines Zitatepuzzles aufgeführt sind. Die Schülerinnen und Schüler werden aufgefordert, zu überlegen, welche Zitate aus der Zeit der NS-Diktatur und welche aus der heutigen Zeit stammen könnten:

- *Lesen Sie die aufgeführten Zitate und überlegen Sie, welche der Zitate aus der Zeit der NS-Diktatur und welche aus der Gegenwart stammen könnten. Begründen Sie Ihre Einschätzung.*

Im anschließenden Unterrichtsgespräch werden die Vorschläge der Schülerinnen und Schüler genannt und diskutiert. Die Zuordnung der Zitate kann durch **Arbeitsblatt 24**, S. 109, aufgelöst werden, auf dem beide Gesetzestexte zusammenhängend und in erweitertem Umfang zu finden sind. Diese werden von den Schülerinnen und Schülern in einem weiteren Arbeitsschritt gelesen und verglichen. Der Arbeitsauftrag dazu, der in Einzelarbeit oder Partnerarbeit durchgeführt werden kann, lautet wie folgt:

- *Lesen Sie beide Gesetzestexte genau durch und vergleichen Sie sie miteinander. Welche politischen Intentionen lassen sich an den Texten ablesen?*

Die beiden Texte verdeutlichen in prägnanter Weise die jeweils dahinterstehende demokratische bzw. faschistische politische Grundeinstellung. So werden im Schriftleitergesetz als gesetzliche Rahmenbedingungen zum Beispiel die Notwendigkeit der arischen Herkunft des Schriftleiters oder die Vorgabe, dass Schriftleiter Inhalte von Zeitungen fernhalten müssen, die beispielsweise die deutsche Wehrhaftigkeit schwächen könnten, genannt. Artikel 5 des Grundgesetzes der Bundesrepublik Deutschland formuliert demgegenüber in knappen Worten die Gültigkeit von Pressefreiheit oder auch Lehr- und Forschungsfreiheit. Einschränkungen werden hier lediglich durch die Bezugnahme auf die demokratische Verfassung sowie weitere durch demokratische Institutionen geschaffene Gesetzeswerke zugelassen.

Nach dieser einführenden Kontrastierung kann der Aspekt der Gleichschaltung im Dritten Reich durch den Text „Presse im Dritten Reich" von Jegor Tokarevich auf **Arbeitsblatt 25,** S. 110f., weiter vertieft werden. Der Arbeitsauftrag für die Lektüre des Textes in Einzelarbeit lautet wie folgt:

- *Arbeiten Sie den Text genau durch und stellen Sie zentrale Informationen aus dem Text in Stichwörtern zusammen.*
- *Welche Machtmöglichkeiten ergaben sich laut Tokarevich aus der Gleichschaltung des öffentlichen Lebens für das nationalsozialistische Regime? Welche können Sie darüber hinaus erkennen?*

Der Text benennt insbesondere die Beeinflussungsmöglichkeiten, die sich Hitler durch die Gleichschaltung der Medien angeeignet hat und mit denen er sowohl Gegner innerhalb des eigenen Landes neutralisieren wie auch die Meinung des Auslandes über das Dritte Reich steuern konnte. Die im Text genannten Ebenen (rechtlich-institutionell, wirtschaftlich, inhaltlich) decken so gut wie alle Ebenen des öffentlichen Lebens ab. Die Schilderung des Nachrichtenweges veranschaulicht für die Schülerinnen und Schüler, wie innerhalb der durch die Nationalsozialisten geschaffenen Kontrollstruktur Nachrichtenströme bis ins Detail beeinflusst werden konnten.
Welche Auswirkungen dies auf das gesellschaftliche und kulturelle Gedächtnis haben kann, fasst der Protagonist des Romans „Der Trafikant" in die folgenden Worte:

> „Eigentlich ist es ja schon merkwürdig, dachte er weiter, wie die Zeitungen ihre ganzen Wahrheiten in großen, dicken Lettern herausposaunen, nur um sie dann gleich in der nächsten Ausgabe wieder kleinzuschreiben, respektive über den Haufen zu werfen. Die Wahrheit der Morgenausgabe ist praktisch die Lüge der Abendausgabe, dachte er, was allerdings wiederum für die Erinnerung keine allzu große Rolle spielt. Erinnert wird nämlich meistens sowieso nicht die Wahrheit, sondern nur das, was laut genug herausgebrüllt oder eben fett genug gedruckt wird. Und wenn so ein Erinnerungsrascheln irgendwann lang genug angedauert hat, dachte er schließlich, wird daraus Geschichte." (S. 149f.)

Impulse für ein Unterrichtsgespräch zu dem Zitat können z. B. wie folgt formuliert werden:

- *Lesen Sie den Textabschnitt S. 149–150, „Eigentlich ist es ja schon merkwürdig [...]" bis „[...] wird daraus Geschichte".*
- *Wie schätzt Franz in diesem Textabschnitt den Zusammenhang zwischen Medien, Wahrheit und Erinnerung ein?*

- *Was davon ist Ihrer Meinung nach auch heute noch relevant, was nicht?*
- *Welche Zusammenhänge sehen Sie zwischen dieser Einschätzung und der historischen Gleichschaltung im Nationalsozialismus?*

Eine abschließende Diskussion kann sich mit der Funktion und Bedeutung der Medien heute, insbesondere der nachrichtlichen Berichterstattung, befassen und ihren Ausgang zum Beispiel bei einem Zitat des Autors Lars Weisbrod aus der Zeitung „Die Zeit", Nr. 36 vom 25. August 2016, finden. Das Zitat aus dem Artikel „Die Stunde der Erklärer" auf S. 35 lautet:

> „Inzwischen herrscht ja die landläufige Annahme, dass alles, was in der Zeitung steht, von politischen Vorannahmen bestimmt sei. Tatsächlich steht in der Zeitung aber vor allem das, was sich leicht erklären lässt. Für alles andere wäre auch kein Platz."

Das Zitat benennt zum einen die noch immer gegenwärtige politische Beeinflussung von Zeitungsmedien, zum anderen formuliert es aber auch in provokanter Weise mögliche Interessen und Grenzen von Berichterstattung in Printmedien. Für die Diskussion im Unterricht können sich daraus zum Beispiel folgende Anschlussfragen ergeben:

- *Wie schätzen Sie die Aussage des „Zeit"-Autors ein?*
- *Worin stimmen Sie ihm zu? Was sehen Sie anders?*
- *Welchen Eindruck haben Sie von der Berichterstattung in aktuellen Medien?*
- *Welche Unterschiede sehen Sie zwischen Berichterstattungen in verschiedenen Medienformaten (z. B. Printmedien, digitale Medien)?*
- ...

4.3 Widerstand im Dritten Reich am Beispiel der Sozialdemokratie

Der Roman „Der Trafikant" greift über verschiedene Figuren und Handlungszusammenhänge Formen des Widerstands gegen das nationalsozialistische System auf. In einer Nebenhandlung geschieht dies anhand der Figur des „Roten Egon", wie er im Text genannt wird:

> „In unregelmäßigen Abständen betrat der Rote Egon die Trafik. Der Rote Egon war ein bezirksbekannter Spiegelsäufer und – trotz des Parteienverbots – ein zu allen Gelegenheiten öffentlich und lautstark bekennender Sozialdemokrat. Seine Gestalt war hager, seine Miene finster, aber irgendwo hinter seiner hohen Stirn flackerte ein Feuer, das nie zu erkalten schien. Kaum hatte er die Tür aufgestoßen, begann er von Revolutionen zu erzählen, von Aufständen, Umbrüchen oder Umstürzen, die längst schon irgendwo im Gange seien und die die auf den Knochenmehlbergen der zermürbten, zerdrückten und zermahlenen Arbeiterschaft errichtete Kapitalistenwelt in ihre verdienten Trümmer reißen würden." (S. 32)

Der Rote Egon entschließt sich nach der Rede Kurt Schuschniggs am 11. März 1938, die dem Anschluss an Deutschland nichts mehr entgegensetzt, zum Selbstmord. Die anschließende Berichterstattung in der „Reichspost" zeugt von der medialen Durchsetzung mit nationalsozialistischem Gedankengut (vgl. Kapitel 3.3).

Die Episode um den Roten Egon dient an dieser Stelle dazu, den Schülerinnen und Schülern einen Einblick in Widerstandsbewegungen im Dritten Reich am Beispiel des sozialdemokratischen Widerstands zu geben. Als Einstiegsimpuls kann dabei das Transparent des Roten Egon dienen, dass er kurz vor seinem Selbstmord vom Dach seines Wohnhauses rollt (vgl. S. 148). Darauf steht zu lesen:

„Die Freiheit eines Volkes braucht die Freiheit seiner Herzen. Es lebe die Freiheit! Es lebe unser Volk! Es lebe Österreich!"

Das Zitat wird den Schülerinnen und Schülern zunächst ohne einen Hinweis auf seine Herkunft präsentiert und vorgelesen. Erste Fragen dazu können auf eine Lokalisierung und Kontextualisierung des Zitats im Romantext zielen, die durch eine gemeinsame Lektüre der Seiten 143 – 145 vertieft werden. Unterstützend können hierbei z. B. die folgenden Leitfragen eingesetzt werden:

- *Wie reagiert das Umfeld des Roten Egon auf die Nachricht vom Anschluss Österreichs?*
- *Welche innere Haltung lässt die Reaktion des Roten Egon erkennen?*
- *Wie wird diese sprachlich gestaltet?*

Daran anschließend erfolgt eine Problematisierung und Hinführung zur Thematik über die Frage:

- *Welche Wirkung hat die Aufschrift des Transparents auf das Umfeld des Roten Egon? Warum provoziert das Plakat die im Text geschilderten Reaktionen?*

Zentral für die Ergebnisse der Diskussion beider Fragen ist die Tatsache, dass aus der Aufschrift des Plakats durch die überparteiliche Formulierung zunächst nur Freiheitsliebe und Patriotismus abzuleiten sind. Erst durch die Kontextualisierung mit dem sozialdemokratisch gesinnten Urheber und dem zeitgeschichtlichen Umfeld im Text wird deutlich, dass der Freiheitsbegriff hier auch auf die Selbstständigkeit Österreichs, seine Unabhängigkeit von Deutschland und die individuelle Entscheidungsfreiheit eines jeden Einzelnen abzielt. Dass gerade dies von den Befürwortern des Nationalsozialismus nicht gewollt wird, zeigen der anschließende Angriff auf den Roten Egon sowie dessen selbst gewählter Selbstmord als einzige Alternative zur „Mordlust" der Angreifer auf dem Dach (vgl. S. 145).

Ein darauf folgender Arbeitsschritt legt das Augenmerk auf die Strategien, die in der medialen Berichterstattung zu dem Vorfall zu erkennen sind. Die Schülerinnen und Schüler lesen in Partnerarbeit, begleitet von folgendem Arbeitsauftrag, die Seiten 146 – 148:

- *Lesen Sie den durch Otto Trsnjek wiedergegebenen Zeitungsartikel zum Tod des Roten Egon auf S. 146 – 148 und vergleichen Sie den Bericht mit dem tatsächlichen Hergang auf S. 143 – 145. Welche Strategien lässt der Artikel im Umgang mit dem Widerstand des Roten Egon erkennen?*

Strategien, die im Zeitungsbericht mit dem Ziel einer ideologieförderlichen und manipulativen Berichterstattung angewendet werden, sind z. B.:

Manipulationsstrategien in den Zeitungsmedien:
Der Selbstmord des Roten Egon (S. 143 – 148)

- Einsatz von Propagandasprache (z. B. S. 146: „neue Geistesfreiheit unseres Reiches")
- Wertungen (z. B. S. 146: „Feiger Anschlag", „mutige[s] Eingreifen")
- Diskreditierungen des Roten Egon (z. B. S. 147: „gefährliche[r] Sonderling", „verwirrte[r] Attentäter")
- Lügen (z. B. S. 147: angebliche Drohungen des Roten Egon)
- Suggestionen (z. B. S. 147: Der Rote Egon soll nach Aussage der Betroffenen „mit ziemlicher Sicherheit" eine Waffe dabeigehabt haben)

Von der Erarbeitung dieser Strategien aus kann ein Übergang zu den historischen Rahmenbedingungen der Sozialdemokraten zur Zeit der NS-Herrschaft erfolgen. Möglichkeiten zur Erarbeitung von Informationen bieten die **Arbeitsblätter 26** und/oder **27**, S. 112 ff., verbunden mit den folgenden Arbeitsaufträgen, die die Schülerinnen und Schüler zum Beispiel in Partnerarbeit ausführen können:

- *Arbeiten Sie den Text durch. Markieren Sie zentrale Informationen und bilden Sie thematische Teilüberschriften für einzelne Abschnitte.*
- *Fassen Sie die Situation der Sozialdemokraten zur damaligen Zeit in eigenen Worten zusammen. Diskutieren Sie das Verhalten der Sozialdemokraten.*

Im Anschluss an die Erarbeitung der Texte auf den Arbeitsblättern ist eine weiterführende projektorientierte Internetrecherche zum Thema Widerstand im Dritten Reich, z. B. in Zusammenarbeit mit dem Fach Geschichte, denkbar.

4.4 Sigmund Freud

Der Protagonist des Romans Franz Huchel trifft auf den in Wien lebenden Begründer der Psychoanalyse Sigmund Freud in den letzten Jahren seines Lebens kurz vor der Emigration nach London. Freud ist einer der regelmäßigen Kunden Otto Trsnjeks Trafik, in der er Zigarren und die Zeitung „Neue Freie Presse" kauft. Im Roman wird Sigmund Freud als Figur durchgängig positiv, fast schon großväterlich gezeichnet. Bereits der erste Auftritt des 81-Jährigen im Roman ruft bei Otto Trsnjek ein respektvolles Aufspringen hervor, sodass er und Franz „ein steifes Empfangskomitee für diesen dürren, alten Herrn" (S. 36) bilden. Franz erkennt den tiefen Respekt, den Trsnjek für den Nervenarzt hat:

> „Die Art, wie der Trafikant diesen Herrn begrüßte, machte Franz sofort klar, dass das hier ein richtiger Professor war, ein ehrlicher und echter, einer, der seinen Titel nicht wie eine Kuhglocke vor sich her schwenken musste, um die ihm gebührende, professorale Anerkennung zu finden." (S. 36)

Franz sucht das Gespräch mit Freud, auf das sich dieser mehr und mehr einlässt. Die Funktion der Figur Sigmund Freud für die Entwicklung des Protagonisten wurde bereits in Kapitel 2.5 erarbeitet. Der Roman konzentriert sich überwiegend auf die ‚private' Zweierkonstellation und bietet nur wenige Anknüpfungspunkte an historische Hintergründe zu Sigmund Freud. Ein tieferes Verständnis der Figur und auch der Handlungszusammenhänge des Romans kann deshalb durch eine historische Kontextualisierung gefördert werden.

Die hier vorgeschlagene Herangehensweise bedient sich der einzigen Textpassage im Roman, die einen direkten Einblick in die Arbeitsweise Freuds gibt: die Psychoanalyse-Sitzung mit der übergewichtigen US-Amerikanerin Mrs. Buccleton (S. 115–120), die als Ausgangspunkt genutzt wird, um Informationen zu Freuds Biografie zu erarbeiten.

Einen Einstiegsimpuls in die Unterrichtsstunde bieten die Abbildungen auf **Arbeitsblatt 28**, S. 115. Sie können alternativ eingesetzt oder nacheinander aufgedeckt werden. Die obere Abbildung zeigt die Grundsituation des psychoanalytischen Gesprächs: Der Analytiker sitzt unsichtbar für den Klienten am Kopfende einer Couch und geht ein Gespräch mit diesem ein. Ausrufezeichen und Fragezeichen versinnbildlichen mögliche Gesprächshaltungen von Analytiker und Klient: Der Klient schildert auf emotionale und nachdrückliche Weise, was ihn bewegt, worauf der Analytiker mit Fragen reagiert. Kennzeichnend für diese kommunikative Grundkonstellation ist das Hinterfragen geäußerter Gedanken, Gefühle, Erlebnisse, Einstellungen oder Erinnerungen des Klienten. Die Abbildung wird zunächst aufgedeckt, dann beschrieben und gemeinsam gedeutet. Folgende Impulse können dabei hilfreich sein:

- *Beschreiben Sie die Abbildung. Auf welche Gesprächssituation könnte sie sich beziehen?*
- *Wie verstehen Sie die Satzzeichen in den Sprechblasen?*

Im Anschluss an die Besprechung der Abbildung kann das Foto von Sigmund Freud, das ihn in Zigarrenrauch und am Kopfende seiner Therapiecouch zeigt, aufgedeckt und über folgende Frageimpulse mit den Schülerinnen und Schülern besprochen werden:

- *Beschreiben Sie das Foto. Um welche Person könnte es sich handeln? Wo könnte die Aufnahme gemacht worden sein?*
- *Welche Zusammenhänge sehen Sie zwischen dem Foto und dem Roman „Der Trafikant"?*

Ausgehend von der zweiten Frage können die Schülerinnen und Schüler sich zum Beispiel auf die im Text genannte „Couchmethode" oder auch auf die geschilderte Therapiesitzung mit Mrs. Buccleton beziehen.
Alternativ ist auch ein Einstieg über ein Zitat Sigmund Freuds zum Traum denkbar, so zum Beispiel: „Die Traumdeutung aber ist die Via regia zur Kenntnis des Unbewussten im Seelenleben."[1] Die Schülerinnen und Schüler setzen sich bei einem solchen Einstieg zunächst mit dem Zitat auseinander und untersuchen anschließend Textstellen, in denen Franz seine Träume schildert. Dabei geht es nicht um eine detaillierte Traumanalyse und -deutung, sondern darum, herauszufinden, was Franz beschäftigt und welche Situationen und Gefühle in den Träumen eine Rolle spielen. Von dort aus kann eine Überleitung zum historischen Sigmund Freud und seinen Arbeitsschwerpunkten gestaltet werden.

Bei der hier vorgeschlagenen Hinführung zu den historischen Hintergründen wird die Therapiesitzung mit Mrs. Buccleton (S. 115–120) im Rahmen einer Textarbeit näher untersucht, um die im Text eingenommene Perspektive auf Sigmund Freuds Arbeitsweise zu skizzieren.

[1] Aus: Die Traumdeutung (1900). GW II/III, S. 613, zitiert nach http://www.freud-museum.at/de/sigmund-und-anna-freud/zitate.html, Aufruf: 5.5.2017)

Der Arbeitsauftrag für eine Partnerarbeit dazu lautet:

- *Arbeiten Sie die Textpassage S. 115 – 120 durch. Beschreiben Sie mit eigenen Worten, wie die Gesprächspartner Sigmund Freud und Mrs. Buccleton dargestellt werden und wie der Dialog zwischen beiden verläuft.*

Die Ergebnisse sollten zum einen die Bedürftigkeit und den „lebenslangen Kummer“ (S. 115) aufseiten der Klientin wie auch ihr mangelndes Selbstvertrauen, ihre Selbstabwertung und Scham sowie ihre Kränkbarkeit (vgl. z.B. S. 119) benennen. Zum anderen sind die widersprüchlichen Gedanken Sigmund Freuds von Bedeutung: Freud erkennt zwar ihre Hysterie (vgl. S. 115) und ihr kindliches Verhalten, dennoch empfindet er Sympathie für sie (vgl. S. 116) und Rührung bei ihrem Anblick (vgl. S. 117). Deutlich werden im Text jedoch auch die Resignation und Überforderung des alten Freud, der um Distanz zu seinen Klienten ringt (vgl. S. 117f.) und es bereut, „den Großteil seines Lebens der Krankheit, der Bedrückung und dem Elend“ (S. 117) gewidmet zu haben. Das Gespräch endet mit dem resoluten Ratschlag Freuds an die Klientin: „Hören Sie auf, Torten zu essen!“ (S. 120) Die Ergebnisse des Arbeitsauftrags können wie folgt mit einem Tafelanschrieb gesichert werden:

Eine psychoanalytische Therapiesitzung bei Sigmund Freud im Roman „Der Trafikant“ (S. 115 – 120)

Mrs. Buccleton:

- stark übergewichtig (S. 115)
- mangelndes Selbstvertrauen (S. 115)
- mäßige Fortschritte bei der Therapie (S. 116)
- „hilfloses und weinerliches Kleinkind“ (S. 116)
- Selbstabwertung und Scham (S. 116, 118)
- „lebenslange[r] Kummer“ (S. 115)
- Kränkbarkeit (S. 119)

Sigmund Freud:

- empfindet Sympathie für die Patientin (S. 116)
- sie rührt ihn (S. 117)
- ringt um Distanz zu den Patienten (S. 117f.)
- fühlt sich überfordert und erschöpft (S. 117, 119f.)
- bereut seinen Entschluss, Nervenarzt geworden zu sein (S. 117)
- gibt Ratschläge und versucht, zur Einsicht zu verhelfen (S. 120)

→ Darstellung Freuds: Der greise Sigmund Freud tritt seinen Patienten mit Geduld und Sympathie entgegen, wirkt jedoch auch abgeklärt und resigniert. Auf seine Tätigkeit blickt er mit gespaltenen Gefühlen zurück.

Die abgeklärte, aber nicht unfreundliche Haltung des alten Sigmund Freud, die in diesem Textabschnitt und auch darüber hinausgehend im Roman aufscheint, kann als Ausgangspunkt dienen für eine Überleitung zur Erarbeitung der Sachtexte auf den **Arbeitsblättern 29** und **30**, S. 116 – 117. Sie wirken damit wie ein komprimierter Rückblick auf sein Leben und seine Arbeit.

Die Erarbeitung der Texte erfolgt über ein modifiziertes Gruppenpuzzle, das den Schülerinnen und Schülern in dieser Arbeitsphase einen Austausch über die Arbeitsergebnisse und damit gleichzeitig eine gemeinsame Prüfung derselben erlaubt. Die Lerngruppe wird dafür in zwei Großgruppen aufgeteilt, innerhalb derer jeweils zwei Schülerinnen und Schüler einen der Texte bearbeiten. Anschließend werden die Schülerinnen und Schüler so neu gruppiert, dass sich jeweils zwei Schülerinnen oder Schüler aus den Großgruppen gegenseitig über ihren jeweiligen Text informieren. Möglich wird dadurch nicht nur die Sichtung und Prüfung der Informationsentnahme, sondern ein gemeinsames Navigieren durch die Texte. Die Arbeitsaufträge dazu lauten wie folgt:

- *Lesen Sie den Text zunächst in Partnerarbeit genau durch und unterstreichen Sie die wichtigsten Informationen.*
- *Klären Sie Verständnisschwierigkeiten mit Ihrem Partner.*
- *Einigen Sie sich mit Ihrem Partner darauf, welches die zentralen Informationen des Textes sind. Welche Informationen benötigt ein Zuhörer, der den Text nicht gelesen hat, um über den im Text geschilderten Sachverhalt informiert zu sein?*
- *Notieren Sie die zentralen Informationen auf einem „Spickzettel" so, dass Sie sie in einem kurzen mündlichen Vortrag geordnet darstellen können.*

Nach der Umgruppierung der Schülerinnen und Schüler lauten die Arbeitsaufträge innerhalb der neu zusammengesetzten Partnerarbeit wie folgt:

- *Teilen Sie Ihrem Partner die zentralen Informationen aus Ihrem Text mit und begründen Sie anschließend, warum Sie diese ausgewählt haben. Veranschaulichen Sie exemplarisch an Beispielen, warum manche Informationen wichtiger als andere sind.*
- *Geben Sie als Zuhörer Rückmeldung darauf, ob und inwieweit Sie sich ausreichend informiert fühlen.*
- *Fertigen Sie als Zuhörer Notizen an, die Ihnen die spätere Erschließung des Textes erleichtern.*

In der abschließenden Auswertungsphase werden im Unterrichtsgespräch zunächst noch ausstehende Verständnisfragen geklärt, zentrale Inhalte der Texte benannt und mögliche Zusammenhänge mit dem Roman diskutiert. Die Hausaufgabe besteht darin, diejenigen Texte, über die die Schülerinnen und Schüler zunächst nur mündlich informiert wurden, nachzuarbeiten.

Notizen

Der Anschluss Österreichs in Zeitungsquellen[1]

Station 1

Fünf Jahre nach der Machtergreifung Hitlers in Deutschland kommt es in Österreich zu einem dramatischen Schauspiel um die Selbstständigkeit Österreichs. Bundeskanzler Schuschnigg versucht, in einem Wettlauf mit der Zeit die drohende Gefahr eines Einmarsches deutscher Truppen in Österreich durch eine Volksabstimmung zu verhindern, mit der die Unterstützung der Bevölkerung und des Auslandes mobilisiert werden sollte. Hitler hingegen versucht, diesem Plan mit allen Mitteln zuvorzukommen, da er für sein Rüstungsprogramm dringend die Gold- und Währungsreserven Österreichs benötigt.
In den österreichischen Tageszeitungen spiegelt sich die Stimmung der damaligen Zeit in den aufgeregten Schlagzeilen, Aufrufen und Beiträgen wider. Dabei überrascht, wie schnell in den einzelnen Redaktionsstuben der Machtwechsel auch emotional vollzogen wird.

Donnerstag, 10. März 1938
Noch am 10. März 1938 steht die geplante Volksabstimmung am 13. März im Mittelpunkt der Berichterstattung, die zumeist von glühenden Bekenntnissen für ein freies Österreich begleitet sind.

Tages-Post
Mittagblatt

Schriftleitung und Verwaltung: Linz a. d. Donau, Promenade 23. Fernsprecher-Serien-Nummer 6090. Sprechstunden der Schriftleitung: nur von 11 bis 12 Uhr. Geschäftsstunden der Verwaltung: Linz, Hauptgeschäft, Promenade 23, Monta[…] Freitag von 8—12.30 und 14—18, Samsta[…] 8—18; Verschleißstelle Landstraße 49 Monta[…] Freitag von 8—12.30 und 15—18.30, Sa[…] von 8—10 und 12—18; Verschleißstellen […]boldtstraße 47, Stockhofstraße 15a, Wiener R[…]straße 41a, Hauptstraße 30 Montag bis F[…] von 8—11.45 und 14.30—18.30, Samstag 8—9.45 und 12—18. Wels. Verschleißstelle, Bäckergasse 9, Monta[…] Freitag 8—12 und 15—19, Samstag 8— und 13.30—18. Steyr. Verschleißstelle, Stadtplatz 25, von […] und 14.30—18.30, ferner Sonntag von 9— Entgeltliche Ankündigungen und Anpre[…]gen im redaktionellen Teil sind durch […]uchstaben „E" gekennzeichnet.

Linz a. d. Donau, Donnerstag den 10. März 1938. 74. Jahrgan[…]

Am Sonntag Volksbefragung in Oesterrei[…]

Aufruf des Bundeskanzlers und Frontführers.

Wien, 10. März. Amtlich wird folgender Aufruf des Bundeskanzlers und Frontführers verlautbart:

Volk von Oesterreich!

Zum ersten Male in der Geschichte unseres Vaterlandes verlangt die Führung des Staates ein offenes Bekenntnis zur Heimat.

Sonntag, der 13. März 1938,
ist der Tag der Volksbefragung.

Ihr alle, welchem Berufsstand, welcher Volksschichte ihr angehört, Männer und Frauen im freien Oesterreich, ihr seid aufgerufen, euch vor der ganzen Welt zu bekennen; ihr sollt sagen, ob ihr den Weg, den wir gehen, der sich die soziale Eintracht und Gleichberechtigung, die endgültige Ueberwindung der Parteienzerklüftung, den deutschen Frieden nach innen und außen, die Politik der Arbeit zum Ziele setzt, ob ihr […]

Die Parole lautet:
Für ein freies und deutsches,
unabhängiges und soziales,
für ein christliches und einiges
Oesterreich!
Für Friede und Arbeit und die
Gleichberechtigung aller, die sich zu
Volk und Vaterland bekennen.
Das ist das Ziel meiner Politik.

Dieses Ziel zu erreichen, ist die Aufgabe, die uns gestellt ist, und das geschichtliche Gebot der Stunde.

Kein Wort der Parole, die euch als Frage gestellt ist, darf fehlen. Wer sie bejaht, dient dem Interesse aller und vor allem dem Frieden!

Darum, Volksgenossen, zeigt, daß es euch ernst ist mit dem Willen, eine neue Zeit der Eintracht im Interesse der Heimat zu beginnen; die Welt soll unseren Lebenswillen sehen; darum, Volk von Oesterreich, stehe auf wie ein Mann und stimme mit Ja!

Front-Heil! Oesterreich!

Was wollt ihr nun? Arbeiten oder […]sieren? Beides zusammen wird au[…] Dauer nicht gehen. Das geht für eine […]gangszeit und aber nun muß Ruhe sei[…] darum müssen alle, die Verantwortu[…] sich fühlen, die zu diesem deutschen […] stehen, entschlossen sein, dem Volk d[…] geben, was es zum Leben braucht. […] wir wollen leben. Um diese Arbeits[…] durchführen zu können, muß ich wiss[…] das Volk von Oesterreich einverstand[…] mit dem Weg, den wir gehen. Welcher […] gehen wir?

Vorsätze.

Es ist eben vier Jahre her, da w[…] einer unter den ersten, die an der […] Engelbert Dollfuß gestanden sind, am […]gen des 26. Juli. In meinem jetzigen A[…]zimmer war er provisorisch aufgebahr[…] die Tiroler Kaiserschützen haben di[…] Wacht bei ihm gehalten. So einen Aug[…] vergißt man nicht!

Tagespost Nr. 57, 10. März 1938, S. 1, Am Sonntag Volksbefragung in Österreich. Quelle: ANNO

Hervorgehobener Text:
„Die Parole lautet: Für ein freies und deutsches, unabhängiges und soziales, für ein christliches und einiges Österreich! Für Friede und Arbeit und die Gleichberechtigung aller, die sich zu Volk und Vaterland bekennen. Das ist das Ziel meiner Politik. Dieses Ziel zu erreichen, ist die Aufgabe, die uns gestellt ist, und das geschichtliche Gebot der Stunde."

[1] Quelle: http://lesen.tibs.at/content/artikel/anno-m%C3%A4rz-1938-%E2%80%93-der-anschluss-%C3%B6sterreichs-zeitungsquellen (Aufruf: 5.5.2017)

Der Anschluss Österreichs in Zeitungsquellen

Station 2

Freitag, 11. März 1938
Bereits in den Tageszeitungen vom 11. März beginnt die Stimmungslage leicht zu kippen. Die begeisterten Aufrufe zur Volksabstimmung und für ein unabhängiges Österreich sind spürbar ruhiger geworden und in manchen Zeitungen lassen sich Spuren der Zensur erkennen.

Samstag, 12. März 1938
Am 12. März lassen sich in manchen Zeitungen bereits die ersten Bekenntnisse für den Nationalsozialismus erkennen, während einzelne Zeitungen immer noch Stimmung für die mittlerweile bereits abgesagte Volksabstimmung am 13. März machen.

Der Bauernbündler V. b. b.

Bundeskanzlei: Wien, 1. Bez., Schenkenstr. 2 (Ecke Bankgasse), wohin Zuschriften zu richten sind. Fernsprecher B-48-5-65 Serie

Zeitung des Niederösterreichischen Bauernbundes.
Erscheint wöchentlich einmal. Leitspruch: Der Bauernbund ist Schutz und Wehr Für deutscher Bauern Recht und Ehr'.

Sprechstunden in Steuer- und Gebührenfragen sowie in allen Rechtssachen Dienstag und Donnerstag von 2 bis 4 Uhr in der Bundeskanzlei unentgeltlich.

Jahrgang 32. Wien, 12. März 1938. Nummer 1094.

Oesterreichs Weg nach dem deutschen Frieden.

Der Generalsekretär der Vaterländischen Front Bundesminister Guido Zernatto hielt am vergangenen Sonntag im Rundfunk eine Rede, in der er unter Hinweis auf die erfolgten Erklärungen des deutschen Reichskanzlers, dann des Bundeskanzlers Dr. Schuschnigg, des Bundesministers Dr. Seyß-Inquart und des volkspolitischen Referenten Dr. Jury, den klaren Weg aufzeigte, den nunmehr der Österreicher nach dem „Deutschen Frieden" zu gehen und sein politisches Verhalten einzurichten habe. Bundesminister Zernatto führte u. a. aus:

„Der neue Weg, den wir gehen, der deutsche Friede ruht auf dem Boden der

Unabhängigkeit unseres Staates,

die vom Deutschen Reich garantiert wurde.

Das freie und unabhängige Österreich trägt

christlichen Charakter.

Unser Land ist ein deutsches Land, wir bekennen uns zur

deutschen Schicksalsgemeinschaft.

Unsere Verfassung gibt Antwort auf die soziale Frage: Österreich ist ein

ständisch gegliederter Staat,

nicht verschiedenen Menschengattungen angehören. Daß sie die gleiche Sprache sprechen, daß sie die gleiche Landschaft lieben und die gleichen Lebensgebräuche, daß sie über den Tagesstreit hinweg zueinander gehören, daß sie Österreicher sind.

Und wir sind es. Wir wollen daher mit Stolz und Freude unsere Farben tragen. Das rot-weiß-rote Bändchen, den rot-weiß-roten Wimpel, das Kruckenkreuz, das uns Symbol und Halt ist."

Treuekundgebung des Oesterreichischen Reichsbauernrates für Bundeskanzler Dr. Kurt von Schuschnigg.

Am 3. d. J. fanden sich die Mitglieder des Österreichischen Reichsbauernrates unter dem Vorsitz des Reichsbauernführers Landeshauptmann Josef Reither im großen Sitzungssaale des niederösterreichischen Landhauses in Wien zu wichtigen Beratungen ein. An der Sitzung nahm auch der Bundesminister für Land- und Forstwirtschaft Peter Mandorfer und Staatssekretär Forstrat Ingenieur Franz Matschnig in Begleitung des Präsidialchefs Ministerialrat Dr. Franz Weiß, weiters der Präsident des Bundeswirtschaftsrates Ökonomierat Eichinger und Staatsrat Kraus teil. Bei der Tagung waren sämtliche Landesbauernführer, ihre Stellvertreter, die Bauernbunddirektoren, die Präsidenten der Landwirtschaftskammern, die Direktoren der wirtschaftlichen und genossenschaftlichen

und zum Vaterlande Österreich stehe und daß er immer und jederzeit auf die Gefolgschaft rechnen kann. Der Berufsstand Land- und Forstwirtschaft ist daher bereit, dem Frieden zu dienen und Opfer zu bringen. Jeden ehrlich und aufrichtig Denkenden wollen wir in unsere Reihen aufnehmen, doch müssen wir uns dagegen energisch verwahren, daß Miesmacher und Besserwisser den Frieden und die Einheit stören.

Ganz entschieden weist die Bauernschaft die Versuche zurück, durch Demonstrationen die Ruhe und Ordnung zu gefährden.

Die Bauernschaft begrüßt ganz besonders auch alle Bestrebungen der Regierung und der Vaterländischen Front für eine gesunde Familien- und Bevölkerungspolitik, in der Erkenntnis, daß damit die Sicherung des Volkes und des Staates Österreich gegeben ist.

Auf wirtschaftlichem Gebiete begrüßen wir die Inangriffnahme eines neuen Wirtschaftsprogramms mit dem Ziele, möglichst alle Österreicher in den Arbeitsprozeß einzugliedern, ohne deswegen die Sicherheit der Währung und der Spareinlagen zu gefährden."

Die Ansprache des Innenministers in Linz.

Der Bundesminister für Inneres und Sicherheit und Leiter des Volkspolitischen Referates der V. F. Dr. Seyß-Inquart hat am Samstag, den 5. d., vor den Vertrauensmännern der Nationalsozialisten Oberösterreichs in

Der Bauernbündler, Nr. 1094, 12. März 1938, S. 1, Quelle: ANNO

Noch ruft die Zeitung „Der Bauernbündler" zur Unterstützung Schuschniggs auf.

Hervorgehobene Überschrift: „Treuekundgebung des Oesterreichischen Reichsbauernrates für Bundeskanzler Dr. Kurt von Schuschnigg."

Der Anschluss Österreichs in Zeitungsquellen

Station 3

Sonntag, 13. März 1938

Wiener Zeitung

Herausgeber und Eigentümer: Die Bundesverwaltung 235. Jahrg.

Redaktion u. Verwaltung: I., Bäckerstr. 13, Druckerei: I., Bäckerstraße 20. Fernsprecher: R-23-5-40 Serie. Postsparkassenkonto A-87.792*16	Sonntag, 13. März 1938 / Nr. 71	Monatsbezugspreis für Österreich 5 S, für das Ausland 7 S. Einzelstücke 20 g, mit der Beilage „Österreichisches Verwaltungsblatt" 1 S 20 g

Amtlicher Teil

Der Bundespräsident hat an Bundeskanzler Dr. Kurt Schuschnigg nachstehendes Schreiben gerichtet:

Gemäß Artikel 86 der Verfassung 1934 enthebe ich Sie auf Ihren Wunsch vom Amte des Bundeskanzlers sowie von der Leitung des Bundesministeriums für Landesverteidigung. Ferner enthebe ich gemäß Artikel 86 der Verfassung 1934 die übrigen Mitglieder der Bundesregierung sowie sämtliche Staatssekretäre von ihren Ämtern.

Wien, am 11. März 1938.

Miklas

Schuschnigg

Der Bundespräsident hat an Dr. Artur Seyß-Inquart nachstehendes Schreiben gerichtet:

Auf Grund des Artikels 82, Absatz 1, der Verfassung 1934 ernenne ich Sie zum Bundeskanzler.

Wien, am 11. März 1938.

Miklas

Seyß-Inquart

Großdeutscher Anbruch

Von besonderer Seite

Die letzten Tage werden in der Geschichte des deutschen Volkes einen unvergeßlichen Markstein bilden: Der 11. März brachte eine Wiedergeburt des großdeutschen Reiches. Seit dem unseligen Zerfall des ersten Reiches hat es in Deutschland zahlreiche politische Bewegungen gegeben, die sich ein großdeutsches Reich zum Ziele gesetzt haben. Keiner ist es gelungen, einen staatlichen Zustand herzustellen, der das deutsche Volk auch nur annähernd befriedigen konnte. Das zweite Reich Bismarcks schuf neben einem großen deutschen Staatsgebilde einen Staat, in dem das deutsche Volk wohl den kulturellen, jedoch nicht den politischen Primat hatte. Die Waffenbrüderschaft des Weltkrieges blieb leider nur eine Episode. Die Zollunion und die früheren Versuche der Regierungen der Weimarer Verfassung bildeten zwar Ansatzpunkte für ein gemeinsames politisches oder wirtschaftliches Bündnis, blieben jedoch durch inner- und außenpolitische Systemschwierigkeiten erfolglos. Erst die nationalsozialistische Volksbewegung Adolf Hitlers vermochte den ganzen Fragenkomplex einer richtigen Lösung zuzuführen.

sozialistischen Machtergreifung hörte, ist die überzeugendste Volksabstimmung für ein deutsches Österreich, das seinen Aufgaben gerecht sein will.

Die Schranken sind gefallen, die Dinge sind noch im Fluß. Stündlich werden neue, inhaltsschwere und doch so befreiende Ereignisse verkündet. Die nationalsozialistische Machtergreifung ist vollzogen. Es gilt nun, diese Macht auszubauen und dem gesamten deutschen Volke dienstbar zu machen. Außenpolitisch würde sich an der bisherigen Tradition nichts ändern müssen, was nicht schon am 11. Juli 1936 abgemacht und beschlossen wurde, jedoch nicht zur vollen Durchführung gelangen konnte. Der damals begonnene Weg wird zielbewußt eingeschlagen. Im Innern wird die ersehnte Ruhe eintreten, ein wirklicher und wahrer deutscher Friede. Große Aufgaben stehen noch bevor. Nachdem das politische Leben Österreichs dem Willen seines Volkes entsprechend dem Reiche Adolf Hitlers angeglichen wurde, wird auch die Wirtschaft Deutschösterreichs in den großen Körper des Deutschen Reiches eingegliedert und damit einem höheren Zweck zugeführt werden: Dem Gemeinnutz zu dienen.

Wiener Zeitung Nr. 71, 13. März 1938, S. 1, Großdeutscher Anbruch. Quelle: ANNO

Auch die offizielle Zeitung Österreichs begrüßt die Machtübernahme der Nationalsozialisten in Österreich.

Hervorgehobener Text:
„Die Schranken sind gefallen, die Dinge sind noch im Fluß. Stündlich werden neue, inhaltsschwere und doch so befreiende Ereignisse verkündet. Die nationalsozialistische Machtergreifung ist vollzogen. Es gilt nun, diese Macht auszubauen und dem gesamten deutschen Volke dienstbar zu machen."

Der Anschluss Österreichs in Zeitungsquellen

Station 4

Montag, 14. März 1938

Bereits am 14. März hat sich die Berichterstattung der österreichischen Tageszeitungen vollkommen auf die neuen Verhältnisse eingestellt und begrüßt frenetisch den Anschluss Österreichs an das Deutsche Reich. Dabei erstaunt, wie sich über Nacht der österreichische Journalismus an die neuen politischen Verhältnisse angepasst hat und über die reine Berichterstattung hinaus seine Zustimmung zum Anschluss Österreichs an das Deutsche Reich verkündet.

Der Bauernbündler

V. b. b.

Bundeskanzlei: Wien, 1. Bez., Schenkenstr. 2 (Ecke Bankgasse), wohin Zuschriften zu richten sind. Fernsprecher B-48-5-85 Serie

Wochenzeitung der niederösterreichischen Bauernschaft „Blut und Boden"

Sprechstunden in Steuer- und Gebührenfragen

Jahrgang 32. Wien, 19. März 1938. Nummer 1095

Dank dem Führer!

Gestern noch in tiefster Knechtschaft, gehindert zu sprechen, wie es dem Bauern sein Mannesstolz vorschreibt; gestern noch in Sorge um unser wirtschaftliches Dasein, um unsere geliebte Scholle, um die eigene persönliche Freiheit: Heute ist das alles weggeblasen.

Der Führer kam und schenkte uns das höchste Gut – die Freiheit. Der Dank, der ihn aus den Millionen Kehlen aller Oesterreicher umbraust, der zeigt ihm die Liebe seines deutschen Volkes Dieser Jubeldank zeigt aber auch der ganzen Welt, wie sie von den früheren Regierungsmännern belogen wurde, als sie ihr vorheuchelten, sie wären es, hinter denen das Volk Oesterreichs stehe.

Sklaven eines brutal knechtenden Systems – und heute sind wir freie Bauern auf freier Scholle, die uns der Führer schützen wird. Dank und immer wieder Dank dem Führer!

Am besten danken wir ihm, wenn wir ihm geloben, daß auch wir frei gewordene Bauern Deutschösterreichs, seines Gaues VIII, mit Eifer und bestem Wollen die Pflichten aufnehmen, die uns seine Beauftragten des Reichsnährstandes auferlegen werden. Es sind Leistungen für den Führer und für unser Volk und damit wieder für uns selbst. Gerne vollbringen wir sie. Nur wenige von uns hatten das Glück, den Führer zu sehen und konnten ihm an den Straßen, die er durchfuhr, zujubeln. Wir bilden mit unseren

Der Bauernbündler, Nr. 1095, 19. März 1938, S. 1, Dank dem Führer! Quelle: ANNO

Trat die Zeitung „Der Bauernbündler" eine Woche zuvor noch begeistert für die Unabhängigkeit Österreichs ein, ist eine Woche später dieselbe Begeisterung für den Anschluss Österreichs an das Deutsche Reich zu sehen.

Hervorgehobener Text:
„Der Führer kam und schenkte uns das höchste Gut – die Freiheit. Der Dank, der ihn aus den Millionen Kehlen aller Österreicher umbraust, der zeigt ihm die Liebe seines deutschen Volkes. Dieser Jubeldank zeigt aber auch der ganzen Welt, wie sie von den früheren Regierungsmännern belogen wurde, als sie ihr vorheuchelten, sie wären es, hinter denen das Volk Österreichs stehe."

Best.-Nr. 022690

Marion Kraske: „Anschluss Österreichs" – Wiedervereinigung auf Alpenart[1]

14.3.1938: Hitler wird von jungen Frauen begrüßt

Plötzlich geht alles ganz schnell: Es ist zehn Minuten vor acht Uhr am Abend, es ist der 11. März 1938, und der österreichische Bundeskanzler Kurt Schuschnigg wendet sich in einer Radio-Ansprache an die Bevölkerung. Bedeutungsschwer verabschiedet er sich mit den Worten „Gott schütze Österreich".

Am nächsten Tag, um fünf Uhr in der Früh, landet SS[2]-Reichsführer Heinrich Himmler mit einem Mitarbeiterstab am Flughafen in Wien-Aspern, nur wenig später überquert die deutsche Wehrmacht die deutsch-österreichische Grenze. Das „Unternehmen Otto", der Einmarsch in Österreich und die „Wiedervereinigung Österreichs mit dem Deutschen Reich", wie Hitler es im Gesetz am selben Tag formulieren lässt, ist in vollem Gange. Eine von Schuschnigg für den 13. März geplante Volksbefragung über die Unabhängigkeit veranlasst Hitler, Tatsachen zu schaffen und die Lösung der „Österreich-Frage" blitzartig voranzutreiben. Hitler begibt sich zunächst nach Linz, schließlich fährt er nach Wien, wo sich auf den Straßen Jubelspaliere[3] bilden – Zehntausende heißen ihn begeistert willkommen. Am 15. März verkündet er vom Balkon der Hofburg den „Eintritt meiner Heimat in das Deutsche Reich". Auf dem Heldenplatz haben sich an die 250 000 Menschen versammelt, um das Ereignis zu feiern. Es folgt eine Parade auf der Ringstraße, bei der sich neben der 8. Armee auch SA- und SS-Einheiten formieren und Panzer und Jagdflugzeuge vorbeirollen – eine exakt geplante Inszenierung für die johlenden Massen. So unterschiedlich waren die Voraussetzungen: Ein Jahr später, als die Deutschen auf dem Prager Wenzelplatz aufmarschieren, herrscht gähnende Leere.

Fatale Rolle des Klerus[4]

Als fatal erweist sich in Österreich vor allem die Haltung des Klerus: In einer Erklärung vom 18. März sprechen sich die österreichischen Bischöfe dezidiert[5] für die Vereinigung aus, die Unterstützung des neuen Regimes, so das Kalkül, sichere den Erhalt der eigenen Privilegien[6]. Auch führende Politiker stimmen dem „Anschluss" ohne Zögern zu: Karl Renner etwa, der frühere sozialdemokratische Staatskanzler, unterstreicht in einem Zeitungsinterview sein klares „Ja". Die Nazis treiben derweil die Machtübernahme weiter voran. Die Propagandamaschinerie[7] läuft auf Hochtouren, überall werden Transparente angebracht, allein in Wien hängen nun 200.000 Hitler-Bilder, versehen mit Parolen wie „Ein Volk, ein Reich, ein Führer". Selbst die Wiener Straßenbahnen werden eingesetzt, um die Nazi-Ideologie zu transportieren. Bei der anschließenden Volksbefragung erklären sich 99,73 Prozent für die „Wiedervereinigung" mit dem Deutschen Reich. Das Votum ist ein Produkt aus militärischem Druck von außen und der Bereitschaft im Innern, sich der Nazi-Bewegung anzuschließen.

Die Gründe für die „Massenbegeisterung, ja Hysterie" (so der Wiener Historiker Wolfgang Neugebauer) waren vielschichtig: 1918 war die k.u.k-Monarchie zerfallen, am 12. November 1918 entstand an ihrer Stelle die Republik Deutsch-Österreich. Ein traumatisches Ereignis – dem neuen Kleinstaat mangelte es von Anbeginn an Staatsbewusstsein, große Teile der Bevölkerung befürworteten den Anschluss an Deutschland. Als weitaus schwerwiegender erwies sich jedoch die Wirtschaftskrise mit ihrer grassierenden Arbeitslosigkeit: Im Februar 1933 waren 600.000 Österreicher ohne Job.

Die Machtübernahme läuft wie geschmiert

Antidemokratische Überzeugungen haben Hochkonjunktur, viele wünschen sich eine starke Führung, einen starken Führer. Die NSDAP[8] wird immer einflussreicher: Bei den Landtagswahlen 1932 in Wien, Salzburg und Niederösterreich verbuchen die Nationalsozialisten beachtliche Stimmengewinne. Viele erhoffen sich

[1] http://www.spiegel.de/einestages/anschluss-oesterreichs-a-946710.html – [2] SS: Schutzstaffel; nationalsozialistische Organisation, die Adolf Hitler als Machtinstrument diente – [3] Spalier: Doppelreihe von Personen als Ehrengasse – [4] Klerus: katholische Geistlichkeit, Priesterschaft – [5] dezidiert: entschieden, bestimmt – [6] Privileg: Sonderrecht – [7] Propaganda: Verbreitung ideologischer Ideen und Meinungen, um die Bevölkerung in einer bestimmten Weise zu beeinflussen – [8] NSDAP: Nationalsozialistische Deutsche Arbeiterpartei

von der „Partei der kleinen Leute" endlich ein besseres Leben. „Österreich", sagt Brigitte Bailer, wissenschaftliche Leiterin beim Dokumentationsarchiv des Österreichischen Widerstands (DÖW), „ist Nazi-Deutschland wie eine reife Frucht in den Schoß gefallen."

Die Machtübernahme verläuft denn auch wie geschmiert. Bereits 1933, nach der Machtergreifung Hitlers in Deutschland, machen einheimische Nationalsozialisten in Österreich mobil: Politische Gegner werden terrorisiert, 300 Attentate werden allein in der ersten Jahreshälfte 1934 verübt – die logistische Unterstützung kommt häufig aus Deutschland. Die Gewalt gipfelt in einem Putschversuch am 25. Juli 1934, bei dem der damalige Kanzler Engelbert Dollfuß getötet wird.

Der Christsoziale Dollfuß hatte in den Jahren zuvor eine Politik mit fatalen Konsequenzen betrieben: 1933 schaltete er das Parlament aus, um einen christlichen Ständestaat mit faschistischem Antlitz zu schaffen; der konnte freilich weder die wirtschaftliche Misere[9] noch den Mangel an nationalem Bewusstsein beheben. Systematisch wurde die Linke verfolgt, die Arbeiterbewegung brutal unterdrückt. Außenpolitisch verbündete sich Dollfuß mit Italiens faschistischem Diktator Benito Mussolini, der ihm zeitweise als Garant[10] galt, um einen „Anschluss" Österreichs an Deutschland zu verhindern. Mussolini allerdings wendete sich später Hitler-Deutschland zu.

Auf den „Anschluss" folgte der Terror

Auch Dollfuß' Nachfolger Kurt Schuschnigg agierte[11] glücklos bei dem Versuch, die NS-Diktatur zu verhindern. Das Juliabkommen, das er 1936 mit Deutschland schloss, definierte Österreich als „zweiten deutschen Staat". Was eigentlich als Schachzug gedacht war, um den Druck Hitler-Deutschlands abzumildern, führte de facto[12] zu einer Aushöhlung der österreichischen Souveränität[13]. Diese Entwicklung mündete schließlich in das „Berchtesgadener Abkommen": Am 12. Februar 1938 traf sich Schuschnigg mit Hitler auf dem Obersalzberg. In luftigen Höhen besiegelte er hier, massiv unter Druck gesetzt, Österreichs weiteres Schicksal. Das Alpenland wurde nun vollends zum Anhängsel Nazi-Deutschlands. Einen Monat später machte Hitler dann mit dem Einmarsch auch militärisch Ernst.

Für Hitler, den gebürtigen Oberösterreicher, der erst im Alter von 43 Jahren deutscher Reichsbürger wurde, hatte die Vereinigung beider deutschen Staaten aus zwei Gründen Priorität[14]: Österreich verfügte 1938 – ganz im Gegensatz zur deutschen Wirtschaft, die aufgrund der Rüstungsvorbereitungen mehr und mehr ausgezehrt war – über wertvolle Gold- und Rohstoffreserven. Rund 2,7 Milliarden Schilling an Gold und Devisen[15] gerieten nach dem „Anschluss" unter Kontrolle der deutschen Reichsbank. Und auch aus geopolitischer Sicht war Österreich für die Kriegspläne der Nazis von Interesse – das Land galt als Brückenkopf zur Eroberung von Ost- und Südosteuropa.

Nach dem „Anschluss" folgte der Terror, systematische Einschüchterung, Verfolgung, Vertreibung. Die Opfer: Juden, Sozialisten, ebenso die Vertreter des Ständestaates. „Spätestens ab 1936 waren Justiz und Polizei von Nazis unterwandert", sagt Historikerin Bailer. „Die Gestapo[16] konnte daher unmittelbar auf komplette Namenslisten sogenannter ‚Volksfeinde' zurückgreifen." An den landesweit stattfindenden Terrormaßnahmen beteiligten sich nicht nur Mitglieder der NSDAP, sondern auch Tausende Mitläufer, die von der systematischen Verfolgung ihrer Mitbürger profitierten. Plötzlich gab es leer stehende Wohnungen, freie Arbeitsplätze.

Die Opferthese und ihr Paradoxon[17]

Von etlichen Wiener Bahnhöfen fuhren Züge in die Konzentrationslager. Insgesamt kamen 65.000 österreichische Juden durch den Nazi-Terror ums Leben, Tausende wurden aus politischen Gründen inhaftiert. Auch etwa 2700 Widerstandskämpfer – genaue Zahlen gibt es nicht – wurden zum Tode verurteilt. Das ist die eine Seite.

Die andere Seite, die eigene Mitverantwortung am Holocaust, wurde in Österreich jahrzehntelang geleugnet. Eisern hielt das Land, das 1938 die staatliche Eigenständigkeit verlor, an einer „umfassenden Opferdoktrin[18]" fest, so der Historiker Oliver Rathkolb in seinem Buch „Die paradoxe Republik". Die alleinige Verantwortung für den Holocaust wurde an das Deutsche Reich abgeschoben – obwohl zeitweise bis zu 600.000 Österreicher als Nationalsozialisten registriert waren. [...]

URL: http://www.spiegel.de/einestages/anschluss-oesterreichs-a-946710.html (Aufruf: 4.3.2017)

- *Sammeln Sie die wichtigsten im Text genannten Daten zum Anschluss Österreichs und ordnen Sie die Ereignisse in Form einer chronologischen Liste.*
- *Welche Gründe für den Anschluss werden im Text genannt? Notieren Sie in Stichworten.*

[9] Misere: Notlage, Elend – [10] Garant: Person, Institution o. Ä., die für etwas garantiert – [11] agieren: handeln – [12] de facto: tatsächlich – [13] Souveränität: Unabhängigkeit – [14] Priorität: Vorrang – [15] Devisen: Zahlungsmittel in ausländischer Währung – [16] Gestapo: Geheime Staatspolizei während der Zeit des Nationalsozialismus – [17] Paradoxon: Widersprüchlichkeit, Unstimmigkeit – [18] Doktrin: Grundsatz, Lehrmeinung

Zitate zur Pressefreiheit und zur Ausübung journalistischer Tätigkeit

„Schriftleiter kann nur sein, wer die Eigenschaften hat, die die Aufgabe der geistigen Einwirkung auf die Öffentlichkeit erfordert."

„Schriftleiter sind in Sonderheit verpflichtet, aus den Zeitungen alles fernzuhalten, was gegen die Ehre und Würde eines Deutschen verstößt."

„Jeder hat das Recht, seine Meinung in Wort, Schrift und Bild frei zu äußern und zu verbreiten und sich aus allgemein zugänglichen Quellen ungehindert zu unterrichten."

„Eine Zensur findet nicht statt."

„Schriftleiter sind in Sonderheit verpflichtet, aus den Zeitungen alles fernzuhalten, was eigennützige Zwecke mit gemeinnützigen in einer die Öffentlichkeit irreführenden Weise vermengt."

„Schriftleiter sind in Sonderheit verpflichtet, aus den Zeitungen alles fernzuhalten, was die Ehre oder das Wohl eines anderen widerrechtlich verletzt, seinem Ruf schadet, ihn lächerlich oder verächtlich macht."

„Die Pressefreiheit und die Freiheit der Berichterstattung durch Rundfunk und Film werden gewährleistet."

Grundgesetz für die Bundesrepublik Deutschland. Stand März 1987. Bundeszentrale für politische Bildung. Bonn 1986
URL: http://pressechronik1933.dpmu.de/schriftleitergesetz-4-10-1933/ (Aufruf: 1.3.2017)

■ *Lesen Sie die aufgeführten Zitate durch und überlegen Sie, welche der Zitate aus der Zeit der NS-Diktatur und welche aus der Gegenwart stammen könnten. Begründen Sie Ihre Einschätzung.*

Best.-Nr. 022690

Pressefreiheit im Dritten Reich und heute

Auszüge aus dem Schriftleitergesetz vom 4.10.1933, unterzeichnet von Adolf Hitler und Joseph Goebbels

§ 1 Die im Hauptberuf oder aufgrund der Bestellung zum Hauptschriftleiter ausgeübte Mitwirkung an der Gestaltung des geistigen Inhalts der im Reichsgebiet herausgegebenen Zeitungen und politischen Zeitschriften durch Wort, Nachricht oder Bild ist eine in ihren beruflichen Pflichten und Rechten vom Staat durch dieses Gesetz geregelte öffentliche Aufgabe. Ihre Träger heißen Schriftleiter. Niemand darf sich Schriftleiter nennen, der nicht nach diesem Gesetz dazu befugt ist. [...]

§ 3 [...] (3) Der Reichsminister für Volksaufklärung und Propaganda bestimmt, welche Zeitschriften als politische im Sinne dieses Gesetzes anzusehen sind. Betrifft die Zeitschrift ein bestimmtes Fachgebiet, so trifft er die Entscheidung im Einvernehmen mit der zuständigen obersten Reichs- oder Landesbehörde. [...]

§ 5 Schriftleiter kann nur sein, wer:
1. die deutsche Reichsangehörigkeit besitzt,
2. die bürgerlichen Ehrenrechte und die Fähigkeit zur Bekleidung öffentlicher Ämter nicht verloren hat,
3. arischer Abstammung ist und nicht mit einer Person von nichtarischer Abstammung verheiratet ist,
4. das 21. Lebensjahr vollendet hat,
5. geschäftsfähig ist,
6. fachmännisch ausgebildet ist,
7. die Eigenschaften hat, die die Aufgabe der geistigen Einwirkung auf die Öffentlichkeit erfordert.

[...]

§ 13 Schriftleiter haben die Aufgabe, die Gegenstände, die sie behandeln, wahrhaft darzustellen und nach ihrem besten Wissen zu beurteilen.

§ 14 Schriftleiter sind in Sonderheit verpflichtet, aus den Zeitungen alles fernzuhalten:
1. was eigennützige Zwecke mit gemeinnützigen in einer die Öffentlichkeit irreführenden Weise vermengt,
2. was geeignet ist, die Kraft des Deutschen Reiches nach außen oder im Innern, den Gemeinschaftswillen des deutschen Volkes, die deutsche Wehrhaftigkeit, Kultur oder Wirtschaft zu schwächen oder die religiösen Empfindungen anderer zu verletzen,
3. was gegen die Ehre und Würde eines Deutschen verstößt,
4. was die Ehre oder das Wohl eines andern widerrechtlich verletzt, seinem Rufe schadet, ihn lächerlich oder verächtlich macht,
5. was aus anderen Gründen sittenwidrig ist.

http://pressechronik1933.dpmu.de/schriftleitergesetz-4-10-1933/, zuletzt eingesehen am 27.08.2016

Artikel 5 des Grundgesetzes der Bundesrepublik Deutschland

1) Jeder hat das Recht, seine Meinung in Wort, Schrift und Bild frei zu äußern und zu verbreiten und sich aus allgemein zugänglichen Quellen ungehindert zu unterrichten. Die Pressefreiheit und die Freiheit der Berichterstattung durch Rundfunk und Film werden gewährleistet. Eine Zensur findet nicht statt.

(2) Diese Rechte finden ihre Schranken in den Vorschriften der allgemeinen Gesetze, den gesetzlichen Bestimmungen zum Schutze der Jugend und in dem Recht der persönlichen Ehre.

(3) Kunst und Wissenschaft, Forschung und Lehre sind frei. Die Freiheit der Lehre entbindet nicht von der Treue zur Verfassung.

Aus: Grundgesetz für die Bundesrepublik Deutschland. Stand: März 1987 Bundeszentrale für politische Bildung. Bonn 1986, S. 23

■ *Lesen Sie beide Gesetzestexte genau durch und vergleichen Sie sie miteinander. Welche politischen Intentionen lassen sich an den Texten ablesen?*

Best.-Nr. 022690

Jegor Tokarevich: Presse im Dritten Reich

„Der Presseeinfluss auf die Masse ist der weitaus stärkste und eindringlichste, da er nicht vorübergehend, sondern fortgesetzt zur Anwendung kommt“
Adolf Hitler, „Mein Kampf“

Medien und Kultur waren sowohl im inneren als auch im äußeren System Hitlers von großer Wichtigkeit. Das lag an der Eigenschaft der beiden gewaltigen Machtinstrumente, Menschenmassen zu beeinflussen, Feinde im Inneren des Landes zu neutralisieren und die Meinung des Auslandes über das Dritte Reich zum Nutzen der NSDAP[1] zu steuern. Durch das zum größten Teil sehr radikale Ausnutzen des gigantischen Potenzials der Medien erreichten die Nationalsozialisten in allen möglichen politischen und gesellschaftlichen Bereichen ihre unmenschlichen Ziele, was allerdings ohne diese Massenbeeinflussungswerkzeuge unmöglich gewesen wäre.

Druckschriften (Zeitungen und Zeitschriften) gehörten in der Zeit des Dritten Reichs zu einer der beliebtesten und günstigsten Informationsquellen der Bevölkerung. Die Gründe dafür waren (und sind immer noch) sowohl die niedrigen, für jeden sozialschwachen Bürger verkraftbaren, Preise, als auch die Möglichkeit, sich a) überall, b) um jede Uhrzeit, c) so schnell und häufig man will [zu informieren] und d) Flexibilität durch Auswahl der Themen nach eigenem Geschmack, was bei den in damaligen Zeiten jungen Hauptkonkurrenten, Rundfunk und Film, nicht der Fall war. [...]

Hitler blieben die immensen Massenbeeinflussungsmöglichkeiten der Presse nicht verborgen. Eine sogenannte Gleichschaltung (Vereinheitlichung und somit Ausschaltung NS-fremder Elemente) begann schon am fünften Tag nach der Machtübernahme der NSDAP und endete für die Presse am 1. Januar 1934 mit dem Erlass des Schriftleitergesetzes und der Entstehung eines neuen, vom Staat gelenkten Nachrichtenbüros. Mit der Gleichschaltung der Medien direkt nach der Machtergreifung bewies Hitler sein Gespür für die Wichtigkeit der Medien in einem autoritären Herrschaftsapparat.

Die Gleichschaltung verlief in allen kulturellen, politischen und gesellschaftlichen Bereichen auf drei Ebenen:

a) rechtlich-institutionelle Ebene
(„Verordnung zum Schutze des deutschen Volkes“, in Kraft getreten am 4.02.1933; „Verordnung zum Schutze von Volk und Staat“, in Kraft getreten am 28.02.1933; „Schriftleitergesetz“, in Kraft getreten am 1.01.1934),

b) wirtschaftliche Ebene
(„Gesetz über die Einziehung kommunistischen Vermögens“, in Kraft getreten am 26.03.1933; „Gesetz über die Einziehung volks- und staatsfeindlichen Vermögens“, in Kraft getreten am 14.07.1933),

c) inhaltliche Ebene
(Gründung des Reichsministeriums für Volksaufklärung und Propaganda (RMVP) am 13.03.1933; Gründung der Reichskulturkammer am 22.09.1933; Zwangsfusion zwischen dem Wolffschen Telegraphenbüro (W.T.B.) und der Telegraphen Union (TU) zur Deutschen Nachrichtenbüro GmbH (DNB) am 1.01.1934).

Zusammenfassend lässt sich sagen: Das Reichsministerium für Volksaufklärung und Propaganda[2], das „Gehirn“ der neuen Pressekreatur, verfasste Meldungen, Anweisungen und sogar erfundene bzw. stark verzerrte „Tatsachen“, die von den Journalisten in ihren Zeitungen berücksichtigt werden mussten. Diese wurden der „Zwischenstation“, DNB, mitgeteilt und an Zeitungsverleger bzw. Redakteure weitergeleitet. Die bedeutsamen und wohlhabenden Zeitungen, die ihre Informationen aufgrund großer materieller Möglichkeiten durch eigene Recherchen bekamen, waren verpflichtet, an sogenannten „Pressekonferenzen der Reichsregierung“ teilzunehmen, sodass Befehle des RMVP auch sie erreichten. Nachdem das RMVP bzw. das DNB den Inhalt [„was?“] und die Weise [„wie?“] vorgegeben hatten, gelang[te] die Propaganda zu den, nach der Durchführung von Gesetzen auf der wirtschaftlichen Ebene nationalisierten [Beseitigung von politischen Differenzen], Verlagen. Nach internen Überarbeitungen erreichten die NS-Informationen schließlich ihre Endstation – die Journalisten. Diese nach dem Schriftleitergesetz selektierten und in der Pressekammer zusammengefassten [Kontrolle/bessere Organisation] Schriftleiter mussten trotz ihrer eigenen Meinung, Einstellung und Weltanschauung die Befehle genau befolgen. Für den Fall des möglichen Ungehorsams und Widerstands gab es zahlreiche harte Strafen (Berufsverbot, Ausschließung aus der Partei, KZ usw.), die viele Journa-

1 Nationalsozialistische Deutsche Arbeiterpartei
2 Propaganda: Verbreitung ideologischer Ideen und Meinungen, um die Bevölkerung in einer bestimmten Weise zu beeinflussen
3 selektieren: auswählen

Best.-Nr. 022690

listen unter einen unvorstellbaren Druck setzten. Nach dem Erscheinen der Zeitungen wurde der Inhalt von der Reichspressekammer sorgfältig kontrolliert. Falls eine Druckschrift die NS-Interessen gefährdete, konnte man sie nach den Februarnotverordnungen entweder vorläufig oder sogar für immer verbieten. Die Vollstreckung (z. B. Beschlagnahmung) erfolgte oft durch SA[4]-Truppen, die zur Einschüchterung rohe Gewalt und Brutalität einsetzten. […]

Aus: http://www.zukunft-braucht-erinnerung.de/presse-im-dritten-reich/; 10.03.2005 (Aufruf: 1.3.2017)

- *Arbeiten Sie den Text genau durch und stellen Sie zentrale Informationen aus dem Text in Stichwörtern zusammen.*
- *Welche Machtmöglichkeiten ergaben sich laut Tokarevich aus der Gleichschaltung des öffentlichen Lebens für das nationalsozialistische Regime? Welche können Sie darüber hinaus erkennen?*

[4] SA: Sturmabteilung, paramilitärische Kampforganisation der NSDAP

Best.-Nr. 022690

Christian Rothenberg: Als die SPD versuchte, Adolf Hitler zu stoppen – Die letzte Stunde der Demokraten

Im März 1933 wollen die Nazis den Reichstag entmachten. Die meisten Parteien kapitulieren fast widerstandslos. Gegen Adolf Hitler stellt sich nur die SPD. In einem legendären Rededuell prägt Otto Wels eine Sternstunde der Sozialdemokratie. Aber die Diktatur ist längst nicht mehr aufzuhalten.

Die Erinnerung an den Tag, an dem Adolf Hitler die deutsche Demokratie ausschaltet, liegt gleich um die Ecke. Jedes Mal, wenn die SPD-Abgeordneten im Reichstag zum Otto-Wels-Saal laufen, kommen sie an der weißen Wand vorbei. Darauf stehen die Namen von Otto Wels und den anderen 93 SPD-Abgeordneten, die an jenem 23. März 1933 gegen das Ermächtigungsgesetz stimmten. „Die Namen sind für mich Ermahnung und Ermutigung", sagt SPD-Fraktionsgeschäftsführer Thomas Oppermann n-tv.de. „Ihr Mut ist unsere Verpflichtung, auch heute konsequent gegen alle antidemokratischen Tendenzen vorzugehen."
Es ist das Jahr, das den Grundstein legt für die „deutsche Katastrophe". Innerhalb kürzester Zeit erklimmt Hitler die Spitze der Macht und gießt die „nationale Revolution" in totalitäre[1] Strukturen. Im Januar 1933 wird er Reichskanzler, im Februar brennt der Reichstag, was die Nationalsozialisten zum Anlass nehmen, ihre Gegner verstärkt zu verfolgen. Im März bringen die Nationalsozialisten die ersten Gefangenen in das Konzentrationslager Dachau. Bei den Wahlen erhält die NSDAP 43,9 Prozent der Stimmen. Das Ermächtigungsgesetz, der vorläufige Höhepunkt in der Kette von Ereignissen, ist einer der düstersten Momente der deutschen Geschichte. Doch die SPD erfüllt das, was sich damals in der Berliner Kroll-Oper abspielte, bis heute auch mit Stolz. Es ist die Erinnerung an den Tag, an dem Wels, nach dem die Partei später ihren Fraktionssaal benennt, zur Ikone wird. An den Tag, an dem 94 SPD-Abgeordnete versuchten, die deutsche Demokratie zu retten.

„Sie sind in Lebensgefahr"

Die Weimarer Republik hat nur noch wenige Stunden, als Hitler und sein Gefolge an jenem 23. März 1933 im Sturmschritt in die Kroll-Oper marschieren. Das Geräusch der zusammenschlagenden Stiefel hallt durch den Saal, der nach dem Reichstagsbrand als provisorisches Parlament dient. Riesige Hakenkreuz-Fahnen dekorieren die Wand. Bewaffnete SA[2]- und SS[3]-Leute postieren[4] sich an den Eingängen. Sie umringen auch den Block im Operetten-Parkett, in dem die Abgeordneten der SPD sitzen. Von der zweitstärksten Fraktion sind nur 94 Politiker gekommen. Die 20 übrigen befinden sich bereits in „Schutzhaft". Gar nicht anwesend sind die Politiker der KPD[5], deren Mandat die Nazis nach dem Reichstagsbrand annullieren[6] ließen. Die meisten von ihnen sind zu diesem Zeitpunkt ebenfalls verhaftet oder auf der Flucht. Es gibt nur einen Tagesordnungspunkt, über den die von der NSDAP angeführte Koalition an diesem Freitag abstimmen will: das „Gesetz zur Behebung der Not von Volk und Reich". In seiner Regierungserklärung beschwört Hitler das kommunistische Gespenst als Bedrohung des Vaterlandes. Das verklausulierte[7] Ziel des sogenannten Ermächtigungsgesetzes: Der Reichstag soll nur noch von Zeit zu Zeit von der Regierung über die von ihr geplanten Maßnahmen unterrichtet werden. Hitler will dem Parlament alle Rechte entziehen. Seine Reichsregierung soll Gesetze erlassen dürfen, auch wenn diese gegen die Verfassung verstoßen. Es ist eine Blanko-Vollmacht[8]. Für die Schlussberatungen der Parteien lässt Reichstagspräsident Hermann Göring die Sitzung für drei Stunden unterbrechen.
Die Erinnerungen der damaligen Abgeordneten Josef Felder und Antonie Pfülf dokumentieren bis heute die Stimmung bei den Genossen. Die Sozialdemokraten wollen gegen das Gesetz stimmen. Plötzlich steht Josef Joos im SPD-Fraktionssaal. Der Zentrumspolitiker warnt: „Sagen Sie Ja zum Gesetz, oder reisen Sie sofort ab! Sie sehen doch: Sie sind in Lebensgefahr." Aber die Genossen sind fest entschlossen. Fraktionschef Otto Wels will die Erklärung vortragen.

Die Sprechchöre der SA

Um 18.16 Uhr, unmittelbar nach Wiederbeginn der Plenarsitzung, tritt Wels in der Kroll-Oper ans Rednerpult. Später heißt es, er habe Gift bei sich getragen – für alle Fälle. Es ist die letzte freie Rede, die vor den

1 totalitär: diktatorisch, sich alles unterwerfend
2 SA: „Sturmabteilung"; paramilitärische Kampforganisation der NSDAP
3 SS: „Schutzstaffel"; nationalsozialistische Organisation, die Adolf Hitler als Machtinstrument diente
4 sich postieren: sich aufstellen
5 KPD: Kommunistische Partei Deutschlands
6 annullieren: für ungültig erklären
7 verklausuliert: (hier) verdeckt
8 Blanko-Vollmacht: unbeschränkte Vollmacht

Abgeordneten des Reichstags gehalten wird. In dem Theater ist es jetzt so still, dass von draußen die Sprechchöre der SA hereinschallen. Stellvertretend für seine Partei verweigert Wels Hitler die Gefolgschaft: „Freiheit und Leben kann man uns nehmen, die Ehre nicht. Nach den Verfolgungen, die die Sozialdemokratische Partei in der letzten Zeit erfahren hat, wird billigerweise niemand von ihr verlangen oder erwarten können, dass sie für das hier eingebrachte Ermächtigungsgesetz stimmt", ruft Wels. Über die Nationalsozialisten sagt er: „Das Verhältnis ihrer Revolution zum Sozialismus beschränkt sich bisher auf den Versuch, die sozialdemokratische Bewegung zu vernichten."

Die Stimmung im Saal ist jetzt aufgeheizt. Der Beifall der Genossen geht unter im Hohngelächter der Nazis. Die bürgerlichen Parteien, die das umstrittene Gesetz mit ihrer Ablehnung noch zum Scheitern bringen könnten, schweigen.

Wels sitzt schon wieder auf seiner Bank bei den anderen SPD-Abgeordneten, als Hitler noch einmal ans Rednerpult zurückkehrt. Sorgt er sich, dass das bürgerliche Lager noch einmal schwankt? „Spät kommt ihr, doch ihr kommt", beginnt Hitler höhnisch in Richtung des SPD-Vorsitzenden. Die Sozialdemokraten hätten nach der Novemberrevolution 1918 ihre Chance gehabt. Die NSDAP-Abgeordneten stellt er als Opfer einer Verfolgung durch die SPD dar. „Ich will auch gar nicht, dass Sie dafür stimmen. Deutschland soll frei werden, aber nicht durch Sie", brüllt er am Ende seiner Rede.

Angst und Fraktionszwang

Das Ermächtigungsgesetz wird beschlossen, die SPD ist letztlich entbehrlich. Auch ohne sie hat Hitler seine Mehrheit beisammen. Außer den 94 Sozialdemokraten werfen nämlich alle 444 Parlamentarier Ja-Karten in die Urne, darunter auch die Bayerische Volkspartei, die Zentrumspartei und die Deutsche Staatspartei. Sie alle kapitulieren vor Hitler. Dabei ist ihre Zustimmung intern zumindest teilweise umstritten.

Theodor Heuss, einer der fünf liberalen Abgeordneten, ist zwar gegen das Gesetz, unterliegt aber bei der Abstimmung in seiner Fraktion. Also stimmt seine Deutsche Staatspartei schließlich geschlossen zu. Heuss räumt später ein, ihn habe unmittelbar nach der Abstimmung das heikle Gefühl beschlichen, dass „ich dieses Ja nie mehr aus meiner Lebensgeschichte auslöschen könne". Der Vorsitzende des Zentrums, Prälat Ludwig Kaas, handelt mit Hitler vermeintliche Zugeständnisse aus, wie den Fortbestand der Verfassungsorgane, christlichen Einfluss in Schulen, die Unabsetzbarkeit der Richter. So geben die Zentrums-Abgeordneten, die dennoch skeptisch bleiben, auch unter dem Eindruck der Drohungen von SA und SS[7] ihren Widerstand auf.

Um 19.52 Uhr schließt Göring die Plenarsitzung. Die Braununiformierten springen auf und singen das Horst-Wessel-Lied. Nach dem 23. März geht alles ganz schnell. Bis zum Juli verbietet Hitler alle Parteien. Die SPD wird zur „volks- und staatsfeindlichen Organisation" erklärt, ihr Vermögen beschlagnahmt. Sozialdemokratische Politiker erhalten Berufsverbote und werden in Konzentrationslager verschleppt. Bei der Reichstagswahl im November 1933 ist die NSDAP die einzige Partei, die auf dem Stimmzettel steht. Wels ist zu diesem Zeitpunkt längst im Ausland. Deutscher ist er nicht mehr. Die Staatsbürgerschaft wurde ihm inzwischen aberkannt. Den deutschen Überfall auf Polen erlebt Wels im Pariser Exil[9], wo er zwei Wochen nach Beginn des Zweiten Weltkriegs stirbt.

http://www.n-tv.de/politik/Die-letzte-Stunde-der-Demokraten-article10349936.html; 23.03.2013 (Aufruf: 1.3.2017)

[9] Exil: Verbannungsort

- *Arbeiten Sie den Text durch. Markieren Sie zentrale Informationen und bilden Sie thematische Teilüberschriften für einzelne Abschnitte.*
- *Fassen Sie die Situation der Sozialdemokraten zur damaligen Zeit in eigenen Worten zusammen. Diskutieren Sie das Verhalten der Sozialdemokraten.*

Best.-Nr. 022690

Voraussetzungen und Spezifika des österreichischen Widerstandes

Unmittelbar nach dem „Anschluss“ Österreichs an NS-Deutschland im März 1938 stieß die Organisierung des Widerstandes auf nicht geringe Schwierigkeiten. Der kampflose Untergang Österreichs, die aus verschiedenen Ursachen resultierende Passivität der Westmächte, die totale nationalsozialistische Machtergreifung, die brutalen Verfolgungsmaßnahmen und die erzwungene Flucht Tausender potenzieller NS-GegnerInnen wirkten sich ebenso negativ aus wie die weit über die NS-SympathisantInnen hinausgehende pronazistische[1] Jubelstimmung und die verschiedenen anschlussfreundlichen Erklärungen österreichischer Institutionen und Persönlichkeiten, u.a. der österreichischen Bischöfe und des bekannten Sozialdemokraten Karl Renner. Im Unterschied zu anderen besetzten Ländern, wo von vornherein die nationalsozialistischen deutschen Besatzer ein klares Feindbild bildeten und der Widerstand zur Sache aller nationalen Kräfte wurde, hatten die österreichischen WiderstandskämpferInnen in einer zum Teil feindlichen, von DenunziantInnen[2] und fanatischen RegimeanhängerInnen durchsetzten Umwelt zu wirken. Eine gemeinsame nationale Wurzel des Widerstandes, die – ungeachtet der auch dort bestehenden politischen Differenzierungen – für andere von Hitlerdeutschland besetzte Länder charakteristisch war, war aufgrund der besonderen „nationalen“ Situation Österreichs – weitverbreiteter Deutschnationalismus, sich erst entwickelnder Österreichpatriotismus – lange Zeit kaum vorhanden. Trotzdem kann man von einem „spezifisch österreichischen Widerstand“ (Ernst Hanisch) sprechen, nicht zuletzt, weil organisatorisch eine nahezu völlige Trennung zwischen österreichischen und deutschen Widerstandsgruppen bestand.

Karl R. Stadler hat schon in seinen klassischen Werken zum Widerstand in den 1960er-Jahren herausgearbeitet, dass das NS-Regime entsprechend der politisch-gesellschaftlichen Struktur Österreichs zwei große potenzielle Hauptgegnergruppen vorfand, aus denen sich der Widerstand rekrutierte[3]: die organisierte Arbeiterbewegung, hauptsächlich in den Industriezentren im Osten Österreichs konzentriert, und das katholisch-konservativ-bürgerliche Lager.

Sozialistischer Widerstand

Der sozialistische Widerstand gegen das NS-Regime hatte seine Wurzeln in der Zeit 1934 bis 1938, als die Revolutionären Sozialisten vier Jahre lang dem Dollfuß-Schuschnigg-Regime Widerstand leisteten. Nach der Niederlage der österreichischen Sozialdemokratie im Bürgerkrieg im Februar 1934 und dem Verbot der Sozialdemokratischen Arbeiterpartei (SDAP) und aller anderen sozialdemokratischen Organisationen hatten sich nach einer Phase der Neuorientierung, als nicht wenige enttäuschte SozialistInnen zu den KommunistInnen übertraten, die Revolutionären Sozialisten (RS) als Nachfolgepartei der SDAP formieren und durchsetzen können. Unterstützt von dem von Otto Bauer geleiteten Auslandsbüro österreichischer Sozialdemokraten (ALÖS) in Brünn hatten die RS in ganz Österreich ein starkes Netz an „illegalen“, d.h. im Untergrund wirkenden, Organisationen aufgezogen, das von einem Zentralkomitee über Landesorganisationen bis zu Bezirksgruppen und Basiszellen reichte. Die RS büßten ihre Vorrangstellung im Widerstand der Jahre 1934–1938 vor allem aufgrund ihrer konspirativen[4] Vorsicht und Zurückhaltung ein. In Erkenntnis der ungleich schärferen Verfolgungsmaßnahmen des Naziregimes hatte das Zentralkomitee der RS im März 1938 die Weisung ausgegeben, alle Aktivitäten für drei Monate einzustellen. Diese Einstellung der Parteiführung sowie die Verhaftung vieler SozialistInnen und die erzwungene Flucht oder Auswanderung belasteter FunktionärInnen[5] führten zu einem organisatorischen Niedergang.

Aus: Wolfgang Neugebauer: Der österreichische Widerstand 1938–1945.
URL: http://www.doew.at/cms/download/2ob0q/wn_widerstand-2.pdf
(Aufruf: 30.3.2017)

- *Arbeiten Sie den Text durch. Markieren Sie zentrale Informationen und bilden Sie thematische Teilüberschriften für einzelne Abschnitte.*
- *Fassen Sie die Situation der Sozialdemokraten zur damaligen Zeit in eigenen Worten zusammen. Diskutieren Sie das Verhalten der Sozialdemokraten.*

[1] pronazistisch: den Nationalsozialismus befürwortend
[2] Denunziant: Verleumder, Verräter
[3] rekrutieren: sich bilden, sich zusammensetzen
[4] konspirativ: verschwörerisch
[5] Funktionär: Person, die in einer Organisation ein Amt innehat

- Beschreiben Sie die Abbildung. Auf welche Gesprächssituation könnte sie sich beziehen?
- Wie verstehen Sie die Satzzeichen in den Sprechblasen?

- Beschreiben Sie das Foto. Um welche Person könnte es sich handeln? Wo könnte die Aufnahme gemacht worden sein?
- Welche Zusammenhänge sehen Sie zwischen dem Foto und dem Roman „Der Trafikant"?

Best.-Nr. 022690

Sigmund Freud – Biografie

Sigmund Freud wird am 6. Mai 1856 als Sigismund Schlomo Freud in Freiberg in Mähren geboren. Er ist der erstgeborene Sohn. Seine Eltern, der einundvierzigjährige jüdische Wollhändler Kallamon Jacob Freud und die zwanzig Jahre jüngere Amalia, geborene Nathanson, haben gemeinsam noch sieben weitere Kinder; sein Vater aus erster Ehe einen Sohn und eine Tochter.

1860 zieht die Familie nach Wien, wo Freud 1865, ein Jahr früher als üblich, auf das Gymnasium kommt, das er im Alter von 17 Jahren mit Auszeichnung abschließt.

1876 tritt er in das physiologische[1] Laboratorium von Ernst Brücke ein, wo er bis 1882 tätig ist. In diesem Jahr lernt er Martha Bernays kennen und verlobt sich kurz darauf mit ihr. Ohne Aussicht auf eine schnelle wissenschaftliche Karriere entschließt er sich, auch im Hinblick darauf, seiner zukünftige Frau ein gut versorgtes, bürgerliches Leben bieten zu wollen, zur Eröffnung einer Privatpraxis.

Ab 1883 ist er am Wiener Allgemeinen Krankenhaus tätig, er forscht dort u.a. an den Wirkungen des Kokains. Nach einer Studienreise nach Paris, wo er an der Salpêtrière[2] […] Anschauungsunterricht erhält, eröffnet er 1886 seine Privatpraxis und heiratet Martha Bernays. Aus der Ehe gehen sechs Kinder hervor: Mathilde, Oliver, Jean-Martin, Ernst, Sophie und Anna.

1902 wird er zum ordentlichen Titularprofessor ernannt und sammelt erste Schüler um sich. Mit Alfred Adler, Max Kahane, Rudolf Reitler und Wilhelm Stekel wird die Psychologische Mittwochsgesellschaft gegründet, aus der 1908 die Wiener Psychoanalytische Vereinigung hervorgeht. Freuds Ideen und Schriften erfahren zunehmend öffentliche Anerkennung.

In den folgenden Jahren wird die Psychoanalyse zu einer international anerkannten Wissenschaft. 1909 hält Freud in den Vereinigten Staaten eine Reihe von viel beachteten Vorträgen, 1910 wird auf dem Psychoanalytischen Kongress in Nürnberg die Internationale Psychoanalytische Vereinigung gegründet und Freuds Schüler Jung zum Präsidenten gewählt. Beim Ausbruch des Ersten Weltkrieges 1914 nimmt Freud zuerst eine patriotische Haltung an, die sich aber bald, auch aus Angst um seine Söhne Martin und Ernst, die sich freiwillig zum Kriegsdienst gemeldet haben, ändert.

Nach Ende des Krieges, der auch der Familie Freud große Entbehrungen abverlangt, hinterlässt ein ehemaliger Patient und Förderer Freud eine große Geldsumme, die ihn in die Lage versetzt, einen eigenen Verlag zu gründen: den Internationalen Psychoanalytischen Verlag.

In den Zwanzigerjahren wird seine Tochter Anna, anerkanntes Mitglied der Psychoanalytischen Gesellschaft, zu seiner wichtigsten Mitarbeiterin. 1924 erscheint der erste der zwölf Bände der „Gesammelten Schriften".

In den Dreißigerjahren werden Freuds Person und sein Werk immer stärkeren Anfeindungen ausgesetzt. 1933 übernehmen die Nationalsozialisten die Macht; der Bücherverbrennung im Mai fallen auch Freuds Werke zum Opfer.

Nach dem „Anschluss" Österreichs im März 1938 wird die Wohnung in der Berggasse durchsucht und Tochter Anna von der Gestapo zum Verhör abgeführt. Wenige Monate später emigriert[3] die Familie Freud nach London. Am 23. September 1939 stirbt Sigmund Freud in seinem Londoner Haus.

URL: http://gutenberg.spiegel.de/autor/sigmund-freud-182 (Aufruf: 1.3.2017)

- *Lesen Sie den Text zunächst in Partnerarbeit genau durch und unterstreichen Sie die wichtigsten Informationen.*
- *Klären Sie Verständnisschwierigkeiten mit Ihrem Partner.*
- *Einigen Sie sich mit Ihrem Partner darauf, welches die zentralen Informationen des Textes sind. Welche Informationen benötigt ein Zuhörer, der den Text nicht gelesen hat, um über den im Text geschilderten Sachverhalt informiert zu sein?*
- *Notieren Sie die zentralen Informationen auf einem „Spickzettel" so, dass Sie sie in einem kurzen mündlichen Vortrag geordnet darstellen können.*

---

1 Physiologie: Lehre von den Lebensvorgängen, den Abläufen im Organismus
2 Nervenkrankenhaus in Paris
3 emigrieren: auswandern

Sigmund Freud – Emigration

Schon 1933, als die Nationalsozialisten in Deutschland die Macht übernahmen, rieten ausländische Freunde Freud und seiner Familie, nach England zu emigrieren[1]. Obwohl die Gefahr des Nationalsozialismus in den folgenden fünf Jahren auch für Österreich immer bedrohlicher wurde, beschloss er mit Hinweis auf sein hohes Alter, weiterhin in Wien zu bleiben, im Glauben, dass das klerikal[2]-faschistische Regime unter Dollfuß und „nur dieser Katholizismus uns gegen den Nazismus schützt" (Freud an Andreas-Salomé, 6.1.1935). Freilich war der Katholizismus für Freud nur angesichts des Nationalsozialismus das kleinere Übel, das er auch weiterhin einer schonungslosen Kritik unterzog.

Nach dem Anschluss Österreichs an das nationalsozialistische Deutschland am 13. März 1938 sahen sich Freud und seine Familie gezwungen, das Land so rasch wie möglich zu verlassen. Schon am 15. März wurde Freuds Wohnung polizeilich durchsucht, eine Welle von Masseninhaftierungen politischer Gegner und antisemitische[3] Ausschreitungen brach los. Anna Freud wurde einen Tag lang von der Gestapo[4] festgehalten und verhört. In dieser Situation gelang es Freud mit Unterstützung einflussreicher ausländischer Freunde, den Nationalsozialisten zu entkommen: Der amerikanische Botschafter in Paris, William C. Bullitt, ersuchte die amerikanischen Vertretungen in Berlin und Wien, sicherzustellen, dass Freud keinen Übergriffen ausgesetzt werden würde, während Ernest Jones seine politischen Verbindungen nützte, so rasch wie möglich für die Familie Freud Einreise-Visa[5] nach England zu bekommen. Auf England fiel die Wahl nicht nur, weil Jones die Flucht dorthin ermöglichte. In England hielt sich zu diesem Zeitpunkt bereits Freud ältester Sohn Ernst mit seiner Familie auf und eine große Anzahl emigrierter jüdischer Analytiker aus Deutschland, durch die sich London zum neuen europäischen Zentrum der Psychoanalyse entwickelt hatte.

Sigmund Freud in London, 1938

Es kostete lange und zähe Verhandlungen mit der nationalsozialistischen Bürokratie, bis Ausreisevisa für Freud, seine Familie, seinen Arzt und sein Hausmädchen genehmigt wurden. Bevor er allerdings das Land verlassen konnte, musste er den Betrag von 31.329 RM[6], ein Drittel seines gesamten Vermögens, als sogenannte „Reichsfluchtsteuer" zahlen. Der ganze Haushalt, Freuds Antiken-Sammlung, seine Bibliothek, die Möbel und die Couch mussten in Kisten verpackt in einem Lager zurückgelassen werden, bis sie zum Export nach England freigegeben wurden. Nach fast drei Monaten Wartezeit konnte die Familie Freud am 4. Juni 1938 endlich ihre Reise in die Emigration antreten. Zurück blieben in Wien vier Schwestern Sigmund Freuds, die alle in nationalsozialistischen Konzentrationslagern ermordet wurden. Einige Monate nach seiner Ankunft in seiner neuen Heimat gab Freud BBC ein Interview, in dem er die Erfahrung seiner Vertreibung in wenige Worte fasste: „Im Alter von 82 Jahren verließ ich infolge der deutschen Invasion mein Heim in Wien und kam nach England, wo ich mein Leben in Freiheit zu enden hoffe."

URL: http://www.freud-museum.at/de/sigmund-und-anna-freud/sigmund-freud-online.html, orthografisch angepasst (Aufruf: 1.3.2017)

- *Lesen Sie den Text zunächst in Partnerarbeit genau durch und unterstreichen Sie die wichtigsten Informationen.*
- *Klären Sie Verständnisschwierigkeiten mit Ihrem Partner.*
- *Einigen Sie sich mit Ihrem Partner darauf, welches die zentralen Informationen des Textes sind. Welche Informationen benötigt ein Zuhörer, der den Text nicht gelesen hat, um über den im Text geschilderten Sachverhalt informiert zu sein?*
- *Notieren Sie die zentralen Informationen auf einem „Spickzettel" so, dass Sie sie in einem kurzen mündlichen Vortrag geordnet darstellen können.*

[1] emigrieren: auswandern – [2] klerikal: kirchlich – [3] antisemitisch: antijüdisch – [4] Gestapo: Geheime Staatspolizei während der Zeit des Nationalsozialismus – [5] Visum: Ein- oder Ausreiseerlaubnis – [6] RM: Reichsmark

Baustein 5

Autor und Rezeption des Romans

Der letzte Baustein dieses Unterrichtsmodells befasst sich mit dem Autor Robert Seethaler, ausgewählten Rezensionen zum Roman „Der Trafikant" sowie Möglichkeiten des szenischen Umgangs mit dem Romantext. Gegenstand von Kapitel 5.1 sind zwei Interviews, in denen sich der Autor zu seiner Arbeit äußert. In Kapitel 5.2 widmen sich die Schülerinnen und Schüler Rezensionen zum Roman, auch um spezifische Merkmale der Textsorte Literaturrezension zu erarbeiten und für die eigene Textproduktion zu nutzen. Schließlich werden in Kapitel 5.3 Ideen des Landestheaters Salzburg für eine szenische Herangehensweise an den Romantext vorgestellt.

5.1 „Wer interessiert sich schon für Gattungen?" – Robert Seethaler als Autor

Robert Seethaler, 1966 in Wien geboren, wirkte nach einem Schauspielstudium in Wien in Fernseh- und Kinofilmen sowie Theaterproduktionen mit, bevor er sich zunehmend dem Schreiben widmete. Er ist inzwischen ein vielfach ausgezeichneter Schriftsteller und Drehbuchautor.[1] Mit seinen Romanen „Die Biene und der Kurt" (2006) und „Die weiteren Aussichten" (2008) wurde er einem breiteren Publikum bekannt. „Der Trafikant" (2012) und „Ein ganzes Leben" (2014) sind seine jüngsten Veröffentlichungen.
In einem Interview in der Stuttgarter Zeitung vom 21. Februar 2015[2] reflektiert der vielseitige Künstler seinen Berufswechsel vom Schauspieler zum Schriftsteller mit den folgenden Worten:

> „Der Ursprung für vieles in meinem Leben ist meine Sehbehinderung. Damit bin ich auf die Welt gekommen. Meine Fehlsichtigkeit liegt bei 19 Dioptrien. Ohne Sehhilfe bin ich nahezu blind. […] Ich wollte irgendwann einfach raus aus meiner dunklen Ecke, hinein in die Helligkeit. Das Rampenlicht war aber einfach nur grell, das habe ich nicht ertragen. Das Schreiben war ein Schritt zurück in einen Bereich, wo ich mich sicher fühlte. […] Das eine hat abgenommen, das andere zugenommen. Im Jahr 2001 habe ich mein letztes Stück gespielt. […] Ich würde es nicht mehr so machen [i. e. Schauspieler werden, Anm. d. Verf.], aber das ist mein Leben. Ja, das verbindet mich mit meinen Helden, das ist wohl so."

In dem Interview mit der Stuttgarter Zeitung äußert Robert Seethaler seine Verwunderung über Reaktionen auf seine Arbeit und distanziert sich damit auch von Aspekten des Literaturbetriebs und des literarischen Schaffens:

1 http://www.robert-seethaler.de
2 Ein weiteres, auch für den Unterricht verwendbares Interview findet sich in der Stuttgarter Zeitung vom 13. Mai 2016 unter http://www.stuttgarter-zeitung.de/inhalt.interview-mit-dem-autor-robert-seethaler-ich-muss-die-saetze-eher-zusammenzimmern.7f0af43d-384c-43fd-aeb1-46adb87e3824.html, zuletzt eingesehen am 29.08.2016.

„[...] umständliche Einlassungen über seine literarischen Stilmittel, seine Vorbilder, seine bevorzugten Gattungen wird man von ihm nicht hören. Er lässt auch kaum Interpretationen zu. ‚*Ich wundere mich immer, was die Leute alles in meine Bücher hineinlesen. Von Heimatroman ist die Rede, von Bergroman, von Idylle und Zivilisationskritik. Das ist alles überhaupt nicht meine Absicht gewesen. Wer interessiert sich schon für Gattungen?*'"

Äußerungen wie diese werfen – z. B. auch für Diskussionen im Unterrichtszusammenhang – die Frage auf, wie sich Seethaler in seinem Arbeiten selbst versteht: Sieht er sich als Künstler? Wie steht er zu den Traditionen schriftstellerischen Schaffens? Welche Bedeutung und Funktion hat Literatur für ihn? Einen auch für Schülerinnen und Schüler interessanten Einblick in seine Arbeit gibt Seethaler, der sich ansonsten in der Öffentlichkeit und in den Medien mit Äußerungen zu seiner Person und seiner Arbeit eher zurückhält, in einem Interview für die Zeitschrift „Psychologie Heute" im Mai 2015 (**Arbeitsblatt 31**, S. 125 ff.). In dem Gespräch geht es hauptsächlich um Seethalers Umgang mit seinen literarischen Figuren in den Romanen „Der Trafikant" und „Ein ganzes Leben".

Die Fokussierung auf den Autor im Unterschied zum Romantext oder zeitgeschichtlichen Kontext kann für die Schülerinnen und Schüler mithilfe eines Fragenkatalogs eingeleitet werden, den die Lerngruppe zu Beginn der Unterrichtsstunde entwickelt. Der Impuls dazu lautet wie folgt:

- *Stellen Sie sich vor, Sie sitzen Robert Seethaler im Zug gegenüber. Welche Fragen zu seiner schriftstellerischen Arbeit würden Sie ihm gerne stellen?*

Fragen, die die Schülerinnen und Schüler in diesem Zusammenhang entwickeln können, sind z. B.: „Wie kommen Sie auf Ihre Ideen?", „Mögen Sie Ihre Figuren?" oder „Fällt Ihnen das Schreiben schwer?" Die Fragen können an der Tafel gesammelt und nach der Textarbeit wieder aufgerufen werden.

Die anschließende inhaltliche Erarbeitung des umfangreichen Interviews kann arbeitsteilig gestaltet werden. Es bietet sich beispielsweise an, die Lerngruppe in drei Untergruppen aufzuteilen, innerhalb derer drei Textabschnitte jeweils in Partnerarbeit bearbeitet werden. Als Abschnitte können z. B. gewählt werden: erster Abschnitt Z. 1 – 73, zweiter Abschnitt Z. 74 – 144, dritter Abschnitt Z. 145 – 215. Der Arbeitsauftrag kann wie folgt lauten:

- *Arbeiten Sie Ihren Textabschnitt durch und unterstreichen Sie zentrale Aussagen Robert Seethalers zu seiner schriftstellerischen Arbeit.*
- *Verdichten Sie diese Aussagen sprachlich zu Thesen oder wählen Sie prägnante Zitate aus, die sich als Thesen eignen. Notieren Sie Ihre Ergebnisse.*

Die Thesen können in Form eines Tafelanschriebs oder Folienaufschriebs im Rahmen der Auswertungsphase des Arbeitsauftrags gesichert werden. Der Tafelanschrieb kann wie folgt formuliert werden:

Robert Seethaler – Mein Schreiben in Thesen

- In meinem Schreibprozess beginnt alles im nebelhaft Unbewussten.
- Beim Schreiben folge ich Bildern und Geschehnissen Stück für Stück.
- Jeder Mensch schöpft nur aus dem eigenen Erfahrungsschatz, deshalb bin ich meinen Figuren nah.
- Achtsamkeit sich selbst gegenüber ist der Schlüssel zur Figur.
- Ich bezweifle, dass Rührung und Gefühle ein Buch gut machen.
- Schreiben bedeutet auswählen, streichen, wegschnitzen.
- Eine kritische innere Distanz versetzt mich in Spannung beim Schreiben.
- Die Naivität mancher meiner Figuren ist eigentlich Offenheit.
- Ich baue nicht absichtlich sprachliche Gestaltungsmittel in meine Texte ein.

Eine Diskussion der Thesen kann sich direkt an die Auswertung anschließen und die Schülerinnen und Schüler zu Einschätzungen der Thesen bzw. der Aussagen Seethalers anregen. Da gerade die sprachliche Gestaltung literarischer Texte und deren Wirkung zentrale Gegenstände des Deutschunterrichts sind und ein entsprechendes Vorwissen aufseiten der Schülerinnen und Schüler besteht, ist es auch denkbar, die Diskussion durch ein provokatives Statement, das z. B. an die Tafel geschrieben wird, einzuleiten. Ein solches Statement, zu dem eine Stellungnahme der Schülerinnen und Schüler eingefordert werden kann, kann z. B. lauten: „Robert Seethaler unterschätzt die Wirkung literarischer Texte." Möglich ist hier auch der Einsatz seines eigenen Statements aus der Stuttgarter Zeitung: „Ich wundere mich immer, was die Leute alles in meine Bücher hineinlesen." (s. S. 119).

5.2 Rezensionen des Romans „Der Trafikant"

Der vorliegende Unterrichtsvorschlag zielt darauf, den Schülerinnen und Schülern rezensierende Zugänge zum Roman „Der Trafikant" vorzustellen und anhand dieser praktische Anregungen zur Erstellung und Überarbeitung einer eigenständigen Rezension zu sammeln. Als Textgrundlage steht hier eine Rezension der Frankfurter Allgemeinen Zeitung vom 02.11.2012 im Vordergrund. Weitere Texte zum Roman finden sich z. B. in der NZZ am Sonntag vom 27. Januar 2013 („Sigmund Freud im Tabakladen" von Manfred Papst, **Zusatzmaterial 2**) oder in der TAZ vom 06.08.2014 („Die Wahrheit: Freud, Franzl, meine Frau und Christoph" von Bernd Gieseking, **Zusatzmaterial 3**), wobei beim Einsatz des letztgenannten Textes zu beachten ist, dass es sich um eine Kolumne handelt.
Die Schülerinnen und Schüler werden zunächst aufgefordert, ihre Meinung zum Roman „Der Trafikant" in einem kurzen Text zu beschreiben:

- *Verfassen Sie einen kurzen Text, in dem Sie beschreiben, was Ihnen an dem Roman „Der Trafikant" gefallen hat und was nicht.*

Dies soll an dieser Stelle bewusst unbefangen und vorab geschehen, um die Meinungsbildung der Schülerinnen und Schüler unverfälscht und unbeeinflusst von später folgenden Rezensionstexten zu ermöglichen. Die Schülertexte werden anschließend exemplarisch im Plenum vorgestellt, um Aspekte zu sammeln und Fragen zu klären.

Auf die Phase der selbstständigen Textproduktion folgt die Lektüre einer professionell erstellten Rezension, die sich auf **Arbeitsblatt 32**, S. 128, findet. Die Schülerinnen und Schüler arbeiten den Text in Partnerarbeit unter folgender Aufgabenstellung durch:

- *Lesen Sie die Rezension zum Roman „Der Trafikant". Arbeiten Sie heraus, wie der Text aufgebaut ist.*
- *Markieren Sie wertende oder kommentierende Aussagen des Autors. Welche Beurteilung des Romans zeichnet sich darin ab?*

Die Ergebnisse können wie folgt an der Tafel oder auf Folie gesichert werden:

Rezension von Andreas Platthaus zum Roman „Der Trafikant"

- Aufbau der Rezension: Vorspann, Haupttext mit Teilüberschriften, Angaben zur Veröffentlichung (Verlag, Erscheinungsjahr etc.)
- Inhalt der Rezension: Handlung und Figuren des Romans, zeitgeschichtliche Einordnung, Wertungen des Romans
- wertende Elemente: „Roman mit bösem Zauber" (Z. 1); „schnörkellose Sprache" (Z. 46 f.); „hineinbohrt" (Z. 48 f.); „unerklärliche Leichtigkeit des Schreibens ist [...] wohltuend" (Z. 50 f.); „Seethalers Bosheit" (Z. 59); „Der Roman beschönigt nichts" (Z. 63)

→ Der Roman fasziniert durch Realismus und sprachliche Klarheit, mutet dem Leser jedoch ein enttäuschendes Ende zu.

In einem nächsten Schritt setzen die Schülerinnen und Schüler die Ergebnisse der Textanalyse für die Konzeption eigener rezensierender Texte ein, indem sie die folgende Aufgabenstellung z. B. in Partnerarbeit bearbeiten:

- *Erarbeiten Sie anhand des Textes eine Checkliste zur Erstellung einer Literaturkritik. Worauf müssen Sie achten, wenn Sie eine Kritik schreiben?*

Die Aufgaben werden gemeinsam im Plenum ausgewertet und es wird eine Checkliste erstellt. Diese kann z. B. wie folgt gestaltet werden:

Checkliste zur Erstellung einer Romankritik

- Der Artikel ist klar und übersichtlich aufgebaut.
- Der Text ist verständlich und lebendig geschrieben.
- Titel und Untertitel wecken das Interesse des Lesers.
- Die Kritik nennt wichtige Informationen zu Autor und Roman (z. B. Erscheinungsjahr, Umfang etc.).
- Sie gibt eine kurze inhaltliche Orientierung zur Romanhandlung (Präsens!) und benennt deren zentrale Themen.
- Sie nennt wichtige oder auffällige Texteigenschaften (z. B. Erzähltechnik, Schreibstil).
- Sie übt positive und negative Kritik, wobei beides angemessen begründet und ggf. mit geeigneten Beispielen aus dem Text belegt wird.
- Sie fasst (z. B. in einem Gesamturteil am Schluss) zusammen, warum der Roman lesenswert ist oder nicht.

Mithilfe von (z. B. auch sprachlichen) Anregungen aus der FAZ-Rezension und der Checkliste überarbeiten die Schülerinnen und Schüler anschließend ihre eigenen Texte, ggf. auch als Hausaufgabe für die Folgestunde.

- *Überarbeiten Sie den Text, den Sie zu Beginn der Stunde geschrieben haben, mithilfe der Ihnen nun zur Verfügung stehenden Hilfestellungen.*

Die überarbeiteten Texte werden in einem nächsten Schritt z. B. in Vierergruppen vorgestellt und besprochen.

- *Tauschen Sie Ihre Texte in einer Vierergruppe untereinander aus und geben Sie sich gegenseitig sachgemäße Feedbacks zur Qualität der Texte.*

- *Wählen Sie einen Text in der Gruppe aus, den Sie im Plenum vorstellen. Begründen Sie Ihre Wahl.*

Bei letzterem Schritt sollten die Schülerinnen und Schüler darauf hingewiesen werden, dass nicht nur besonders gelungene Texte präsentationswürdig sind, sondern auch jene, die problematisch erscheinen oder Fragen aufwerfen, die gemeinsam geklärt werden können.

Eine abschließende Vertiefung kann über **Arbeitsblatt 33**, S. 129, erfolgen, das Hintergrundinformationen zur literarischen Kritik und deren Funktionen bereitstellt. So kann z. B. nach der Lektüre des Arbeitsblatts danach gefragt werden, welche Funktionen die Schülerinnen und Schüler besonders wichtig oder fragwürdig finden. Auch ein Blick auf die Rückseite des Buchcovers der Textausgabe ist in diesem Zusammenhang aufschlussreich, da hier ausschließlich positive Zitate aus Rezensionen aufgeführt und damit im Sinne der Werbung funktionalisiert sind.

5.3 „Der Trafikant“ auf der Theaterbühne

Durch seine einfache Sprache, den eingängigen Erzählduktus und die Verdichtung auf prägnante Szenen im Erzählzusammenhang eignet sich der Roman „Der Trafikant“ für den Einsatz szenischer Verfahren und dramaturgische Bearbeitungen des Romantextes im Unterricht.
Die Uraufführung einer für die Bühne bearbeiteten Version fand am 30. Januar 2016 am Salzburger Landestheater unter der Regie von Volkmar Kamm statt. **Arbeitsblatt 34**, S. 130, zeigt zwei Szenenfotos dieser Inszenierung, auf denen zum einen Franz Huchel und Sigmund Freud im gemeinsamen Gespräch zu sehen sind, zum anderen eine Konfliktszene zwischen dem Fleischermeister Roßhuber und Otto Trsnjek, während der Franz anwesend ist. Das Arbeitsblatt kann als Einstieg zur szenischen Arbeit am Text dienen, begleitet von den folgenden Impulsen:

- *Beschreiben Sie die Bilder. Welche Figuren sind darauf zu sehen? Welche Szenen im Roman werden dargestellt?*

- *Wie wirken die Darsteller der Bühneninszenierung in ihren Rollen auf Sie? In welchem Verhältnis steht dies zu Ihren eigenen Vorstellungen von den Romanfiguren?*

Nach einer ersten Diskussion zu den Szenenfotos können Passagen oder Themen des Romans von den Schülerinnen und Schülern szenisch umgesetzt oder bearbeitet werden, z. B. in Form eines einfachen dreispaltigen Regiebuches (Rolle, Text, Sprech- und Spielanweisung).
Die folgenden Ideen sind, von Anpassungen an die Struktur dieses Unterrichtsmodells abgesehen, der theaterpädagogischen Unterrichtsmappe zur Inszenierung des Stückes am Landestheater Salzburg entnommen.[1] Sie zielen auf eine Sensibilisierung der Schülerinnen und Schüler für Prozesse der Textgestaltung im Rahmen szenischer Umformungen, bieten aber auch die Möglichkeit, durch Improvisationsübungen die Gedanken und Gefühle einzelner Figuren zu erarbeiten. Ein Lösungsvorschlag zu Übung 1 (Szene der ersten Begegnung von Franz und Otto Trsnjek, Roman S. 22 – 27), mit dem die Schülerergebnisse beispielsweise auch verglichen werden können, findet sich auf **Arbeitsblatt 35**, S. 131; sie kann alternativ auch direkt szenisch umgesetzt werden. Die Szene zu Übung 3 (Gespräch zwischen Franz und Freud, Roman S. 130 – 133), die gespielt werden soll, ist auf **Arbeitsblatt 36**, S. 132, abgedruckt.

Die folgenden Arbeitsaufträge können auch als Karten kopiert an die Schülerinnen und Schüler ausgegeben werden:

Übung 1: Vom Roman zum Theaterstück

Ablauf:

1. Schritt:
Lesen Sie den Ausschnitt aus Robert Seethalers Roman „Der Trafikant“, in dem Franz Huchel dem Trafikanten Otto Trsnjek zum ersten Mal begegnet (Romantext, S. 22 – 27). Diskutieren Sie in Kleingruppen von drei Personen darüber, welche Stellen Sie auswählen würden, um daraus eine Textfassung für ein Theaterstück zu machen.

Was kann man weglassen?
Was ist wesentlich?
Welche Textstellen kann man spielerisch umsetzen und sollten in Regieanweisungen umformuliert werden?

2. Schritt:
Nachdem Sie die entsprechenden Stellen im Text markiert und Regieanweisungen dazu mit den jeweiligen Sprecheinsätzen auf einem Begleitblatt notiert haben, liest jede Gruppe ihre Szene vor der Klasse in verteilten Rollen vor, wobei einer die Regieanweisungen liest.

Übung 2: Improvisation „Gedanken abfragen“

Die besondere Herausforderung der Spielweise in der Aufführung ist, dass die Hauptfigur Franz Huchel immer wieder zwischen Dialog und an das Publikum gesprochenen Erzähltext wechseln muss, um auch seine inneren Gedanken preiszugeben. Führen Sie eine kurze Improvisation durch, um diese Technik einzuüben.

[1] Der Trafikant. Unterrichtsmaterialien. Hg. v. Salzburger Landestheater. Salzburg 2015.

Ablauf:

1. Schritt:
Jeweils zwei Schüler/innen improvisieren die Szene der Begegnung zwischen Franz und dem Trafikanten nach erneutem Lesen in der direkten Rede. Der/die Spielleiter/in kann das Geschehen an beliebigen Stellen unterbrechen (jedoch nicht öfter als drei Mal), um den/die Darsteller/in des Franz nach seinen Gefühlen und Gedanken in dem Moment zu fragen. Beim „Gedankenabfragen“ wird die Spielhandlung mit einem „Stopp“ angehalten und die TeilnehmerInnen in der Rolle mittels Berührungsimpuls seitens der Spielleiterin/des Spielleiters dazu aufgefordert, ihre Gedanken zu äußern. Der/die Spieler/in erstarrt in seiner/ihrer Haltung und sagt, was ihm/ihr gerade durch den Kopf geht. Ziel ist es, private Gedanken einer Figur zu erhellen. Als innerer Dialogpartner lenkt der/die Spielleiter/in durch Fragen die Aufmerksamkeit auf Aspekte, welche der/die Spieler/in in dem Moment selber nicht wahrnimmt. So können Absichten, Haltungen und Gefühle geklärt werden.

Fragen können sein:

- Wie sieht es in der Trafik aus?
- Gefällt es dir hier? Kannst du dir vorstellen, hier zu arbeiten?
- Wie fühlst du dich gerade?
- Was denkst du über den Trafikanten? Ist er dir sympathisch?
- Wärst du lieber wieder zuhause?

2. Schritt:
Nun kann in Fortsetzung auch die Szene anhand des Spieltextes nachgespielt werden. Überlegen Sie, was aus der Improvisation als spielerische Handlung mit in die Szene genommen werden kann.

Übung 3: Die ungleiche Freundschaft zwischen Franz und Freud

Ablauf:

Lesen Sie die Szene zwischen Franz und Freud (**Arbeitsblatt 36**, S. 132) in verteilten Rollen in Gruppen zu je drei Personen. Studierenden Sie sie in ca. 10 Minuten ein und präsentieren Sie sie vor der Klasse. Leiten Sie dabei die Aufmerksamkeit auf Haltungen und Gefühle der beiden Personen.

- Sigmund Freud ist ein alter, gesundheitlich angegriffener Professor. Wie wird er sich geben, stehen, gehen? Wie spricht er?
- Franz ist gerade in emotionalem Aufruhr. Wird er sitzen oder eher stehen oder hin und her gehen? Wie spricht er? Wie kann durch Sprache Aufregung, Verliebtsein, Verwirrung ausgedrückt werden?
- Was verändert sich in der Situation, wenn auf einmal die äußeren Ereignisse durch den Parkwächter in das private Gespräch eindringen?

„Freud kennt sich mit der Liebe auch nicht aus"

Ein Interview der Psychologin und Journalistin Anne Otto mit Robert Seethaler in Psychologie Heute

Robert Seethaler schafft in seinen Romanen immer wieder ungewöhnliche Begegnungen zwischen gegensätzlichen Charakteren. Durch seine klare, knappe Sprache wird sogar die zaghafte Freundschaft zwischen dem greisen Sigmund Freud und einem 17-jährigen Lehrling glaubwürdig.

Das Treffen mit Robert Seethaler findet in einem privaten Seminarhaus in Berlin-Mitte statt. Es gibt Kaffee, Tee, Kekse. Zwei Räume stehen für das Gespräch zur Auswahl, der Autor schaut kurz in beide, steuert dann zielstrebig den größeren, helleren an. Auf die Fragen im Interview reagiert er teils zügig und mit Gegenfragen, teils mit so großer Konzentration, dass er die Augen schließt und tief nachdenkt, bevor er seine Antwort mit klarer Stimme formuliert. In den fünf Büchern des Österreichers stehen immer wieder Außenseiter oder Eigenbrötler im Mittelpunkt, die – in einer schlichten, nüchternen Sprache beschrieben – zu Sympathieträgern werden.
Sein Roman *Der Trafikant*, in dem es um eine Begegnung von einem Tabakladen-Lehrling mit Sigmund Freud im Wien der Dreißigerjahre geht, ist ein Bestseller. Ebenso sein neuer Roman *Ein ganzes Leben*, der das Leben eines Tagelöhners in den Alpen während des letzten Jahrhunderts schildert. In seinem eigenen Leben hat Seethaler zunächst Schauspiel in Wien studiert, in zahlreichen Kino- und Fernsehproduktionen mitgespielt. Später schrieb er Drehbücher, studierte Psychologie und fing irgendwann mit dem Romanschreiben an.

Herr Seethaler, in Ihren Romanen treffen immer wieder sehr unterschiedliche Charaktere aufeinander. Was interessiert Sie an diesen Begegnungen?
Meine Geschichten fangen tatsächlich oft mit dem ersten Aufeinandertreffen zweier Personen an. Von einer Begegnung würde ich noch nicht sprechen, eher von einer Erscheinung. In *Die weiteren Aussichten* löst sich etwa zu Beginn eine Figur aus der Weite der Landstraße, nämlich Hilde, und erregt im Betrachter, dem einsamen Tankwart Herbert, eine nie gekannte Sehnsucht. In *Der Trafikant* sieht der 17-jährige Franz dem alten Sigmund Freud beim Zigarrenkauf zu. Diese Erscheinungen drängen sich ins Bild, ins Leben, sie lassen sich nicht abwimmeln. Aber erst wenn man sich bewusst darauf einlässt, wird es eine Begegnung.

Wie wird denn konkret aus einer Erscheinung eine Begegnung?
Es ist ein bisschen wie im Theater: Sobald eine Person aufgetreten ist, verändert sich das Gesamtbild. Dann wird es spannend, wie der Protagonist mit dieser ersten flüchtigen Wahrnehmung umgeht. Er kann sie zurückweisen. Oder sich darauf einlassen. Meine Hauptfiguren und auch ich selbst haben eher die Haltung, die Erscheinung wahrzunehmen, genau zu gucken, was das für ein Mensch ist, wie er aussieht, wie er sich gibt. Dieses genaue Gucken ist der Schlüssel zur Kontaktaufnahme. Und wenn erst mal ein Kontakt entstanden ist, verändert sich sofort die Dynamik der Geschichte.

Wissen Sie eigentlich schon vor dem Schreiben, welche Figuren aufeinandertreffen – und was für eine Dynamik die Geschichte entwickeln wird?
Nein, auch im Schreibprozess beginnt alles im nebelhaft Unbewussten, ein kleiner Lichtpunkt taucht verschwommen am Horizont auf und wächst sich im besten Fall zu einem Interesse aus. Es kann eine Szene sein, eine Empfindung, eine Figur – und mit dieser einen vagen Szene wächst dann eine Art Struktur, kommen erste Bilder, ein grober Ablauf, dann lege ich los. Ich folge den Bildern, den Geschehnissen, wenn man so will, von einem Kontakt zum nächsten.

Können Sie ein Beispiel für eine solche erste nebelhafte Szene geben?
Als Jugendlicher war ich oft Ski fahren. Aus diesen Ferien habe ich eine Gefühlserinnerung mitgenommen, die mich mein Leben lang begleitet: Ich sitze allein auf dem Skilift, gleite den Berg hinauf, erst ist alles noch laut, es sausen Skifahrer unten vorbei. Dann kommt irgendwann eine steilere, waldige Stelle, es wird ruhiger, und da ist dann plötzlich diese unfassbare Stille, eine wunderschöne Schneestille, die einerseits beruhigt und andererseits zutiefst ängstigt. Aus dieser starken Erinnerung ist die Idee entstanden, über einen Mann zu schreiben, der in den Bergen lebt und arbeitet. Und in dem Roman *Ein ganzes Leben* habe ich das dann auch getan.

Es gibt also in Ihrem Leben keine Person, die der Hauptfigur Egger, dessen komplettes Leben Sie ja beschreiben, ähnelt?
Nein. Ich kenne keine Person, die Egger ähnelt. Das sage ich jetzt – und gleichzeitig stimmt es nicht, denn jeder Mensch schöpft ja nur aus dem eigenen Erfahrungsschatz. Etwas in mir kennt ihn, kennt etwas von seiner schlichten Art. Ich weiß übrigens oft intuitiv,

wie meine Figuren sich fühlen, bin ihnen nah. Aber ich wüsste nicht, wie ihre Gesichter aussehen.

Wie gelingt es Ihnen, den Figuren so nah zu kommen, dass Sie ihre Emotionen und Absichten kennen?
Es lässt sich auf das Wort Achtsamkeit reduzieren: Gib acht, was für Bilder und Gefühle du entwickelst! Gib acht, was das für eine Person ist, die da vor dir sitzt oder steht, wie bewegt sie sich, was tut sie? Ich will genau wahrnehmen, was ich sehe, höre, rieche – und zwar ohne zu bewerten. Achtsamkeit sich selbst gegenüber ist der Schlüssel zur Figur. Denn die Figuren sind ja Geister meiner Seele – also nehme ich erst mal Kontakt zu mir selbst auf, zu allen Gefühlen, Gedanken. Manchmal geht das ans Eingemachte, es tauchen ja auch unangenehme Emotionen auf.

Welche Szenen haben beim Schreiben solche unangenehmen Gefühle ausgelöst?
Es passiert ständig. Die prägnantesten Erinnerungen an Trauer oder Wut hab ich an den ersten Roman *Die Biene und der Kurt*. In verschlüsselter Form erzähle ich dort viel über mein Leben: Die Biene, ein 16-jähriges Mädchen, bricht aus einem Mädchenwohnheim aus, sie ist undefiniert, hat kaum Stimme, eine ganz dicke Brille, so wie ich früher. Ich hatte als Kind einen Wert von 17 Dioptrien auf beiden Augen, war auf einer Sehbehinderten-Grundschule. Diese Gemeinsamkeit brachte mir die Figur nah. Erschütternd war für mich auch, dass Teile dieser Figur für mich im vorsprachlichen Bereich liegen: Sie hatte kaum Sprache, fast nichts zur Verfügung – nur einen großen Überlebenswillen. Beim Aufbruch der Biene aus dem Wohnheim war mir tieftraurig zumute.

Viele Autoren erzählen, dass Gefühle wie Trauer und Wut ihnen helfen, bessere, dichtere Geschichten zu schreiben.
Da möchte ich mich nicht einreihen. Ich bezweifele, dass Rührung und Gefühle ein Buch gut machen. Natürlich geht es einerseits darum, an eigene Grenzen zu gehen, andererseits ist es aber unerlässlich, auch wieder Distanz zum Geschriebenen zu kriegen. Schreiben bedeutet auswählen, streichen, wegschnitzen. Das ist die Arbeit, die anstrengend ist. Mit allem, was ich schreibe, muss ich mich vor einer Instanz in mir selbst behaupten. Sie fragt: Ist das gut genug? Reicht das? Manchmal hat die kritische Position recht, manchmal muss man sich gegen sie durchsetzen und sagen: „Nee, so stimmt es.“ Diese Spannung zu halten, das ist für mich Schreiben.

Viele Ihrer Hauptfiguren sind ja ähnlich gestrickt. Der Lehrling Franz Huchel aus Der Trafikant *und der Seilbahnarbeiter Egger aus* Ein ganzes Leben *wirken naiv, manchmal sogar schlicht. Ist das bewusst so gewählt?*
Ja. Naivität hat für mich viel mit Offenheit zu tun, nicht mit Dummheit. Meine Figuren sind häufig bereit, ihre Grenzen zu erweitern, sich auf andere einzulassen, sie staunen über sich und die Welt und gehen dem nach. Nicht naiv zu sein heißt dagegen für mich, eine „fertige“ Persönlichkeit zu sein – also starr und festgefahren. Die naive Haltung der Figuren gefällt mir auch aus einem profanen Grund gut: Ich bin kein Intellektueller. Das einfache Herz, das in mir steckt, der einfache Geist, das lege ich auch in die Figuren.

Eine sehr naive und berührende Begegnung ist die zwischen Franz, dem Lehrling in einem Tabakwarenkiosk, und dem 80-jährigen Sigmund Freud. Wer war eigentlich zuerst da?
Ich wollte gern über Freud schreiben, aber über ihn ist schon so viel gesagt worden, dass mir schnell klar war: Ich brauche einen anderen Zugang. Dieser Zugang kam über Franz – einen jungen Mann, der einen vorurteilsfreien Blick auf den alten Psychoanalytiker zulässt: Er guckt, wie Freud dasitzt, Zigarre raucht. Franz hat die Bücher von Freud nicht gelesen, trotzdem bekommt er einen Eindruck, was um ihn herum passiert, was ihm wichtig ist. Franz selbst versteht die Welt nicht, versteht die Liebe nicht – und Freud gibt ja dann zu, dass er sich mit der Liebe auch nicht auskennt.

Wie haben Sie diese beiden Figuren zueinandergebracht? Durch Dialoge, Gesten, besonderen Szenenaufbau?
Ich finde es entscheidend, wie die beiden sich gegenseitig betrachten, was sie voneinander denken. Ich beschreibe ja vor allem die Perspektive von Franz, der einen alten Mann sieht, der eine Haut hat wie Seidenpapier, er sieht das Verletzliche an Freud. Auch die Art der Dialoge ist wichtig. Die wenigen Gespräche der beiden haben da einen Aufbau. Beim letzten Treffen etwa wird vor allem geschwiegen. Es ist ein großer Abschied. Freud muss vor den Nazis fliehen, geht nach London und letztlich dem Tod entgegen.

Auch wenn die Geschichte fast eine Miniatur ist – sie wirkt wie ein Symbol für etwas Größeres. Der Abschied von Freud steht für den Abschied von einer westlichen, aufgeklärten Welt, die ins Wanken gerät.
Freud kann man sich einfach nicht ohne die Geschichte nähern. Es reicht aus, dass ich mich um das Kleine kümmere. Der große, zeitgeschichtliche Hintergrund schwingt dennoch immer mit. Eigentlich mag ich Symbole oder Metaphern nicht besonders, sie gehen meist schief. Trotzdem ertappe ich mich immer mal wieder dabei, dass ich sie schreibe, aber das ist gar nicht so gedacht.

Sie interessieren sich für Freuds Psychoanalyse und haben selbst Psychologie studiert. Was fasziniert Sie daran?

Das Studium war ein Traum, den ich mir erfüllt habe. Ich komme aus einer Arbeiterfamilie, bin mit 15 Jahren von der Schule gegangen, hatte zwar viele Freunde, die Abitur gemacht und studiert haben, aber ich stand immer etwas außerhalb. Das hab ich vor zehn Jahren noch mal ändern wollen, hab das Abitur mühsam nachgemacht, Psychologie studiert. Komischerweise hab ich es aus dem Ärmel geschüttelt – lauter Einsen in Statistik. [lacht] Dann habe ich das Studium abgebrochen, weil die Schreiberei zu groß wurde. Für mich war es aber gut. Ich habe verstanden, dass ich in dem Bereich nicht arbeiten will. [...]

In: Psychologie Heute (Ausgabe Mai 2015, S. 74 – 77).
URL: http://www.robert-seethaler.de/#c214 (Abruf: 1.3.2017)

- *Arbeiten Sie Ihren Textabschnitt durch und unterstreichen Sie zentrale Aussagen Robert Seethalers zu seiner schriftstellerischen Arbeit.*
- *Verdichten Sie diese Aussagen sprachlich zu Thesen oder wählen Sie prägnante Zitate aus, die sich als Thesen eignen. Notieren Sie Ihre Ergebnisse.*

Andreas Platthaus: Der Trafikant – Freuds Freund (Rezension)

Robert Seethaler hat einen Roman mit bösem Zauber geschrieben: Ein herzensguter Junge soll im Wien der späten Dreißigerjahre seinen eigenen Weg finden. Er trifft auf Liebe, Hass, Politik – und Sigmund Freud.

Gern sagt man, kleine Ursachen könnten große Folgen zeitigen. In Robert Seethalers Roman „Der Trafikant“ scheint es zunächst umgekehrt zu sein. Im Salzkammergut wird Alois Preininger beim Baden während eines Gewitters vom Blitz erschlagen […]. Folgen: Mit seinem Leben endet auch die Begünstigung seiner Geliebten, der Mutter von Franz Huchel (der aber nicht das Kind des ebenso lebensprallen wie lebenstüchtigen, nun aber eben toten Alois ist), und deshalb schickt sie ihren verzärtelten Siebzehnjährigen nach Wien zu einem verflossenen anderen Geliebten (der auch nicht der Vater von Franz ist). Dort soll der Junge seinen eigenen Weg gehen.

Ein kleiner Schritt vom Salzkammergut nach Wien, selbst für ein Muttersöhnchen, sollte man aus deutscher Perspektive meinen, aber für österreichische Verhältnisse ist es eine halbe Welt. Zumal im Jahr 1937, als zwischen Metropole und Provinz in der nicht einmal seit zwanzig Jahren bestehenden Republik eher ganze Welten liegen. Für Franz jedenfalls tun sie sich in Wien auf: Die große Stadt lehrt ihn die Menschen kennen und erkennen, Liebe und Hass, Politik und Freundschaft. Und Sigmund Freud.

Unglaubliches Getriebe

Der ist Kunde in der Trafik von Otto Trsnjek, jenes ehemaligen Geliebten der Mutter aus der Vorkriegszeit. Für den Kaiser ließ Trsnjek ein Bein; um den Invaliden zu versorgen, machte die Republik ihn zum Trafikanten, er dankt es ihr mit republikanischer Treue, als die Nazis kommen. Denn darauf steuert Seethalers Roman natürlich zu: aufs Jahr 1938, auf den „Anschluss“, den Einschnitt, der alles ändert in Wien. Franz ist noch nicht lange genug da, um verstehen zu können, was der Stadt widerfährt. Aber Freud muss plötzlich weg, und Otto Trsnjek wird verhaftet. Fortan ist Franz der Trafikant, und somit bezeichnet der Titel von Seethalers Roman eine Kontinuität, die aber unter den neuen Machthabern keinen Bestand haben kann. […]

„Der Bursche blühte“

Seethalers Protagonist ist ein reiner Tor und möchte es bleiben: […] An diesem Dilemma des erwachenden Erwachsenen leidet der herzensgute, schlichte Franz, und Seethalers Prosa bildet das mit einer schnörkellosen Sprache ab, obwohl sich der Erzähler in die Köpfe und Augenhöhlen aller seiner Protagonisten hineinbohrt.

Doch diese unerklärliche Leichtigkeit des Schreibens ist so wohltuend, wie auch die Unkompliziertheit von Franz empfunden wird: „Freuds Gesicht hellte sich auf. Eigentlich hatte er sich in Gegenwart sogenannter ‚einfacher Leute‘ immer ein wenig unbeholfen und deplatziert gefühlt. Mit diesem Franz aber verhielt es sich anders. Der Bursche blühte. […] [I]n diesem jungen Mann pulsierte das frische, kraftvolle und obendrein noch ziemlich unbedarfte Leben.“

Am Ende holen ihn die Schergen

Franz ist ein Hoffnungsträger, und Seethalers Bosheit – er ist Wiener – besteht darin, auch uns als Leser auf den jungen Mann hoffen zu lassen. Lange blüht er fort. Dann verglüht er.

Der Roman beschönigt nichts; es gibt keine Rettung aus dem Wiener Totentanz des Jahres 1938. Doch eine wurschtelt sich durch: Anezka, die dralle Böhmin, eine Artistin, in die sich Franz im Prater verguckt hat und die ihn liebt, aber eben nicht nur ihn. Menschen mit festen Überzeugungen kommen um im „Trafikant“. Bis auf die Mutter, die an der Peripherie bleibt, aber ihrem Franz mit der schriftlich immer neu bestätigten Liebe den Rücken stärkt.

Am Ende wird der Tor wissend geworden sein, und doch versperrt er, als ihn die Schergen abholen, die Tür zur Trafik: „Weil wer weiß schon, was sein wird?“ Wir wissen es, und Seethaler weiß das. Aus diesem wechselseitigen Wissen entsteht der böse Zauber dieses Romans.

Robert Seethaler: „Der Trafikant“. Roman. Kein & Aber, Zürich 2012. 250 S., geb., 19,90 Euro.

In: Frankfurter Allgemeine Zeitung vom 2.11.2012. Zit nach URL: http://www.faz.net/aktuell/feuilleton/buecher/rezensionen/belletristik/robert-seethaler-der-trafikant-freuds-freund-11947460.html (Aufruf: 1.3.2017)

- *Lesen Sie die Rezension zum Roman „Der Trafikant“. Arbeiten Sie heraus, wie der Text aufgebaut ist.*
- *Markieren Sie wertende oder kommentierende Aussagen des Autors. Welche Beurteilung des Romans zeichnet sich darin ab?*

Best.-Nr. 022690

Was ist Kritik und wozu wird kritisiert?

Man kann den Begriff „Literaturkritik" weit oder eng bestimmen. Eine weite Bestimmung findet sich im *Reallexikon der deutschen Literaturwissenschaft*.
„Literaturkritik ist jede Art kommentierende, urteilende, denunzierende, werbende, auch klassifizierend-orientierende Äußerung über Literatur, d.h., was jeweils als ‚Literatur' gilt."

Literaturkritik wäre dann zum Beispiel:
- eine Besprechung des neuen Romans von Paul Auster in der Zeitung,
- das, was mir mein Brieffreund aus New York über diesen Roman schreibt,
- die Meinung eines Klassenkameraden,
- mein Kauf des Romans in der Buchhandlung,
- das, was ich mir in meinem „Bücher-Tagebuch" nach der Lektüre der ersten 50 Seiten notiere,
- die Tatsache, dass ich das Buch kurz darauf gelangweilt weglege.

Mit anderen Worten: „Literaturkritik" wäre darin nichts anderes als „Literarische Wertung". Daher wird der **Begriff Literaturkritik** üblicherweise enger gefasst:
„Literaturkritik" meint heute in der deutschsprachigen Kultur meist die informierende, interpretierende und wertende Auseinandersetzung mit vorrangig neu erschienener Literatur und zeitgenössischen Autoren in den Massenmedien.
Was die „echte", d.h. professionelle Literaturkritik demnach von privaten Gesprächen und Urteilen über Bücher und Autoren unterscheidet, ist zunächst, dass sie **öffentlich** stattfindet, also von **einem Medium veröffentlicht wird**. Medien, das sind Zeitungen und Zeitschriften, der Rundfunk und das Fernsehen sowie das Internet.

Der deutsche Wortgebrauch unterscheidet sich etwas von dem in anderen Ländern. In den angelsächsischen Ländern oder in Frankreich bedeuten ***literary criticism*** bzw. ***critique litteraire*** nicht nur (wie im deutschsprachigen Raum) die in den Massenmedien veröffentlichte Auseinandersetzung mit Literatur, sondern ebenso die wissenschaftliche Beschäftigung mit Literatur an der Universität. Im deutschsprachigen Raum dagegen werden Literaturkritik und -wissenschaft begrifflich stärker unterschieden. Die zitierte Definition weist bereits darauf hin, dass der Institution der Literaturkritik **verschiedene Funktionen** zukommen; genannt werden Informieren, Interpretieren und Werten. Diese Funktionen sind die Aufgaben der Kritik innerhalb des Literatur- und Kulturbetriebs. Aus Sicht von Kultur und Gesellschaft gibt es einen Bedarf nach einer Institution, die diese Aufgaben erfüllt. Solange dieser Bedarf besteht oder er nicht anderweitig gedeckt wird, hat die Literaturkritik in ihrer jetzigen Form ihre Existenzberechtigung.

Die zehn Funktionen der Literaturkritik
- informierende Orientierungsfunktion
- Selektionsfunktion
- didaktisch-vermittelnde Funktion für das Publikum
- didaktisch-sanktionierende Funktion für Literaturproduzenten (Autoren, Verlage)
- reflexions- und kommunikationsstimulierende Funktion
- Erinnerungsfunktion
- Unterhaltungsfunktion
- Werbefunktion
- wissenspopularisierende Funktion
- politische Funktion

Aus: Oliver Pfohlmann: Literaturkritik und literarische Wertung. Hollfeld: Bange Verlag 2008, S. 55 f.

■ *Welche Funktionen der Literaturkritik erscheinen Ihnen besonders wichtig oder fragwürdig?*

Best.-Nr. 022690

Szenenfotos aus der Inszenierung „Der Trafikant“ am Landestheater Salzburg (Uraufführung am 30.01.2016)

Hanno Waldner und Axel Meinhardt als Franz und Sigmund Freud

Sascha Oskar Weis, Walter Sachers und Hanno Waldner als Roßhuber, Otto Trnsjek und Franz (v.l.n.r.)

BS 5

Best.-Nr. 022690

Szene aus „Der Trafikant“ – Erste Begegnung

Bühneneinrichtung für das Salzburger Landestheater von Volkmar Kamm

2. Szene: TRSNJEK

FRANZ: Otto Trsnjeks kleine Tabaktrafik lag im neunten Wiener Gemeindebezirk an der Währingerstraße, eingezwängt zwischen dem Installationsbüro Veithammer und der Fleischhauerei Roßhuber. (Liest die Aufschrift:) „Tabaktrafik Trsnjek, Zeitungen, Schreibwaren, Rauchwaren, seit 1919.“

FRANZ: *(legt sich mit Spucke die Haare zurecht und tritt ein, die Ladenglocke läutet)* Grüß Gott!

TRSNJEK: *(sitzt hinter der Verkaufstheke und führt Buch)* Servus, Franzl. *(Der Verkaufsraum ist winzig und bis unter die Decke vollgestopft mit Zeitungen, Zeitschriften, Rauch-, Schreib- und Kleinwaren.)*

FRANZ: Wieso wissen Sie denn, wer ich bin?

TRSNJEK: Dir hängt ja noch das halbe Salzkammergut an den Füßen!

FRANZ: Und Sie sind der Otto Trsnjek.

TRSNJEK: Genau. *(Steht auf. Da links beinamputiert, geht er an Krücken. Das betroffene Hosenbein ist unterm Knie abgeschnürt. Zeigt mit einer Krücke auf das Warensortiment ringsum:)* Und das hier sind meine Bekannten, meine Freunde. Meine Familie. Am liebsten möchte ich sie alle behalten. Aber ich geb sie trotzdem her. Und weißt du auch, warum?

FRANZ: *(zuckt die Schultern)*

TRSNJEK: Weil ich Trafikant bin. Weil ich Trafikant sein will. Und weil ich immer Trafikant sein werde. Bis der Herrgott bei mir die Rollos herunterlässt. So einfach ist das!

FRANZ: Aha.

TRSNJEK: Genau. Und wie geht es deiner Mutter?

FRANZ: Eigentlich wie immer. Schöne Grüße soll ich ausrichten!

TRSNJEK: Danke. Also: Dein hauptsächlicher Arbeitsplatz ist dieser Hocker. Dort wirst du ruhig sitzen, nicht reden, auf Anweisungen warten. Und Zeitung lesen. Die Zeitungslektüre ist nämlich überhaupt das einzig Wichtige, das einzig Bedeutsame und Relevante am Trafikantendasein; keine Zeitung zu lesen hieße, kein Trafikant zu sein; wenn nicht gar: kein Mensch zu sein.

FRANZ: Aha.

TRSNJEK: Denn der Kunde will vom Trafikanten beraten, informiert und mit sanftem Nachdruck oder nachdrücklicher Sanftmut an das für ihn an diesem Tage, zu dieser Stunde, in dieser Stimmung gerade angemessene Blatt herangeführt werden. Hast du das verstanden?

FRANZ: Verstanden.

TRSNJEK: Dann das Rauchzeug. Zigaretten kann jeder dahergelaufene Bauernlümmel verkaufen, weil sie dienen der Sucht. Ganz anders – aber wirklich ganz anders! – verhält es sich mit den Zigarren. Erst das Aroma, der Duft, der Geschmack und die Würze von Zigarren verwandelt eine Trafik in einen Tempel sowohl des Geistes als auch des Genusses. Hast du das begriffen?

FRANZ: Begriffen.

TRSNJEK: Das Problem, das große Problem – ist die Politik. Die Politik verhunzt nämlich grundsätzlich alles und jedes, und da ist es ziemlich egal, wer da gerade mit seinem breitgesessenen Hintern die Regierung bildet, ob der Kaiser selig, der Zwerg Dollfuß, sein Lehrling Schuschnigg oder drüben der größenwahnsinnige Hitler: von der Politik wird alles und jedes verhunzt, verpatzt, versaut, verdummt und überhaupt irgendwie zugrunde gerichtet.

Zum Beispiel das Zigarrengeschäft. Gerade und vor allem das Zigarrengeschäft! Es sind ja heutzutage kaum noch Zigarren zu kriegen! So manche Kiste steht nur mehr hier zur Dekoration, praktisch als eine Art trauriges Andenken an bessere Zeiten! Arbeitsbeginn sechs Uhr morgens. Logie nebenan in der Lagerkammer. So ist das. Genauso ist das und nicht anders.

- *Vergleichen Sie die vorliegende Szene mit dem Romantext auf S. 22–27. Wie wurde hier mit der Textvorlage umgegangen?*
- *Üben Sie die Szene ein und spielen Sie sie mit verteilten Rollen vor der Klasse bzw. dem Kurs.*

Szene aus „Der Trafikant" – Franz und Freud

Bühneneinrichtung für das Salzburger Landestheater von Volkmar Kamm

10. Szene: FREUD

FREUD: Ich hoffe, dass deine Bemühungen, das weibliche Geschlecht betreffend zum Erfolg geführt haben.

FRANZ: Genau deswegen wollte ich mit Ihnen sprechen.

FREUD: Hast du sie gesucht?

FRANZ: Ja, Herr Professor.

FREUD: Hast du sie gefunden?

FRANZ: Ja, Herr Professor!

FREUD: Hast du sie gefragt, wie sie heißt?

FRANZ: Ja, Herr Professor.

FREUD: Soll ich dir vielleicht jedes Wort einzeln aus der Großhirnrinde pressen?

FRANZ: Nein, Herr Professor. Sie heißt Anezka!

FREUD: Böhmin?

FRANZ: Ja.

FREUD: Die böhmische Küche ist ja wirklich ganz wunderbar.

FRANZ: Ja, wunderbar ...

PARKWÄCHTER: *(uniformiert, fängt an, im benachbarten Mistkübel herumzustochern)* Die Herren mögen entschuldigen, es ist halt wegen der Bomben.

FREUD: Welche Bomben?

PARKWÄCHTER: Na, in dieser Zeit.

FREUD: Im Volksgarten?

PARKWÄCHTER: Warum denn nicht? Schließlich kann man in so ein Bombenlegerhirn ja nicht hineinschaun. Einen angenehmen Tag, die Herren, auf Wiedersehen.

FREUD: Gut. Und was genau war jetzt mit dir und dieser Anezka?

FRANZ: Ich habe sie ... berührt. Und es war das Schönste, was ich je erlebt habe.

FREUD: Das freut mich. Ich hoffe, sie hat dich ebenfalls „berührt"?

FRANZ: Und wie! Überall! Mein ganzer Körper brennt noch immer wie Zunder!

FREUD: Die Liebe ist ein Flächenbrand, den niemand löschen kann.

FRANZ: Dann werde ich als Aschenhäufchen im Nebenzimmer einer Trafik enden! Als ich morgens aufgewacht bin ...

FREUD: Nach dem „Berühren"?

FRANZ: Ja. Da war sie verschwunden.

FREUD: Schon wieder!

■ *Lesen Sie die Szene und studieren Sie sie ein. Achten Sie dabei insbesondere darauf, wie die Haltungen und Gefühle der Figuren zum Ausdruck gebracht werden können.*

Best.-Nr. 022690

Die Technik des Erzählens

Ein besonderes Kennzeichen erzählender Texte ist, dass in ihnen in der Regel eine in der Zeit fortschreitende Handlung dargestellt wird. Dies geschieht durch einen Erzähler, der für den Leser mehr oder weniger deutlich erkennbar ist.

Autor – Erzähler	Vom **Autor** eines Erzähltextes unterscheidet man den **Erzähler**, der als vermittelnde Instanz zwischen Autor und Leser tritt. Auch wenn der Erzähler Ähnlichkeiten mit dem Autor aufweisen kann, z. B. wenn autobiografische Erfahrungen verarbeitet werden, muss immer zwischen Autor und Erzähler **getrennt werden**.
Erzählform	Der Erzähler kann zwei Erzählformen verwenden, nämlich die **Ich-Erzählung** (der Erzähler tritt selbst in Erscheinung, spricht von sich und verwendet das Personalpronomen der 1. Person Singular) oder die **Er-/Sie-Erzählung** (der Erzähler berichtet über andere, er wählt in der Regel das Personalpronomen der 3. Person Singular). In seltenen Fällen benutzen Erzähler die **Du-Erzählform**.
Erzählperspektive und Erzählerstandort	Man unterscheidet hier die **Innen-** und die **Außensicht**. Der Erzähler kann sich auf das beschränken, was er als Betrachter von außen wahrnehmen kann (Außensicht); er kann aber auch in die Figuren hineinsehen und ihre Wahrnehmungen, Gedanken und Gefühle mitteilen – dann erzählt er aus der Innensicht der Figuren. Er vermittelt dem Leser so das Gefühl, unmittelbarer am Geschehen teilzuhaben. Der Erzähler kann konstant die Sichtweise einer Figur einnehmen, er kann aber auch zwischen den Sichtweisen verschiedener Figuren wechseln (**Multiperspektivität**). Wichtig ist auch, welchen **Standort** der Erzähler zum erzählten Geschehen einnimmt. Er kann außerhalb der von ihm erzählten Welt stehen und als an der Handlung Unbeteiligter berichten. Er erzählt dann aus großer **Distanz**, hat zumeist den Überblick über die gesamte Handlung und kennt auch deren Vorgeschichte und Fortgang; man spricht in diesem Fall von einem **olympischen** oder **allwissenden Erzähler**. Der Erzähler kann aber auch Teil der von ihm erzählten Welt sein. Er ist dann sehr nah **am Geschehen** und hat in der Regel nur eine **eingeschränkte Perspektive** auf die Figuren und die Handlung. Wie wir das Erzählte wahrnehmen, hängt ganz wesentlich davon ab, wie Erzählperspektive und Erzählerstandort gewählt werden. Diese können innerhalb eines Textes wechseln.
Erzählverhalten	Man unterscheidet zwischen auktorialem, personalem und neutralem **Erzählverhalten**. Das Erzählverhalten kann innerhalb eines Textes wechseln. • Beim **auktorialen Erzählverhalten** tritt eine Erzählerfigur deutlich hervor, die das erzählte Geschehen arrangiert und kommentiert und sich dabei auch direkt an den Leser wenden kann. Der auktoriale Erzähler weiß in der Regel mehr als die handelnden Figuren, überblickt das Geschehen, kann die Figuren direkt charakterisieren und gibt dem Leser Hinweise auf Geschehnisse, die vor der erzählten Handlung liegen oder erst später ausgeführt werden. Der Erzählerstandort ist meistens der des allwissenden Erzählers. • Beim **personalen Erzählverhalten** beschränkt sich der Erzähler auf die Sicht einer oder mehrerer Figuren. Der Leser erlebt das Geschehen sowie die Wahrnehmungen, Gedanken und Gefühle der handelnden Figur(en) scheinbar unmittelbar aus deren Sicht. Der Erzähler tritt beim personalen Erzählverhalten weitgehend hinter die Figur(en) zurück. • Beim **neutralen Erzählverhalten** wird das Geschehen vom Erzähler wie von einem unbeteiligten Beobachter dargestellt. Er wird vom Leser in der Regel nicht bemerkt und konzentriert sich auf die äußerlich wahrnehmbaren Vorgänge.
Erzählhaltung	Der Erzähler kann dem von ihm erzählten Geschehen und den von ihm dargestellten Figuren **neutral** gegenüberstehen, er kann aber auch eine **wertende Einstellung** einnehmen. Sie kann zustimmend oder ablehnend, ironisierend, satirisch, kritisch oder humorvoll sein. Diese als Erzählhaltung bezeichnete wertende Einstellung des Erzählers darf nicht als Auffassung des Autors missverstanden werden, auch wenn sich die Auffassungen des Autors in ihr spiegeln können.

Best.-Nr. 022690

Zeitstruktur	Viele erzählende Texte sind gekennzeichnet von einer **chronologischen Abfolge** der Handlungsschritte. Die chronologische Ordnung des Geschehens kann der Erzähler aber durch **Rückwendungen** und **Vorausdeutungen** durchbrechen. Die Zeitspanne, die man braucht, um einen Text zu lesen, bezeichnet man als **Erzählzeit**; die **erzählte Zeit** dagegen ist die Zeitspanne, über die sich das erzählte Geschehen erstreckt. Man unterscheidet • zeitdehnendes Erzählen (Erzählzeit größer als erzählte Zeit), • zeitdeckendes Erzählen (Erzählzeit und erzählte Zeit gleich lang), • zeitraffendes Erzählen (erzählte Zeit größer als Erzählzeit, z. B. durch Aussparungen oder Zeitsprünge).
Raum	Der Raum ist in einem erzählenden Text zunächst der **Handlungsort**, an dem sich das Geschehen zuträgt. Dieser kann zur **Charakterisierung der Figuren** oder zur Ausgestaltung der **Atmosphäre** beitragen, aber auch **symbolische Bedeutung** haben.
Darbietungs-formen	Der Erzähler kann das Geschehen auf verschiedene Weise darbieten; grundlegend ist hier zu unterscheiden zwischen dem **Erzählerbericht** und der **Figurenrede**. • In seinem **Erzählerbericht** kann der Erzähler **berichten**, **beschreiben** und **kommentieren/erörtern**. Diese Passagen sind als Äußerungen des Erzählers erkennbar. • Als **Figurenrede** bezeichnet man alle Äußerungen, die erkennbar einer Figur der Handlung zugeordnet werden können; hierzu gehören auch unausgesprochene Gedanken und Empfindungen einer Figur. Die Figurenrede lässt sich auf verschiedene Weise darstellen: – Oft tritt sie als **direkte** oder **indirekte Rede** auf, z. B. wenn ein **Dialog** dargestellt wird. Solche Passagen haben fast den Charakter einer Dramenszene, man spricht deshalb auch von **szenischer Darstellung**. – Auch die Wiedergabe der Gedanken einer Figur gehört zur Figurenrede. Der Erzähler kann durch den Einsatz eines **inneren Monologs** oder der **erlebten Rede** den Eindruck großer Unmittelbarkeit erreichen und weitgehend hinter die Figuren zurücktreten. Der **innere Monolog** steht in der 1. Person Singular Präsens (meistens Indikativ) und wird ohne Anführungszeichen dargeboten. Er gibt unmittelbar die Wahrnehmungen, Empfindungen, Überlegungen und Assoziationen einer Figur wieder. Der innere Monolog kann bis zum **Bewusstseinsstrom** (stream of consciousness) gesteigert werden, in dem zusammenhängende Gedankenführung und herkömmliche Satzstruktur weitgehend aufgelöst werden können. Die **erlebte Rede** unterscheidet sich vom inneren Monolog dadurch, dass sie in der 3. Person und in der Regel im Präteritum steht.

Martin Zurwehme, aus: P.A.U.L. D. Oberstufe. Herausgegeben von Johannes Diekhans und Michael Fuchs. Paderborn: Schöningh Verlag 2013, S. 530 – 538

Best.-Nr. 022690

Manfred Papst: Sigmund Freud im Tabakladen

Robert Seethaler

Der österreichische Romancier, Drehbuchautor und Schauspieler Robert Seethaler wurde 1966 in Wien geboren, wo er auch die Schauspielschule besuchte. Er wirkte in zahlreichen Theater-, Fernseh- und Kinoproduktionen mit. Unter anderem tritt er als Dr. Armin Kneissler in der ZDF-Krimiserie „Ein starkes Team" auf. 2006 debütierte er als Erzähler mit dem Roman „Die Biene und der Kurt". Es folgten „Die weiteren Aussichten" (2008), „Jetzt wirds ernst" (2010) und „Der Trafikant" (2012).

Seethaler wurde mit mehreren Auszeichnungen und Stipendien bedacht. Der Film „Die zweite Frau" nach seinem Drehbuch wurde von Hans Steinbichler realisiert und erhielt 2009 drei Grimme-Preise. Robert Seethaler lebt in Wien und Berlin. Seine Bücher erscheinen beim Verlag Kein & Aber in Zürich.

Wir schreiben das Jahr 1937. Franz Huchel ist ein schwächlicher Bursche aus dem Salzkammergut. Als er siebzehn Jahre alt ist, schickt seine ledige Mutter ihn zu einem verflossenen Geliebten nach Wien. Otto Trsnjek ist zwar nicht der Vater von Franz, doch er schuldet dessen Mutter noch einen Gefallen. Deshalb nimmt er den schüchternen Halbwüchsigen als Gehilfen in seinem kleinen Tabak- und Zeitungsladen, seiner „Trafik", an der Währingerstraße im neunten Bezirk auf. Franz schläft in einem Hinterraum des düsteren Ladenlokals und hilft seinem Meister, der im Ersten Weltkrieg im Dienst des Kaisers ein Bein eingebüßt hat und daraufhin von der jungen Republik als Trafikant ein Auskommen erhalten hat. Die Zeiten sind unruhig, in der Hauptstadt brodelt es, 1938 kommt es zum „Anschluss". Davon ahnt Franz zunächst noch nichts. Doch er kann nicht umhin, mehr und mehr Anzeichen dafür zu sehen, wie die Sympathisanten der Nazis das alte Wien verändern und verderben.

Einstweilen jedoch entdeckt er vor allem eine für ihn neue Welt. Die Arbeit im Laden ist schon spannend genug, zumal immer viel Zeit zum ausgiebigen Zeitunglesen bleibt, doch Franz beginnt auch die Stadt zu erkunden. Sie personifiziert sich für ihn in einem böhmischen Mädchen namens Anezka, einem so anziehenden wie zwielichtigen Wesen, in das er sich im Prater verguckt hat. Anezka spielt mit ihm, entgleitet ihm, er sucht sie verzweifelt, findet sie wieder, entdeckt ihre elende Absteige und das Vergnügungslokal, in dem sie als Tänzerin arbeitet. Mit seiner liebevoll besorgten Mutter bleibt er derweil über wöchentliche Postkarten in Kontakt.

Zu den Stammkunden der Trafik gehört auch ein gewisser Professor Sigmund Freud, der an der nahen Berggasse 19 wohnt und als Psychiater praktiziert. Man erzählt Wunderdinge und Schauergeschichten von ihm. Franz freundet sich mit dem berühmten Mann an und bittet ihn hartnäckig um Rat. Er will von Freud wissen, wohin er mit seiner Liebesnot soll, wie er sich Anezka im Besonderen und die Frauen im Allgemeinen erklären kann, und bringt ihm dafür die besten Zigarren aus dem Laden mit. Das liegt in seinem Ermessen: Inzwischen ist er nämlich notgedrungen selbst zum Trafikanten avanciert – nachdem Otto Trsnjek als Jude und aufrechter Republikaner zunächst vom Pöbel schikaniert, vom benachbarten Metzgermeister denunziert, schließlich von der Gestapo verhaftet und verschleppt worden ist. Franz hat im Nazi-Hauptquartier am Morzinplatz so hartnäckig wie vergeblich versucht, ihn freizubekommen.

Amouröse Gespräche

Natürlich ist es immer gefährlich, historische Personen in einem fiktionalen Kontext vorzuführen, und in der Tat gehören die Gespräche zwischen Franz Huchel und Sigmund Freud nicht zu den stärksten Passagen in Seethalers sonst bemerkenswert kohärentem Roman. Dass Freud in amourösen Dingen so hilflos ist wie der Bursche Franz, ist zwar lustig. In ihrer Saloppheit wirken die Dialoge indes ein wenig aufgesetzt. Dass Freud ausgerechnet gegenüber einem Kioskgehilfen eine launige, selbstironische Summe seiner Lehre ziehen soll, erscheint kaum glaubhaft – zumal Lockerheit in eigener Sache gerade nicht zu den verlässlich überlieferten Zügen seines Charakters zählt. Doch bis auf diese Unterhaltungen gelingt Seethaler fast alles.

Franz Huchel ist ein reiner Tor aus der Provinz, herzensgut und etwas begriffsstutzig, aber dumm ist er nicht. Und er hat nicht allein die Sympathie des Autors, sondern auch die von uns Lesern und jene seines berühmten Kunden. Eigentlich, so lesen wir, hatte Freud sich „in Gegenwart sogenannter ‚einfacher Leute' immer ein wenig unbeholfen und deplatziert gefühlt. Mit diesem Franz aber verhielt es sich anders. [...] In diesem jungen Mann pulsierte das frische, kraftvolle und obendrein noch ziemlich unbedarfte Leben."

Wir hoffen also mit Franz wider alle Vernunft auf eine gute Wendung der Geschichte – natürlich vergeblich. Denn Seethaler erzählt uns kein romantisches Märchen, sondern einen realistischen Roman, und der kann unter den gegeben Umständen nur böse ausgehen. Sigmund Freud, dem über achtzigjährigen, abgeklärten Mann, der die Judenverfolgung seit Langem hat kommen sehen, gelingt zwar noch die Flucht nach London, wo er 1939 sterben wird, aber für viele andere ist es zu spät.

Seethaler ist mit dem Roman „Der Trafikant", seinem vierten, etwas Unheimliches gelungen. Er erzählt ungeschminkt und schnörkellos aus der Mitte eines gewaltigen Verhängnisses – aber er tut das mit einer Leichtigkeit, die uns seit Jurek Beckers fulminantem Romanerstling „Jakob der Lügner" nicht mehr begegnet ist. Dass er sich aufs unprätentiöse, kolloquiale Erzählen versteht, hat Seethaler freilich schon in seinen drei vorangegangenen Romanen unter Beweis gestellt. Und er hat schon wiederholt sympathische Außenseiter zu seinen Protagonisten gemacht.

In „Die weiteren Aussichten" (2008) ist die Hauptperson ein junger Bursche namens Herbert, der im von Fortschritt und Tourismus vergessenen österreichischen Niemandsland mit seiner Mutter eine Tankstelle führt. Alles scheint seinen ruhigen, öden Gang zu gehen, mit Fernsehen, dicker Suppe und dem Zierfisch Georg – bis eines Tages die Liebe in Gestalt der drallen Hilde, die als Putzfrau im Hallenbad arbeitet, die Szenerie betritt und für den verträumten Epileptiker Herbert kein Stein mehr auf dem anderen bleibt. Auch im nachfolgenden Roman „Jetzt wirds ernst" (2010) geht es um einen jungen Außenseiter in der Provinz. Diesmal heißt er Max und beginnt bei seinem Vater eine Friseurlehre, bevor er sieh in ein Mädchen aus der Theatergruppe seiner Schule verknallt. Bis dahin hat er gedacht, Tschechows „Möwe" sei ein Tierbuch; jetzt aber setzt er seinen ganzen Ehrgeiz darein, als Schauspieler an einem Wiener Kleintheater sein Glück zu finden.

Boshaft, ätzend, romantisch

Seethaler erzählt alle diese Geschichten mit feinem Humor, mit Sinn für seine Figuren und ihre Milieus. Mag man in früheren seiner Bücher hin und wieder noch Anklänge an den umgangssprachlichen Sound von Wolf Hans entdecken („Den Sonntag kann man eigentlich komplett vergessen, geschäftsmäßig"), so bestimmt mit zunehmender Erfahrung eine eigenständige Ökonomie der Mittel sein Schreiben. Er hat viele gute Einfälle, lässt sich von ihnen aber nicht aus der Kurve tragen. Er kann boshaft sein, ätzend, anarchisch. Seine antibürgerlichen Reflexe sind intakt. Und doch verbirgt sich in ihm ein Romantiker.

Am Ende des Romans „Die weiteren Aussichten" brennt die verlassene Tankstelle lichterloh, doch in der Ferne sehen wir ein chaplineskes Paar in ein neues Leben davongehen. Die exakte zeitgeschichtliche Einbettung des Romans „Der Trafikant" verbietet einen solchen versöhnlichen Schluss. In der Nazi-Maschinerie kommt auch Franz Huchel, der uns so ans Herz gewachsen ist, unter die Räder, und nur Anezka, die abgebrühte Opportunistin, ist noch am Leben, als sich der teuflische Spuk nach einem Zeitsprung ins Frühjahr 1945 endlich auflöst. Betroffen und bewegt lassen wir das Buch sinken.

In: Neue Zürcher Zeitung vom 27. Januar 2013

- *Lesen Sie die Rezension zum Roman „Der Trafikant", gliedern Sie sie und unterstreichen Sie zentrale Textstellen.*
- *Listen Sie tabellarisch auf, was der Rezensent am Roman positiv und was er negativ einschätzt.*
- *Setzen Sie sich mit der Einschätzung des Rezensenten auseinander: Worin stimmen Sie ihm zu? Welche Ansichten teilen Sie nicht?*

Bernd Gieseking: Freud, Franzl, meine Frau und Christoph

Urlaubszeit – Traumzeit: Da kann einem die eigene Partnerin schon mal fremd werden

Endlich! Urlaub! Gomera! Valle Gran Rei. Wir wohnten in Calera, hoch über dem Meer. Ich las „Der Trafikant“ von Robert Seethaler. Über einen Kiosk-(Trafik!)-Lehrling in Wien, 1938, der eine seltsame Freundschaft zu Sigmund Freud aufbaut. Freud, Therapeut, Traumdeuter, Libidinist, dazu ein Lehrling aus dem Salzkammergut auf Selbstsuche – das passte ins Valle. Ich unterstrich einen Satz von Freud: „Die richtige Frau zu finden ist eine der schwierigsten Aufgaben in unserer Zivilisation.“

Ich hatte sie gelöst. Neben mir schlief sie. Die richtige Frau. Sie glaubt es mir nicht, aber manchmal schnarcht sie. Grad jetzt. Sie atmete regelmäßig. Und hörbar. Freud und Franzl, der Lehrling, gingen durch Wien. Freud rauchte. Sie schnarchte. Eine wunderbare Nacht. Ich las noch eine Seite Seethaler, während wir über dem Meer thronten. Freud sagte Franzl, er solle seine Träume notieren. Ich knipste das Licht aus und schlief ein. Dann zerriss ein Wort meine schöne Nacht. „Christoph!“ Laut und deutlich hatte sie das gesagt. „Chris-toph!“ Wer war Christoph? Sie schnarchte wieder.

Ich kannte keinen Christoph. Kannte sie einen Christoph? Und seit wann kannte sie einen Christoph? Wie kam der in ihren Traum? Was machten Christoph und sie in ihrem Traum? Wir waren so lange zusammen, dass wir eigentlich jeden unserer Ehemaligen kannten. Christoph? War ja nur ein Traum. Sie hatte doch Christoph gesagt? Ja, hatte sie! Eindeutig! Oder hatte ich in einem eigenen Traum gehört, wie sie im Traum Christoph gesagt hatte?

Sie seufzte. Ihr Traum mit Christoph schien schön zu sein. Sie schnarchte nicht mehr. War sie wach? Konnte ich sie fragen, wer Christoph war? Sollte ich sie wecken: „Hör mal, wer ist Christoph?“ Was würde ich dann tun, wenn ich sie wäre? Ich hatte sie schon mal mit einem falschen Namen angesprochen, unglücklicherweise, als ich wach war. Scheinbar wach. In Gedanken. Ich hatte Tage gebraucht, ihr den Namen wieder auszureden.

„Wer ist das?“, hatte sie gefragt. „Ein Versehen“, hatte ich gesagt. „Die war ein Versehen?“ – „Nein, den Namen auszusprechen war ein Versehen.“ – „Was hast du denn aus Versehen mit ihr gemacht?“ – „Ich hab gar nichts gemacht. Entschuldige bitte!“ – „Aha!“ – „Kann doch mal passieren“, hatte ich argumentiert. „Mir passiert so was nicht“, hatte sie gesagt. Ich machte das Licht an. Sie regte sich.

„Liest du immer noch?“, fragte sie verschlafen. „Nee, ich schreib was auf.“ – „Was um Himmels willen schreibst du mitten in der Nacht auf?“ – „Freud hat gesagt, man soll seine Träume aufschreiben.“ – „Freud? Wie kommst du jetzt auf Freud?“ – „Ich les grad was mit Freud.“ – „Du liest was mit Freud? Seit wann interessierst du dich für Psychoanalyse?“ –„Seit du Christoph gesagt hast“, dachte ich und notierte: „Christoph“. Sonst würde ich das womöglich nach dem Aufwachen vergessen haben.

„Alles klar bei dir?“, fragte sie. Ich brummte eine unbestimmte Antwort. Machte das Licht aus, dachte erst an Christoph und dann an den Satz, den ich just gelesen hatte: „Jaja, seufzte Freud, an den Klippen zum Weiblichen zerschellen selbst die Besten von uns!“

In: Die TAZ vom 6. August 2014

■ *Lesen Sie den Text zum Roman „Der Trafikant“ von Bernd Gieseking und überlegen Sie, um welche Textsorte es sich hier handeln könnte. Begründen Sie Ihre Einschätzung anhand konkreter Textbezüge.*

Best.-Nr. 022690

Kurt Schuschnigg und der Anschluss

Kurt Schuschnigg, 1897 – 1977, 1934 – 1938 Bundeskanzler Österreichs; Foto: 1935

Anschluss Österreichs, Wien 1938

Die Trafik – damals und heute

Wien, um 1925

Wien, 2008

Best.-Nr. 022690

6 ... und noch eine mutige Trafikantin

Mit einer derartigen Gegenwehr haben zwei Räuber am Montagnachmittag beim Überfall auf eine Trafik im Wiener Bezirk Mariahilf wohl nicht gerechnet. Die beiden Täter bedrohten die Trafikantin mit einer Waffe, doch die resolute Frau dachte erst gar nicht daran, das geforderte Bargeld herauszugeben. Vielmehr bewarf sie die Kriminellen mit Zigarillos und Feuerzeugen. Die verdutzten Verdächtigen ergriffen daraufhin ohne Beute die Flucht, wenig später klickten für sie die Handschellen.

Die beiden Unbekannten betraten gegen 17.15 Uhr die Trafik in der Otto-Bauer-Gasse und marschierten ohne Umweg direkt zum Kassenbereich. Die Angestellte befand sich zu diesem Zeitpunkt allein im Geschäft. Plötzlich schrie einer der beiden Täter: „Geld her!", zog eine Waffe und bedrohte die Trafikantin, die zunächst keine Reaktion zeigte. Als der Mann erneut Bares forderte, reagierte die Frau doch – allerdings anders, als die Räuber es erwartet hatten. Denn die Mitarbeiterin griff zu ziemlich allem, was ihr zwischen die Finger kam, und bewarf die beiden Unbekannten mit Zigarillos und Feuerzeugen. Die beiden Männer waren ob der ungewöhnlichen Gegenwehr offenbar derart überrascht, dass sie aus der Trafik rannten und das Weite suchten.

Als die Räuber aus der Tür waren, griff die wehrhafte Frau sofort zum Telefon, alarmierte die Polizei und gab eine Personenbeschreibung der beiden Täter durch. Die Beamten rückten aus und konnten wenig später die beiden Verdächtigen im Loquaipark ausmachen, anhalten und festnehmen. Einer der beiden Beschuldigten hatte eine Softgun und einen Pfefferspray bei sich. Beide befinden sich in Haft. [...]

In: Kronen-Zeitung vom 14. Januar 2014. URL: http://www.krone.at/wien/angestellte-jagt-raeuber-mit-zigarillos-in-flucht-ueberfall-auf-trafik-story-389511 (Aufruf: 1.3.2017). Autor: red/AG

Vorschläge für Klausuren, Referate und Projekte zum Roman „Der Trafikant“

Klausurvorschläge

1. Analysieren Sie die Textpassage S. 193 – 196 („Kurz vor Ladenschluss [...]“ bis „[...] ließ mit einem langgezogenen, dumpfen Stöhnen sein Gesicht in die Handflächen sinken“).
   Ordnen Sie ausgehend von der Textstelle Franz’ Verhalten in dieser Szene in die Entwicklung des Protagonisten im Roman ein und beschreiben Sie diese. Ziehen Sie dazu weitere ausgewählte Textstellen heran.

2. Analysieren Sie die Textpassage S. 137 – 138 („Plötzlich raschelte es neben der Bank“ bis „[...] nichtsdestotrotz aber die Wahrheit, mein junger Freund!“).
   Zeigen Sie ausgehend von der Textstelle auf, welche gesellschaftlichen Entwicklungen im Roman von Bedeutung sind und wie diese dargestellt werden.

3. Analysieren Sie die Textpassage S. 111 – 113 („Anezka öffnete den Mund [...]“ bis „[...] wickelte ihn behutsam in ein Taschentuch“).
   Erläutern Sie ausgehend von Ihren Ergebnissen die Bedeutung der Textstelle für die Entwicklung der Beziehung zwischen Franz und Anezka.

4. Analysieren Sie die Textpassage S. 60 – 64 („Mach halt die Augen auf!“ bis „[...] sich das Gebimmel der Glöckchen zu einem geradezu stürmischen Fortissimo erhob“).
   Charakterisieren Sie ausgehend von der Textstelle die Figur Otto Trsnjek und erläutern Sie deren Bedeutung für den Protagonisten Franz Huchel.

Referate

1. „Seine Helden sind Außenseiter“ – Robert Seethalers Roman „Ein ganzes Leben“ (Buchvorstellung und Vergleich mit „Der Trafikant“)

3. Wien in den 30er-Jahren des 20. Jahrhunderts – Ein Stadtporträt

Projekte

1. Wer wir sind, wenn wir schlafen – Eine Ausstellung über Träume, Traumdeutung und Traumforschung

2. „Ein kleines Trafikantenstillleben“ – Collagen oder gegenständliche Stillleben zu historischen oder lebenden Personen, in denen die Schülerinnen und Schüler Vorbilder für sich sehen

Best.-Nr. 022690

Bewertungsbogen zum Klausurvorschlag 1

Name:	Schule:	Lehrkraft:
Kurs:		Arbeitszeit:

Thema der Unterrichtsreihe:
Robert Seethaler: Der Trafikant. 14. Auflage 2015. Verlag Kein & Aber: Zürich/Berlin 2012

Aufgabenart:
Analyse eines literarischen Textes mit weiterführendem Schreibauftrag

1. *Analysieren und interpretieren Sie die Textpassage S. 193 – 196 („Kurz vor Ladenschluss [...]“ bis „[...] ließ mit einem langgezogenen, dumpfen Stöhnen sein Gesicht in die Handflächen sinken“).*
2. *Ordnen Sie ausgehend von der Textstelle Franz' Verhalten in dieser Szene in die Entwicklung des Protagonisten im Roman ein und beschreiben Sie diese. Ziehen Sie dazu weitere ausgewählte Textstellen heran.*

Hinweise:

- Nehmen Sie sich ausreichend Zeit für die Vorbereitung (Textbearbeitung, Stichworte, Gliederung der Analyse etc.) und die Nachbereitung der Verschriftlichung (sorgfältiges Überprüfen von sprachlicher Richtigkeit und Gedankenführung).
- Bedenken Sie, dass die Leistung der sprachlichen Darstellung (Struktur, Ausdruck, Satzbau, Zitierweise sowie formale Richtigkeit) einen hohen Anteil der Bewertung ausmacht.

Erlaubte Hilfsmittel:

- Deutsches Rechtschreibwörterbuch

Viel Erfolg!

Bewertungsbogen für ______________________________

1. Verstehensleistung

Teilaufgabe 1 Die Schülerin/der Schüler	max. Punktzahl	erreichte Punkte
formuliert eine funktionalisierte Einleitung: • Autor, Titel, Entstehungszeit, Gattung, zentrales Thema, kurze Inhaltswiedergabe der Textpassage	4	
zeigt die Struktur der Textpassage auf: • Aufeinanderprallen der beiden Konfliktparteien Franz und Roßhuber (mit Ehefrau) • Franz' Aktivität, Roßhubers Passivität	2	
erläutert den im Dialog dargestellten zentralen Konflikt: • Franz wirft Roßhuber das an Otto Trsnjek begangene Unrecht vor. • Er macht ihn für dessen Tod verantwortlich und schlägt ihn dafür.	4	
analysiert und interpretiert das Verhalten von Franz: • planvolles Handeln • direkte Konfrontation • offenes Aussprechen der Anschuldigungen und Verantwortlichkeiten • moralische Überlegenheit • Hose als Beweis • benennt Kontrast zwischen Aussehen (Hände) und Verhalten (Schlag) • Schlag aus Ausdruck von Verachtung für Roßhubers Verhalten	6	
analysiert und interpretiert das Verhalten Roßhubers: • reagiert zurückhaltend und ablehnend auf Franz' Erscheinen • erblasst angesichts der Nachricht von Trsnjeks Tod • leugnet zunächst seinen Anteil daran • verstummt angesichts der Vorwürfe • nimmt Franz' Schlag kommentarlos hin • wird sich seiner Schuld bewusst • ignoriert die hilflosen Aufforderungen seiner Frau	6	
analysiert und interpretiert die Kommunikationssituation genauer: Franz • hat höhere Redeanteile als Roßhuber • formuliert kurze, klare Sätze • kommuniziert auch nonverbal mittels Symbol (Hose) • dominiert die Situation durch Sprache und Verhalten Roßhuber • spricht wesentlich weniger als Franz • kommuniziert auch nonverbal mittels Körpersprache • ist Franz in kommunikativer Hinsicht unterlegen	6	
analysiert und interpretiert die inhaltliche und sprachliche Gestaltung genauer: • Faschiermaschine, Blut und Fleischwürmer als Todessymbole • Vergleich mit Marmorheiligem als Bild für menschliche Kälte • Erstarrung des Fleischermeisters als Ausdruck für Schuldbewusstsein	6	
gelangt zu weiteren, individuellen Analyseergebnissen	(4)	
fasst die Ergebnisse angemessen zusammen	4	
Summe Teilaufgabe 1	38	

Best.-Nr. 022690

Teilaufgabe 2 Die Schülerin/der Schüler	max. Punktzahl	erreichte Punkte
ordnet die Textpassage kurz in den Gesamtzusammenhang des Romans ein	4	
beschreibt die äußere und innere Entwicklung des Protagonisten: • äußere Entwicklung (Ortswechsel, Trafikantengehilfe, Übernahme der Trafik) • innere Entwicklung (kindliche Unreife, Erfahrungen in der Großstadt, Selbstständigkeit und Zivilcourage)	14	
erläutert die Entwicklung des Protagonisten anhand weiterer Textstellen	12	
gelangt zu weiteren, individuellen Ergebnissen	(4)	
fasst die Ergebnisse angemessen zusammen	4	
Summe Teilaufgabe 2	**34**	
Summe Inhaltsleistung	**72**	

2. Darstellungsleistung

Anforderungen Die Schülerin/der Schüler	max. Punktzahl	erreichte Punkte
strukturiert ihren/seinen Text kohärent, schlüssig, stringent und gedanklich klar: • angemessene Gewichtung der Teilaufgaben in der Durchführung • gegliederte und angemessen gewichtete Anlage der Arbeit • schlüssige Verbindung der einzelnen Arbeitsschritte • schlüssige gedankliche Verknüpfung von Sätzen	6	
formuliert unter Beachtung der fachsprachlichen und fachmethodischen Anforderungen: • Trennung von Handlungs- und Metaebene • begründeter Bezug von beschreibenden und deutenden Aussagen • Verwendung von Fachtermini in sinnvollem Zusammenhang • Beachtung der Tempora • korrekte Redewiedergabe (Modalität)	6	
belegt Aussagen durch angemessenes und korrektes Zitieren: • sinnvoller Gebrauch von vollständigen oder gekürzten Zitaten in begründender Funktion	3	
drückt sich allgemeinsprachlich präzise, stilistisch sicher und begrifflich differenziert aus: • sachlich-distanzierte Schreibweise • Schriftsprachlichkeit • begrifflich abstrakte Ausdrucksfähigkeit	5	
formuliert lexikalisch und syntaktisch sicher, variabel und klar	5	
wendet korrekte Orthografie, Rechtschreibung und Grammatik an	3	
Summe Darstellungsleistung	**28**	

Bewertung:	**max. Punktzahl**	**erreichte Punkte**
Summe insgesamt (Verstehens- und Darstellungsleistung):	**100**	

Kommentar:

____

____

____

____

____

____

____

____

____

____

____

____

____

____

Die Arbeit wird mit der Note ______________________________ beurteilt.

Datum: ____________________ Unterschrift: ______________________________

Bepunktung

Note	Punkte	erreichte Punktzahl
sehr gut plus	15	100 – 95
sehr gut	14	94 – 90
sehr gut minus	13	89 – 85
gut plus	12	84 – 80
gut	11	79 – 75
gut minus	10	74 – 70
befriedigend plus	9	69 – 65
befriedigend	8	64 – 60
befriedigend minus	7	59 – 55
ausreichend plus	6	54 – 50
ausreichend	5	49 – 45
ausreichend minus	4	44 – 39
mangelhaft plus	3	38 – 33
mangelhaft	2	32 – 27
mangelhaft minus	1	26 – 20
ungenügend	0	19 – 0

Best.-Nr. 022690